ヨーロッパ史講義

近藤和彦 編
Kondō Kazuhiko

山川出版社

ヨーロッパ史講義

目次

| 序 | | 近藤和彦 —— 003 |

第1章　**建国神話と歴史**　　　　佐藤　昇 —— 009
　　　　古代ギリシアの「ポリス」世界

第2章　**寓意の思考**　　　　　　千葉敏之 —— 032
　　　　魚の象徴学からみた中世ヨーロッパ

第3章　**国王と諸侯**　　　　　　加藤　玄 —— 055
　　　　14世紀ガスコーニュに生きたガストン・フェビュスの
　　　　生涯から

第4章　**近世ヨーロッパの複合国家**　小山　哲 —— 074
　　　　ポーランド・リトアニアから考える

第5章　**ぜめし帝王・あんじ・源家康**　近藤和彦 —— 090
　　　　1613年の日英交渉

第6章　**「考えられぬこと」が起きたとき**　後藤はる美 —— 107
　　　　ステュアート朝三王国とイギリス革命

第7章　「女性」からみるフランス革命　　　天野知恵子 —— 126
　　　　政治・ジェンダー・家族

第8章　帝国・科学・アソシエーション　　　伊東剛史 —— 145
　　　　「動物学帝国」という空間

第9章　大西洋を渡ったヨーロッパ人　　　勝田俊輔 —— 165
　　　　19世紀のヨーロッパ移民とアメリカ合衆国

第10章　「アルザス・ロレーヌ人」とは誰か　　　西山暁義 —— 185
　　　　独仏国境地域における国籍

第11章　もうひとつのグローバル化を考える　　　平野千果子 —— 205
　　　　フランコフォニー創設の軌跡をたどりながら

第12章　20世紀のヨーロッパ　　　池田嘉郎 —— 224
　　　　ソ連史から照らし出す

I

　この本に収められた12章は，古代から現代までをとおして，神話，キリスト教，貴族と地域と国家，国籍，国際秩序，革命，性，移民，科学と地理，そしてグローバル化と言語，ヨーロッパ文明といったテーマを扱う。これでは時間的に長すぎ，範囲も広がりすぎだと受け止める人もあるかもしれない。しかし，この本は全体をとおして，時代によって変化する人と人の結びつきやアイデンティティ，政治や世界観をめぐって，ヨーロッパにかかわる世界の歴史のポイントを考える連続講義として企画され，執筆された。その方針をつぎに記そう。

　読者として想定されているのは，第1に，大学で西洋史や外国文化，地域研究といった科目を学び，自主的に勉強したいと考えている人，第2に，卒業論文のテーマを捜し，そのヒントを得たいと思っている人である。さらには第3に，大学と関係のない生活をしているが，今日の歴史学がどんな姿をしているのか知りたいというあなたにも，この本は役に立つだろう。

　西洋史への案内としては『人文学への接近法——西洋史を学ぶ』(京都大学学術出版会，2010)という入門書もあり，これは大学にはいったばかりで進路に迷っている学生から，卒業論文のために勉強し，大学院や留学のことを考えている人にまで語りかける。その「選りすぐった良書揃い」の文献案内は44ページにおよぶが，「調べ方を知る」というセクションもある。まだ手にしたことのない人には一読を勧めたい。またヨーロッパ史の概説書として，すでに『西洋世界の歴史』(山川出版社，1999)が，17名の共著として「オーソドクスで高品位な通史」を「コンパクトな一巻に」編んで刊行され，増刷をかさねている。大学生向けの概説書はいくつもあり，また国・地域・テーマを特定した歴史の案内書や入門書も，近年，ますます充実している。この序の後半に精選して案内するとおりである(5〜8頁参照)。

　これらに対して，本書の目的は「もうひとつの入門書」や「もうひとつの

概説書」を加えることなのではない。あるいは，楽しく悲しい歴史の小話を集めた副読本でもない。網羅性やとっつきやすさよりも，知的な営みとしての歴史学，知ることによって目の前が開かれてくる学問の実例を示したいと考えて，この本を企画した。

　各章の最初には導入をおき，何がどう問題なのか，狙いは何なのか，明らかにする。よく知られた問題に新しい光をあてる場合もあれば，見逃されてきた事実の重要性を説く場合もある。趣味の歴史でなく学問的な歴史とは，このような作法で，問いを立て，通説や事実とされてきたことを批判的に見直し，こうした論証をかさねて叙述するのだというモデルを示す。

　各章の構えは広く，奥は深いが，たいていの学術誌の専門論文よりずっとわかりやすい。それぞれ卒業論文の指導にも専門論文の査読にも熟練したエキスパートが，あなたに向けて各時代の枢要な問題を解き明かしたものだからである。執筆者には，「オムニバス連続講義の渾身の一こまといった心づもりで」書いていただくようにお願いした。

　たいていの大学生は演習や卒業論文の準備もかねて専門論文を捜して読むことだろう。良い専門論文とは，あるテーマについて深く掘り下げて調べ分析した作品であるから，必ず研究者や研究史についての論及があり，註や文献があがっている。これらがない文章は，手軽でわかりやすいかもしれないが，論文とはいえない。だがさらに良い論文は，世界や文明の見え方の修正を迫るような広がりへと読者をいざなう。歴史学は暗記物やクイズではなく知的な営みだというのは，そうした意味においてである。

　あなたがかりに，あるテーマについてどんな勉強をすればよいのかというヒントを求め，あるいは卒業論文の手がかりを求めているのなら，本書のうち関心を引く章をいくつか読み，参考文献をみることによって所期の目的は達せられるだろう。そうした目的にも役に立つ本である。だがさらに，あまり関心はないと思われた時代やテーマの章も読むことによって，興味関心はぐっと広がり，新しい視界が開けるだろう。本書を通読するなら，あなたの知の地平は広がり，ものの見方も深まる。言い換えると，歴史的に考えるとはこういうことなのかと，一種の知的解放感を味わい，いっそうの探求心をそそられるだろう。編者のわたしは，そうした最初の幸せな特権を享受した読者として約束する。

　知的な営みとしての歴史学といったが，問いかけ，調べ，分析し，考えて，

なんらかの答えを捜し，あるいは仮説を証明するというのは，歴史学に限らず，あらゆる学問に共通の手順だろう。このことを指して『歴史とは何か』（岩波新書，1962）の著者E・H・カーは，現在による過去への問いかけ，歴史家とその事実との対話という。これを少し補うなら，現在に生きる歴史家が，何かに疑問をもち，従来の研究や史料を捜しあてて調べ直すと，問いかけられたものがその限りで語り始める。すなわち，わたしたち（歴史家）が何をどう問いかけるか，それに応じて今に伝わる文化資源が答えを返してくれるのだ。その答えにより，さらに疑問は広がり深まるかもしれない。そうした対話の繰返しは，いわば主客の相互乗入れ的な営みとなる。史料といっても文字の記録はもちろん，もの，図像そして音声として残っている文化資源も含まれる。各章にいくつも図版が収められているのは，そうした歴史研究を反映している。

　なお，この本の扱うヨーロッパの範囲については，まず地理的なヨーロッパで，ユーラシア大陸のウラル山脈より西の地域を指すというのが教科書的な答えだろう。しかし歴史的には，古代の地中海域の北半分，かつてのキリスト教共同体あるいは人文主義の広がった範囲，そして現在のEU（ヨーロッパ連合）とこれに隣接する地域が想定される。本書では，これらと関係して，通商や移民によってつながった範囲，またラテン語やフランス語や英語といった共通言語による結びつき，旧植民地やアメリカ，ソ連，そして今日のコスモポリタンなネットワークも含めて考える。ヨーロッパとは，古代ギリシアの女神エウロペ（Europe）から派生した概念だったが，時代と問題によって範囲は移り，伸び縮みせざるをえない。そもそもエウロペはアフリカ北岸のフェニキアの王女だったが，神ゼウスによってさらわれてクレタ島に渡り，3人の子を産んだのだった。

　Ⅱ

　読者には，本書の各章と並行して，参考文献やリソースを利用していただきたいが，各章末にはそれぞれのリストがあがっている。大学の授業でも文献リストが配布されるだろう。ここでは，個々の章を超えて全般的な理解の前提になる文献とリソースについて，最低限，もっとも重要なものを列挙する。『人文学への接近法——西洋史を学ぶ』や『西洋世界の歴史』の文献案内にも紹介されて重複するものは，なおさらに重要である。

上述のE・H・カーは，また「歴史を研究する前に歴史家を研究するとよい」と助言している。本や論文，そしてウェブページを読む際に，誰が書いたものかつねに意識するようにしたい(匿名のネット情報や風聞に振り回されるのは愚かである)。本書の執筆者は各テーマの専門家だから，各章末の参考文献やITリソースはもちろん，巻末・執筆者紹介の主著を読むことによって，理解はなお進むだろう。

　何より世界史の講座として，『岩波講座 世界歴史』全31巻(岩波書店，1969～74)，『民族の世界史』全15巻(山川出版社，1983～91)，『南北アメリカの500年』全5巻(青木書店，1992～93)，『講座 世界史』全12巻(東京大学出版会，1995～96)，『岩波講座 世界歴史』全28巻(岩波書店，1997～2000)などが出版されて久しい。1巻1著者による『興亡の世界史』全20巻(講談社，2007～10)もある。

　さらに山川出版社からは「新版 世界各国史」シリーズをはじめとして，より専門的な各国史の「世界歴史大系」が刊行され，また「世界史リブレット」や「世界史リブレット人」といった軽便なシリーズもある。ミネルヴァ書房から刊行されている「○○の歴史」「○○の近代史」「ヨーロッパ史の探究」といったシリーズは，大学の教科書として普及している。

　だが，研究の新展開は著しく，上記の各巻のなかにはすでに無用の長物もないではない。逆に何十年たっても価値を失わない業績もある。それを見分けるにはどうするか。読者の側の見識が必要だが，とりあえずは先生の意見を聞いてみよう(大学院で修士論文を完成したあとには，先生の思い込みを指摘できるようになるかもしれない)。

　岩波新書，中公新書，講談社現代新書，ちくま新書などには，ヨーロッパ史および世界史の新しい展開を反映した本が多数刊行されている。これらは最初に読む本としてやさしいものばかりではないが，推奨できる。研究史上の重要な文献や史料が，岩波文庫，岩波現代文庫，中公文庫，中公クラシックス，講談社学術文庫，ちくま学芸文庫，平凡社ライブラリー，平凡社東洋文庫などとして刊行されていることも多い。それらの解説や解題の利用価値も高い。

　研究案内や辞典として有用で，座右におきたいのは，つぎのようなものである。

伊藤貞夫・本村凌二編『西洋古代史研究入門』(東京大学出版会, 1997)
高山博・池上俊一編『西洋中世学入門』(東京大学出版会, 2005)
有賀夏紀・紀平英作・油井大三郎編『アメリカ史研究入門』(山川出版社, 2009)
近藤和彦編『イギリス史研究入門』(山川出版社, 2010)
佐藤彰一・中野隆生編『フランス史研究入門』(山川出版社, 2011)
西川正雄編『ドイツ史研究入門』(東京大学出版会, 1984)
木村靖二・千葉敏之・西山暁義編『ドイツ史研究入門』(山川出版社, 2014)
樺山紘一ほか編『歴史学事典』全16巻(弘文堂, 1994〜2009)
西川正雄ほか編『角川 世界史辞典』(角川書店, 2001)
『山川 世界史小辞典』改訂新版(山川出版社, 2004)
歴史学研究会編『世界史年表』(岩波書店, 1994)
また，つぎの史料集は専門家の共同作業の成果で，信頼できる。
歴史学研究会編『世界史史料』全12巻(岩波書店, 2006〜13)
『大航海時代叢書』第1期，第2期，エクストラ・シリーズ(岩波書店, 1965〜87)
亀井俊介・鈴木健次監修『史料で読むアメリカ文化史』全5巻(東京大学出版会, 2005〜06)

なお，専門的な研究の途中経過や成果は，単行本やシリーズや講座などのかたちで公刊されるより前に，まずは専門誌や大学・研究機関の紀要に論文やノート，ニュースとして発表されるのが普通である。いろいろな情報が詰まっているので「雑誌(ジャーナル)」とも呼ばれるが，書評や近刊書の紹介，学会情報も掲載され，バックナンバーも含めて宝の山である。こうした雑誌を利用しないまま良い論文を書くことは，非常に困難である。専門誌は大変に専門分化しているが，なかでも重要なのは，つぎのようなものである。

『史学雑誌』1889年〜 （毎年5号は，前年の「回顧と展望」特集である）
『史林』1916年〜
『思想』1921年〜
『社会経済史学』1931年〜
『西洋史研究』1932年〜
『歴史学研究』1933年〜
『西洋史学』1948年〜

じつはある程度勉強が進むと，こうした日本の出版物と同じくらい，欧文の雑誌の重要性が増してくる。各種の研究入門に紹介されているような欧文誌は，各大学で定期購読しているだけでなく，電子ジャーナルとしてオンライン供用されている場合が多い。各大学図書館のガイドやホームページ，そして国立情報学研究所のサイト(CiNii)や Google Scholar などから検索して，具体的な情報が得られる。PDFで読める場合もある。

　史料・文献，そして専門誌や紀要について，自分の大学にもウェブ上にもないものが必要な場合は，(海外も含めて)相互貸借を申請したり，自ら他大学や図書館に出向いて閲覧させてもらうことになる。他大学や特別の図書館・文庫を訪問して一日過ごすのは，楽しい経験である。

　最後に，語学の授業，辞書は，ないがしろにしないでほしい。各種の研究入門で言及されている辞書は有用である。とくに語学辞書は，大枚をはたいてでも自分のものを買い(電子辞書でも紙の辞書でも古書でもよい)，毎日毎夜，使い親しむべきである。辞書を引くとは英語で to consult a dictionary という。辞書に相談する／忠告を求める。必ず用例を読みながら，言回しに慣れよう。「辞書は買って損しない」「言葉がわからずに，どうして歴史がわかろうか」と，賢人たちは異口同音に助言してくれている。

近藤和彦

第1章 建国神話と歴史
古代ギリシアの「ポリス」世界

　第1章では，ギリシア神話の世界をたどりながら，古代ギリシアの「ポリス」の歴史について考えてみよう。「神話？　そんなの作り話じゃないか，歴史は過去の事実だ」そんな風に思う人もいるかもしれない。しかし，独特の神話を生み出し，育んできたのは，まぎれもなく歴史上実在したギリシア人である。それでは，彼らはいったいどのような神話を，どのように語っていたのだろう。当時の人びとは神話をどう利用し，どう受け止めていたのだろう。時代や状況に応じて変化はあったのだろうか。どのような歴史的背景が，そこにあったのだろうか。

　さまざまな神話のなかでも，本章ではとくに「ポリス」の建国神話に注目し，こうした疑問に取り組んでみたい。それが古代ギリシア世界の政治的様相をも，如実にあらわしていると考えられるからである。以下，古代ギリシアの「ポリス」世界と神話の関係について，大まかな見取り図を描いたうえで，3つの建国神話，すなわち，アドリア海の「アバンテス」，アテナイの「生え抜き（アウトクトン）」，ミレトスの「イオニア植民」について，具体的にみていこう。

ポリス，ネットワーク，建国神話
　紀元前8世紀，今から2700〜2800年ほど昔のこと，東地中海世界を中心に，比較的小規模な政治共同体がいくつも成立した。これらがポリス(polis)である。それぞれが一定以上の独立性をもち，個々に法を制定したり，貨幣を発行したりした。日本ではしばしば，都市国家などと訳される(英語ではcity-state)。前4世紀の後半には，西はイベリア半島から，東は黒海沿岸地域まで，じつに1000を超えるポリスが建設されていた。

　小国家を無数に林立させたとはいっても，彼らが「ギリシア人」というまとまりを知らなかったわけではない。とりわけ，前5世紀，東方の大国ペルシアの進撃を退けてからは(いわゆるペルシア戦争)，非ギリシア人との対照

性をひときわ明瞭に意識するようになった。非ギリシア人は，ギリシア語ではもっぱら「バルバロイ」と呼ばれた。英語の barbarian（野蛮人）の語源でもある。

　ところが，ギリシア人全体の政治共同体，「ギリシア共和国（あるいは王国）」といったものは，古代には成立することがなかった。むしろ，彼らはポリスを基本的な単位としながらも，他のポリスと，ときにゆるく，ときに密につながり，そこからさらに，同盟や連邦などといった集合体にまでネットワークを拡大させていくこともあった。これは，古代ギリシア世界に政治的力学を生み出す，きわめて重要な現象であった。

　じつは，古代ギリシアの神話(myth)に立ち入ってみると，こうした政治状況がみごとに映し出されている。たしかに主神ゼウスや芸術・神託の神アポロン，知と武芸の女神アテナ，怪力の英雄ヘラクレスなど，おなじみの神々，英雄たちが，ギリシア世界の津々浦々で信仰され，それらにまつわる神話・伝承は，各地で大なり小なり共有されていた。

　しかしながら，古代に記された文献は，それぞれの地域に根ざした，独自の神話・伝承で溢れている。なかでも，各ポリスの起源を伝える建国神話 (foundation myth) は，とりわけ古代の知識人を魅了したらしく，それらを収録した各ポリスの「史書」がいくつもつくられた。そのほとんどは，残念ながら失われてしまったが，現代に伝わる数少ない文献からだけでも，建国神話の多様性，おもしろさが十分に垣間見えてくる。

　たとえば，前５世紀後半の歴史家ヘロドトスの『歴史』をひもといてみよう。ペルシア戦争にいたる東地中海の歴史が語られるうち，随所に諸ポリスの建国神話が顔をのぞかせている。あるいは，ローマ帝政前期，ギリシア各地の名所旧跡を訪ね歩いた著作家パウサニアスはどうだろう。彼が記した『ギリシア案内記』には，ポリスごとの歴史が，それぞれの神話的起源から説き起こされている。建国神話は，それぞれのポリスの「文化的な記憶」として共有され，個々のポリスの社会的アイデンティティの形成にも大きく寄与した。

　たしかに個々のポリス建国神話は，それぞれの「独立」を伝えている。しかし同時に，他国との「つながり」を伝えることも少なくない。たとえば，ペロポネソス半島の強国スパルタは，２つの王家を戴く王政のポリスであるが，王家の開祖はともに英雄ヘラクレスの子孫であったとされる。このヘラ

クレスの一族が，ギリシア人の一派，ドーリス人を率いてペロポネソス半島に「帰還」した際，先住の王や住民たちが放逐され，いくつものポリスがドーリス人により建設されたという。こうした建国の神話を共有する同半島の諸ポリスは，「ドーリス系」ポリスとして，神話上のつながりをもっていたことになる。

　神話上の「つながり」は，現実世界にも力をおよぼし，しばしば国際関係上，大きな意味をもった。たとえば，スパルタは，ペロポネソス半島の諸ポリスに号令するまでの地位を築いていたが，これには，先ほど述べた，「ヘラクレスの一族」として「ドーリス人」を率いたという神話が一役買っていた。むろん，神話だけが頼みの綱だったわけではないが，それにしても，ドーリス系諸ポリスを束ねる「ペロポネソス同盟」の形成・維持に，建国神話が大きな役割をはたしていたのである。

　このように，古代ギリシアにおける神話・伝承は，この世界の政治的環境，ネットワークと密接に結びついていた。だからこそ，古代世界の政治力学の変化に応じて，新たに生み出され，変容し，相互に干渉し，継承され続けた。神話は政治とともに生き続けた。

　それでは，大きな枠組みを押さえたところで，これから具体的な建国神話の世界に飛び込んでみよう。どのような神話が，どのように語られ，どのように変容したのだろうか。そこにはどのような歴史的背景があったのだろうか。紀元前5世紀の古代ギリシア世界を，アドリア海（イタリア半島の東側の海）から小アジア（現在のトルコ共和国）まで，西から東へと旅しながら，詳しく探っていこう。

英雄たちの帰還と西方ギリシア

　最初の舞台は，古代ギリシア世界の西方。具体的には，イタリア半島，シチリア島，そのすぐ東に位置するアドリア海，イオニア海周辺地域をイメージしておいてほしい。この地域には，早い時期から，数多くのポリスが建設されている。興味深いことに，その多くが類似の建国神話を共有している。キーワードは，「トロイア戦争」からの「帰還」である。

　トロイア戦争とは，英雄アガメムノンを将とするギリシア連合軍が，小アジアの都市トロイアを攻略した戦いである。この戦にまつわるエピソードを収めた『イリアス』と『オデュッセイア』は，古代ギリシア文学の始まりを

図1　帰還するオデュッセウス一行と襲いかかる怪物セイレーン（大英博物館蔵）

告げる二大叙事詩である。およそのかたちができあがったのは前8世紀，詠ったのは詩人ホメロスだとされている。『イリアス』のほうは，開戦から10年をへて，トロイア陥落にいたるまでの数日間に焦点を合わせている。戦争の発端は，神々のいさかいにあった。戦場でも神々は，ギリシア方，トロイア方に分かれ，陰に陽に介入を繰り返している。明らかに，神々の世界と人間の世界が交わる，神話の世界である。

『オデュッセイア』は，ギリシア方に参戦した英雄オデュッセウスが，終戦ののち，苦難の旅をへて，故国イタカで復権するまでの冒険物語である。海神ポセイドンが主人公を苦難の海に投げ出し，女神アテナが救いの手を差し延べる。行く手に立ちふさがるのは，人肉を食らう一つ目の巨人キュクロプスや，歌声で船上の旅人をまどわす有翼の怪物セイレーン。魔女にも遭えば，冥府にもくだる。これまた神話の世界が詠われている。トロイア戦争をめぐる神話は，両叙事詩のみならず，現在まで伝わっていないいくつかの叙事詩にも詠われた。それらはたがいに補い合い，大きな物語の「環」となり，以降，古代ギリシア世界の人びとに共有され，彼らの思考にもっとも深く根ざした神話となった。

英雄オデュッセウスの故国イタカは，古代ギリシア世界の西方，イオニア海に浮かぶ小さな島だったという。そのせいか，イオニア海周辺では，トロイア戦争から帰還してきた英雄たち，いわゆる「帰還者たち」（ノストイ Nostoi）が，ポリス建国神話のなかで大活躍している。南イタリアのポリス，

メタポンティオン(現メタポント)は、トロイア戦争でギリシア方に参戦した英雄ネストルの一行が建国したとされる。同戦争で活躍したアルゴス王ディオメデスやトロイアの王子アンテノルもまた、さまざまな都市の創設に結びつけられ、南はリビア(北アフリカ)のポリス、キュレネの建設にまで関与したとされている。シチリア島では、トロイアの一党がセゲスタ(現セジェスタ)を建国したという。ご存知、ローマも例外ではない。のちに地中海を股にかけた大帝国を建設することになるこの都市は、トロイア方の英雄アエネアスが、その礎(いしずえ)を築いたとされている[ウェルギリウス『アエネーイス』]。

トロニオンとアマンティア──「アバンテス」の建国

「帰還者たち」の建国神話は、歴史の動きのなかでどのように受け継がれ、変容していったのだろうか。もう少し詳しくみていこう。西にアドリア海を臨むイリュリア地方南部に、トロニオンという名の古代都市があった(現アルバニア共和国ヴロラ市近郊)。旅行記作家パウサニアスによれば、この都市は、ロクリス地方(中部ギリシア)にあった同名の都市トロニオンの出身者と、エウボイア島(エーゲ海西部)出身の「アバンテス」と呼ばれるグループによって創建された。トロイア戦争終結後、ギリシア方で戦ったこれらの一団が、祖国に帰還する途上、イリュリア地方に都市を建設し、都市にはトロニオンの名を、地域にはアバンティアの名を与えたとされている[『ギリシア案内記』5巻22章]。

アバンテスの出身地でもあるエウボイア島からは、近隣の島ケルキュラにも、植民がおこなわれたという話が伝わっている。しかし、いまのところ、エウボイア人の西方ギリシア世界への入植は、考古学的に確認されていない。とはいえ、実際にトロニオンに入植したのが誰であるにせよ、この都市が、トロイア戦争に参加した英雄にその起源を求め、そのことで自らのアイデンティティ、あるいはエスニシティ(民族性)を主張していたことに間違いはない。

やがてこの都市は、隣国アポロニアにより滅ぼされてしまう。詳細は不明であるが、トロニオンを破ったアポロニア人が勝利を祝い、オリュンピアの神殿にゼウス像と、碑文が刻まれた台座を奉納したと、パウサニアスが伝えている。この台座および碑文の一部が、ドイツ隊の発掘により確認され、アポロニアによるトロニオン陥落の事実がほぼ証明された。年代はおよそ前5

図2 古代ギリシア

世紀半ばのこととされる。

　さて、このトロニオンの程近く、アマンティア(またはアバンティア)と呼ばれるポリスがあった。トロニオンの領土名と似ていて、とてもまぎらわしいけれど、こちらは前4世紀の地理書にも言及されている、れっきとしたポリスである。考古学的には現代のプロチェ村近郊の遺跡に同定されており、渓谷を見下ろす尾根に沿って形成された集落は、さながら自然の要害である。取り囲む市壁は前5～前4世紀のものとされ、前300年頃に建設されたという競技場(スタディオン)は、大きさこそ控え目ながら、この時期の繁栄をうかがわせる。その一方で、初期の活動を示唆するような遺物がなく、ある研究者は、アマンティアが一人前の「都市」として文献に言及されるようになったのは、せいぜい前5世紀の中頃で、おそらくトロニオン陥落後に、この地域の有力都市になったのではないかと推定している。

　もちろん、アマンティアについても建国の神話が伝えられている。これがおもしろいことに、トロニオン建国神話と何ともよく似ているのだ。紀元後6世紀の地名辞典によれば、このポリスは、トロイア戦争をギリシア方で戦ったアバンテスによって建設されたという［ビュザンティオンのステファノス『地名辞典』「アマンティア」。Brill's New Jacoby 775 F 1 も参照］。

　アマンティアの建国神話が、いつ頃流布し始めたのか、その経緯など、正

確なところはわからない。しかし、トロニオンの建国神話と比べてみると、たんなる偶然と片付けてしまうには、あまりにも似かよっている。地理的にも近接している。そのうえ、先ほども述べたように、アマンティアが「都市」といえるようになったのは、トロニオン陥落の後だとされる。そうすると、こうは考えられないだろうか。前5世紀半ば、アポロニアによるトロニオン陥落ののち、住民たちは、まだ都市としては小規模にすぎなかった（あるいは独立した都市ですらなかった）アマンティアに流入し、都市化を推進していった。やがて、周辺地域のなかでも有力な都市となったアマンティアは、かつてこの地にあった有力都市、そして流入した住民の出身地でもあったトロニオンの建国神話を継承することになったのかもしれない。

　しかし、それだけでよいのだろうか。アマンティア、トロニオン両国の建国神話にある、大きな違いに気がつかなかっただろうか。神話によれば、トロニオンの建国には、アバンテスとともに、同名の都市から出たロクリス人が参加していたはずである。すなわち、アマンティア建国神話からは、このロクリス人の入植がすっかり消し去られたことになる。隣国アポロニアと敵対し、滅亡させられたトロニオン、そしてその名を否応なく想い起こさせるロクリス起源の伝承が、ぬぐいとられてしまっている。すぐ隣に位置する強国アポロニアに配慮したのか。あるいは痛ましいトロニオン陥落の記憶を消し去ろうとしたのか。その両方かもしれない。こうして、アマンティアは、ロクリス起源が脱色されたアバンテス建国の神話をトロニオンから継承し、声高に主張するようになった。

　同様の現象は、アマンティア近郊のポリス、オリコスでも起こっていたらしい。紀元前2世紀頃の成立とされる作者不詳の『周遊記』によれば、このポリスもまた、トロイアから帰還する途上のエウボイア人によって建国されたと伝えられている。しかしながら、このオリコスは、考古学的には紀元前6世紀の層までしか確認されていない。また紀元前5世紀後半の歴史家ヘロドトスも、この地を「港」としか言及していない。つまり、その頃はまだポリスと呼べるほどに成長していなかったということになる。

　そんなオリコスも、前3世紀半ばまでには、ポリスと呼んでも差し支えないほどに発展していた。独自の硬貨も発行している。しかし、トロニオンなどと比べれば、はるかに遅れて都市化したことは明らかである。そうすると、やはりオリコスの建国神話に関しても、先ほどアマンティアについて想定し

たような状況を思い描くことができるだろう。すなわち，トロニオン崩壊後，いまだ独立した都市とは呼べない状況にあった居住地オリコスに，住民の一部が流入し，徐々に都市化を推進した（あるいは，一度アマンティアなどに流入したのち，さらにオリコスまで移住した）。そして，流入した住民のあいだで，神話の継承と変容が生じた。そういうことなのかもしれない。手がかりが乏しく，確定することはとてもできないが，オリコスに「アバンテス植民神話」が流布した一因には，おそらく，こうした近隣都市の盛衰と人口移動あるいは住民拡散が，深くかかわっていると考えられる。

アテナイ――大地生まれの始祖王

　アドリア海の沿岸で，アポロニアがトロニオンを滅亡させたのとおよそ同じ頃，ギリシア本土をはさんで反対側，エーゲ海沿岸に一大政治勢力が築かれつつあった。前5世紀初め，2度にわたって来寇（らいこう）したペルシアの軍勢を退けたギリシア諸ポリスは，帝国の逆襲に備え，エーゲ海および周辺地域を中心に，新たな同盟，デロス同盟を結成した。盟主は，ペルシア撃退に貢献著しい大ポリス，アテナイ。つぎの神話の舞台である。やがてこの国は，前454年には同盟金庫を聖地デロス島から自国に移動し，また同盟から離反しようとする複数のポリスを武力制圧するなど，同盟内部で圧倒的な力をふるうことになる。これを「アテナイ帝国」(Athenian Empire)と呼ぶ研究者もいる。国内でも民主化を推進し，自信を深めたアテナイは，都市中心部で神殿群の大規模造営計画を開始した。ペルシアの侵略で罹災（りさい）した中心聖域アクロポリスには，大理石製の神殿パルテノンが建設され，いくぶん遅れて，同じ神域の北側にはイオニア式の神殿エレクテイオンが建設された。

　エレクテイオンは複合神殿で，アテナイの建国神話と関わりの深い「遺物」を神域内にいくつも納めていた。いわば，「建国の記憶」を保存し，訪問者にこれを想い起こさせる機能をもっていた。たとえば，海水が湧き出る井戸には，海神ポセイドンが三叉戟（みつまたほこ）で穿（うが）った跡が残されていたという。また，アクロポリスには女神アテナがアテナイ人に授けたという聖オリーヴ樹も生えていた。これらはいずれも，2柱の神々がアテナイの国家守護神の座をめぐって争った「証」である。このほか，神域には，神話上のアテナイ王エレクテウスも祀られ，別のアテナイ王ケクロプスの娘の聖域（しつら）も設えられていた［パウサニアス『ギリシア案内記』1巻26章5節，27章2-3節］。始祖王の宗教的・政治的

図3 大地から誕生する始祖王エリクトニオスと抱え上げようとするアテナ女神(大英博物館蔵)

重要性を物語っていよう。

　神話上, 初代のアテナイ王ケクロプスは, 大地から生まれたとされ, 上半身は人間, 下半身は蛇の姿をしていた。同王には息子がひとりいたものの, 王位を継ぐことなく夭折し, その座は大地生まれのクラナオスに継承される。続く3代目アンフィクテュオンもまた, ある伝承によれば, 大地生まれだったという[アポロドロス『ギリシア神話』3巻14章1-6節]。

　別伝によれば, 初代ケクロプスの跡を継いだのは, エリクトニオスだったという。彼の誕生については, 詳しい物語が伝わっている。女神アテナが鍛冶の神ヘファイストスを訪ねたときのこと。欲情したこの男神が女神を襲おうとするも, 拒絶され, 想いは遂げられず, 精子だけが空しく女神の太腿に放たれたという。アテナはこれを羊毛(ギリシア語でエリオン)でぬぐい, 大地(ギリシア語でクトン)へ捨て去る。このとき, 大地(にこぼれ落ちた精子)から生まれ出たものこそ, ほかならぬエリクトニオスであった[アポロドロス『ギリシア神話』3巻14章6節]。古典期のアテナイ人には人気の話題だったのか, 前5世紀の陶器画には, エリクトニオス誕生にまつわる場面がしばしば描かれている。対照的に, 成長後のエピソードはあまり伝わらない。

　アポロドロス『ギリシア神話』によれば, この後, エリクトニオスの跡目はパンディオンが, さらにその跡はエレクテウスが継いだとされている。これに対し, 『イリアス』などでは, エレクテウスこそが大地から生まれ, アテナ女神に育てられたものと詠われており, 伝承が食い違っている[第2歌547-548行]。他の神話・伝承同様に, 複数の伝承が併存し, 混線しているようだ。

細部はさておき，始祖王たちが，繰り返し「大地生まれ」とされている点は，強く印象に残ったのではないだろうか。アテナイ人は，自分たちが暮らしている大地そのものから，はるかなる昔，始祖王たちが誕生したのだと強く主張することで，自分たちとアッティカの大地との絆が古より失われることなく，強固に結びついてきたのだと訴えているのである。

生え抜き市民と大国の自信
　紀元前5世紀中頃，アテナイに新たな神話が広がり始めた。「市民生え抜き神話」である。アテナイ人は，他のポリスの市民のように，よそから流入して共同体を建設したのではなく，皆，ずっと同じ土地に暮らし続けてきた「生え抜き」(autochthon)なのだという主張である。同時代の証言をみてみよう。当時活躍した悲劇作家エウリピデスは『エレクテウス』という作品のなかで，神話上のアテナイ王エレクテウスの妃に，つぎのように宣言させている。

> 私は多くのことを勘案しております。まず当ポリスに優るポリスは他に見当たりません。なにより人々が，よそから当ポリスに移動してきたのではなく，吾々は生え抜きとして生まれついたのです。他の諸ポリスは，まるでゲームの駒のように動いて建設されたもので，あるところから別のところへ移入されたものなのです。よそからやって来てポリスに住むような者は，言葉のうえでは市民ですが，実態としては，そうはいえないのです。

　古来その土地に住み続けてきた者たちこそ，移民を祖先とする人びとよりもはるかに優れた，真の市民である――そうした主張が，容易に読み取れたことだろう。実際のところ，移民によって建国されたギリシアのポリスは数限りない。冒頭にふれたペロポネソス半島の話や，先ほど述べた西方ギリシア世界の例を思い出してみれば，これはもう明らかであろう。こうした状況をふまえ，歴史家トゥキュディデスは自らの作品の冒頭で，ギリシアの歴史は，かつては移民や住民の交替に彩られていたと説明しており，これに対して，アテナイのあったアッティカ地方は例外であったと解説している［1巻2章］。彼はまた，アテナイきっての有力政治家ペリクレスに，作中でつぎのような演説をさせている。前431年，ペロポネソス戦争開戦初年度におこなわれた戦没者葬送演説の冒頭である。

まずは祖先のことから始めましょう。このような機会には，この方々のことを想起し，彼らにこういった名誉を与えることが，正しく，適切なことなのですから。といいますのも，この土地には常に同じ人間が暮らしており，彼らは世代を超えて現代まで，この土地を，その徳（アレテー）によって，自由なものとして引き継いできたのですから。〔『歴史』2巻36章〕

「生え抜き」ということばこそ用いられていないが，やはり，アテナイ人が原初より同じ土地に暮らしてきたという「神話」が語られ，さらにそれが自由という価値と結びつく，意義深いものとして提示されている。もうひとつ別の例をみてみよう。前4世紀前半に活躍した哲学者プラトンの作品『メネクセノス』である。これは，作中に登場する哲学者ソクラテスが，政治家ペリクレスの愛人アスパシアに学んで演説してみせたという，戦没者葬送演説のパロディーである。

祖先たちの生まれは，来訪者のそれではありません。そのおかげで，その子らは，よそからこの土地にやってきた在留外国人ではなく，生え抜きとなりました。実際の祖国に暮らし，生きているのです。他の者たちのように，継母によって育てられているのではなく，現在暮らしている，母なる土地によって育てられているのです。〔237b〕

私たちの政治体制がこのよう〔に民主政〕であるのは，生まれの等しさが原因なのです。誰もが皆同じ，ひとつの母から生まれた兄弟なのであり，互いに主人・奴隷の間柄になったりすべきではないのです。他のポリスの人々は，雑多で，均一ではなく，それゆえ，彼らの政体もまた均一なものではありません。すなわち僭主政（せんしゅせい）〔1人による支配〕であり，寡頭政（かとうせい）〔少数者による支配〕なのです。お互いに，ある者を奴隷，ある者を主人として暮らしているのです。私たち，そして私たちの同胞市民は，本性からいって，生まれが等しいものですから，法によって平等であることを追求せざるを得ないのです。有徳と賢慮の評判を除いては，互いに誰か他の人に従うようなこともないのです。〔238e〕

ここでは，生え抜きであることが称揚の対象となっているばかりか，現行の政治体制を正当化する根拠にもなっている。すなわち，誰もがみな生え抜きであればこそ，アテナイ人には民主政がふさわしい。逆に，あちこちからやってきた，異質な人びとが混在している国には，僭主政や寡頭政がおあつらえ向きだというのだ。もちろん，現実のアテナイは，前5～前4世紀の体

制にたどりつくまで，さまざまな政治体制を経験している。僭主政の時期もあった。しかしながら引用箇所では，民主政はもはや生え抜き神話と分かちがたく縫い合わされ，始原にさかのぼる国民的性格(ナショナルキャラクタ)に由来するものとして描かれている。この疑似演説ばかりではない。同様の言説は，やがて確実にアテナイに流布していった。

　市民生え抜き神話が何を根拠に主張され始めたのか，正確なところはわからない。ひとつには，先行して「大地生まれの始祖王神話」が流布していたことが，ポリスと土地の結びつきを強く主張する市民生え抜き神話を生み出す土壌となっていたのかもしれない。さらにライバル国スパルタとの対抗関係も，生え抜き神話流布の要因にあげられている。前5世紀前半，ペルシアとの戦争で活躍し，戦後，デロス同盟の盟主となったアテナイは，ペロポネソス半島の強国スパルタとの対決姿勢を強めていった。本章の冒頭でふれたように，スパルタのほうは，「ヘラクレス一族の帰還」を建国神話とし，おそらくこれを政治的にも利用していた。アテナイはこれと対抗するために，自らが生え抜きだと主張し，純真性，土地との密接なつながりを誇示しようとしたのかもしれない。

　ほかにいくつもの要因があっただろう。少なくとも，国際的発言力を増大させ，国内では民主政の制度を整えていったアテナイ人は，自分たちが本質的に他に優越しているという自尊心をもつようになったに違いない。このような環境で醸成された自負と対外的な対抗意識が，アテナイ人に他国との差異を強く意識させ，市民生え抜き神話を流布させる契機になったということは十分に考えられる。

　市民生え抜き神話が流布し，定着していく最中のこと。前451/0年，アテナイ人の同質性をいっそう確実にするかのように，新しい法律，「ペリクレス市民権法」が成立した。以前には，父親が市民であれば，母親の身分や地位にかかわらず，その子はアテナイ市民と認められていたが，この法の制定により，父親，母親双方が市民でなければ，市民として認められないことになった。生え抜き神話にぴたりと符合する同法の制定は，アテナイ人の同質性，血統の純粋性に，法律的・現実的な側面から，一定の根拠を与えたということにもなるのかもしれない。

生え抜き神話と知識人の当惑

　市民生え抜き神話は，アテナイ社会に流布し，定着していった。前4世紀の終わり，アテナイ民主政がひとまずの終焉を迎えるまで，この神話は，戦没者葬送演説などで繰り返し語られ続けた。しかし，流布し始めた当初，人びとは，とりわけ知識人たちは，それほど容易にこの神話を受け入れることができたのだろうか。

　同時代の文献を改めて注意深くみてみよう。たとえば，ヘロドトスについて調べてみると，なんと，彼がこの形容詞を適用している集団は，多くが非ギリシア人で，ギリシア人では，カウノス人，アルカディア人，キュヌリア人にしか用いておらず，アテナイ人には適用していない。このうちカウノス人については，言語がカリア人（非ギリシア人）に近く，生え抜きのように思われると述べたうえで，カウノス人自身はこれを否定し，クレタ島出身を自称していると付け加えている［1巻171章］。また，キュヌリア人については，ペロポネソス半島に残る生え抜きのイオニア人ではあるが，アルゴス（ドーリス系のポリス）の支配を受け，ドーリス化していると説明している［8巻73章］。生え抜きが誇らしいことであるなどとは，まるで思っていない風である。

　トゥキュディデスはどうだろう。彼もまた，アテナイ人には「生え抜き」という形容詞を用いていない。適用しているのは，シチリア島のシカノス人。これまた非ギリシア人である。しかも，彼らが生え抜きを自称し，シチリア島を古くから領有していたと主張するのに対して，史家は，彼らなど，実際にはイベリア半島からの流入民にすぎないと反論を展開している［6巻2章］。生え抜きという自己主張に，疑念をいだいていることは明らかである。

　生え抜きであるというアテナイ人の自己主張そのものに対しても，歴史家たちは，いくらか距離をとっているように感じられる。たとえば，ヘロドトスは，アテナイ人について，たしかに，古くから移動せずに同じ土地に暮らしていると述べてはいるものの，しかし彼らが，そもそもはペラスゴイという非ギリシア系先住民だったのであり，のちにギリシア化したにすぎないと考えている［1巻56-57節］。

　トゥキュディデスもまた，生え抜き神話に全面的に賛同してはいないようだ。史書の冒頭，彼はたしかに，アッティカ地方には古くから同じ人びとが住んでいると記し，生え抜き神話にそった発言をしている。ところが彼は，痩せた土地ゆえに争いが起きず，そのためにアッティカには同じ人が住み続

けているのだと説明していて，生え抜きであることを称揚しているのかというと，どうも疑わしい[1巻2章]。続く箇所では，アテナイが亡命者たちを受け入れてきたために，人口が増え，アッティカの土地では支えきれなくなり，小アジアのイオニア地方に向けて植民がおこなわれたと記している。つまり，トゥキュディデスは，古来，アッティカ地方に同じ民族が暮らし続けてきたことを認める一方，おびただしい外来者を受け入れてきたという伝承も，同時に受け入れているのである。

さらに興味深い記述が，史書の後半にみられる。前415年，シチリアへの軍事遠征を力強く唱える野心的政治家アルキビアデスは，慎重派の演説に揺れるアテナイ市民を前に，つぎのように語り，十分な勝算があることを訴えている。

> シチリア遠征については，一大戦力と対決することになるだろうなどと考えて，翻意するべきではありません。といいますのも，あちらの諸都市は，種々雑多な大衆で満ちあふれ，市民の変更や追加受入を簡単に行っているのです。それゆえ，誰一人として，自分の祖国のためを思って，身体に武具を装備することも，領土に通常の準備を整えたりすることもないのです。……このような群衆が，気持ちを一つにして指示に従い，共同で事に当たることなど，起こりそうにもありません。[6巻17章2-4節]

多人種移民国家では，祖国防衛すらままならないという論法は，明らかに生え抜き神話の裏返しである。このアルキビアデスの演説にも触発され，アテナイは，前415年，シチリア島に向けて史上空前の大艦隊を派遣した。結果は，全軍潰滅。トゥキュディデスは，史書執筆の時点で当然この結果を承知している。この演説が歴史家の創作なのか，あるいは実際の演説に相当近いものなのか，判断は難しいが，少なくとも，生え抜きを自称するアテナイ市民団が，移民国家に大敗北を喫する歴史の皮肉を十分に意識したうえで，筆を走らせた可能性はきわめて高い。

生え抜きならざるアテナイ

前5世紀後半，市民生え抜き神話(アウトクトン)が流布し，共有され始めた頃，どうやら知識人たちは，この神話に何かしら違和感を感じていたらしい。そこにはさまざまな背景があったことだろう。たとえば，アテナイには，じつのところ，

生え抜きとはいいがたい市民が，相当数暮らしていた。とりわけ有力一族のなかには，アテナイ以外の血筋をもつ者が少なくなかった。僭主討伐者の末裔として崇敬を集めていたアテナイの有力一族は，アテナイの北にあるエウボイア島のポリス，エレトリアの出身を自称していた。歴史家ヘロドトスは，独自調査の結果，彼らがギリシア人ではなく，フェニキア人であったとすら述べている。またペリクレスのライバル，有力政治家キモンは，北方の異民族トラキア人の王族を母方の祖父としていた。歴史家トゥキュディデスの父親も，トラキアの王族と何かしら類縁関係にあると考えられている。

当時の制度や環境を考慮しても，外国人の血を引く市民が前5世紀後半のアテナイにほとんどいなかったとは，とても考えられない。まず，ペリクレス市民権法について考えてみよう。両親ともに市民であることを求めるこの法律が通過したのは，前451/0年のことである。もしも同法が，この年に生まれた赤ん坊から適用を開始したのであれば，ペロポネソス戦争が勃発した前431年の時点で，初適用者は20歳程度ということになる。市民権法が通過した年に成人し，18歳となった者から即座に適用され始めたのであれば，ペロポネソス戦争勃発の年，初適用者の年齢は38歳ということになる。逆にいえば，それより上の者たちは，母親が外国人であっても構わなかった。

もちろん，「法律上許された」ということが，「実際に国際結婚が頻繁におこなわれた」ということを必ずしも意味するわけではない。しかし，デロス同盟の盟主として隆盛を誇り，経済的にも繁栄を極めたアテナイのことである。外国人の流入は膨大な数にのぼっていた。またアテナイから，交易や公的任務のため，海外に出向く市民も少なくなかった。こうしたなかで，非アテナイ人の母親をもつアテナイ市民が，それなりに存在していたことは十分に想像できる。ほかならぬペリクレスも，ミレトス（小アジアのポリス）出身の愛人アスパシアとのあいだに息子を設けていた。先ほどみた，市民生え抜き神話を利用するプラトンの疑似演説は，このアスパシアから学んだという設定になっていたのだが，それを考えると，あの発言は，哲学者プラトンらしい皮肉にも聞こえてくる。さらに祖母が非アテナイ人などというケースを含めれば，その数はますます膨れ上がるだろう。少なくとも知識人たちは，そうした人びとの存在を十分に認識し，その結果，市民生え抜き神話との齟齬を感じていたのかもしれない。

また，アテナイにはもうひとつ，まったく別系統の，きわめて重要な神話

があった。「イオニア植民」(Ionian Migration)の神話である。「イオニア人」と称する一団が，神話上のアテナイ王コドロスの息子たちに率いられ，エーゲ海を渡り，島嶼部，そして小アジア南西部に定住し，植民市を建設したと伝えられている[パウサニアス『ギリシア案内記』7巻2章]。アテナイは，この神話を政治的に利用していたらしい。アテナイがイオニア人植民団を指揮していたとするこの神話は，イオニア系ギリシア都市が数多く参加するデロス同盟を指導し，支配するにあたり，大変好都合だったのだろう[たとえば，トゥキュディデス『歴史』6巻76章3節，82章3-4節]。別の見方をすれば，イオニア植民神話は，当時，「帝国化」していくアテナイ市民にも，強く意識された神話のひとつであった。

ただし，この神話は，アテナイ王族の指揮下で植民団が派遣されたという伝承にとどまるわけではない。前7世紀のある詩人によれば，小アジアにあるイオニア系ポリス，コロフォンを建設したのは，ペロポネソス半島南西部のポリス，ピュロス出身の者たちだという。同じく小アジアにあるイオニア系ポリス，プリエネについては，ボイオティア地方の大ポリス，テバイに起源を求める神話が伝えられている。さらにヘロドトスは，ペロポネソス半島北部アカイア地方こそ，イオニア人の起源だと述べている[1巻145節]。

この点，トゥキュディデスは興味深い。彼は，先ほども述べたように，アッティカ地方には古くから同じ人間が住んでいると述べつつも，続けて，多くの移民を受け入れたと記し，そこから小アジア方面へ植民団を派遣したと記している。これはおそらく，市民生え抜き神話と，アテナイによるイオニア植民団派遣の神話，さらにイオニア人の起源にまつわる神話を整合的に説明しようとしたトゥキュディデスなりの折衷案だと考えられる。イオニア植民神話に慣れ親しみ，先行の諸伝承も熟知していた同時代の知識人たちは，これとは相容れない市民生え抜き神話にふれ，素直には受け入れがたいものと感じていたに違いない。

デロス同盟の盟主として自信を深めたアテナイで誕生し，流布していった「市民生え抜き神話」は，アテナイがまさにそうした国際的地位にあったがゆえにこそ，同時代の知識人にとって戸惑いを覚えるものになっていたのである。

ミレトス――「イオニア植民神話」

　さて，先ほども述べたように，前5世紀，アテナイは，デロス同盟の盟主として指導力を発揮し，イオニア植民神話を同盟諸ポリスに対する外交政策に利用していた。しかし，覇権(はけん)国家アテナイが，他国に対して一方的に神話を押しつけていただけなのだろうか。いや，必ずしもそうとはいえないようだ。イオニア植民神話は，先ほどもみたように，アテナイの動静とは独立して，さまざまな異伝を派生させながら，以前から小アジアのイオニア系諸都市に流布していた。それどころか，小アジア側の諸都市はイオニア植民神話のアテナイ的解釈さえも，状況に応じて積極的に利用していたらしい。ここでは，その代表格ともいえるポリス，ミレトスに注目してみよう。

　現在のトルコ共和国南西部，エーゲ海沿岸部にあった古代都市ミレトス。小アジアを東西に流れる大河マイアンドロスがエーゲ海にそそぎこむ，巨大な湾の南部に位置し，交通の要衝を占めていた。ただし，現在，遺跡は川の堆積作用によって，かなり内陸に位置している。前古典期(およそ前8世紀末～前6世紀)には交易などを通じて巨万の富を築き，「イオニアの華」と呼ばれるほどまで繁栄した。前5世紀初頭，ペルシア戦争の前哨戦(ぜんしょうせん)となる「イオニア反乱」に際して中心的な役割をはたしたのも，このポリスであった。ミレトスは，いわば前古典期エーゲ海域の一大ポリスであった。

　このミレトスが，自分たちこそ純粋なイオニア人(イオニア系入植者)であると，誇らしげに示していた様子を，歴史家ヘロドトスはつぎのように伝えている。

　　イオニア人たちも〔小アジア南西部に〕12の都市を建設した。これらの人々が他のイオニア人よりもより真正のイオニア人であるとか，何かしら，よりすぐれているとか言うことは，きわめて馬鹿げている。この中で，エウボイア出身のアバンテスが占めていた割合は少なくない。彼らは名前からしてもう，イオニア人では全くない。また彼らに混ざっていたのは，……他にも多くの民族が混交していた。彼らの中でもアテナイ人の中央市庁舎(プリュタネイオン)からやって来て，イオニア人の中でも，生まれにおいてもっとも優れていると思っている者たちは，植民地まで女連れで来たわけではなく，〔先住民である〕カリア人の親を殺して，現地の女性を娶(めと)った。こうした殺害があったため，妻たちは自ら自分たちの法を作り，男たちと席をともにしないよう，自分の夫を名前で呼ぶこともないように

図4　ミレトス遺跡

と誓いを強制し，娘たちに引き継いだ。彼らが，自分たちの父や夫，子供たちを殺害し，その上で彼女たちと結婚したのであるから。これはミレトスでのできごとである。［『歴史』1巻146節（下線および〔　　〕内は引用者）］

　一読してわかるように，小アジア南西部のイオニア人，とりわけミレトス人は，自ら，イオニア植民神話，それもアテナイとの関係をことのほか強調して，その純真性を誇示していた。ミレトス人は，純粋なイオニア人のなかでももっとも高貴なイオニア人であると自己主張し，その根拠をアテナイの中央市庁舎からやってきたことに求めている。いわば，アテナイがポリスとして公的に主体性をもって入植を計画し，実行したという点を，ミレトス人が自ら声高に主張していたことになる。

　おそらく，ミレトス人はこの創建神話，そしてアイデンティティを選択的に主張していたのだろう。まず，ヘロドトスの発言からもわかるように，ミレトスには，カリア的要素がぬぐい去りがたく残されていた。カリア人とは，ギリシア語とは異なる，独自のカリア語を話す人びとで，イオニア系ギリシア人が定住する以前から小アジアに暮らしていたとされている。種々の伝承において，たいてい彼らは，ギリシア人入植者によって追い出され，あるいは虐殺されたと伝えられている。しかし，実際のところ，彼らがギリシア人入植者とその後もなんらかのかたちで共生していたことは，さまざまな史料から明らかにされている。ミレトスの場合，カリア系の名前をもつ男性の存在がギリシア語碑文から確認されており，民族の混交が，少なくとも一定程度あったことは推測されている。混交の程度を過大視すべきでないと唱える研究者もいるが，とはいえ，少なくとも近隣のポリスや周辺地域にカリア人

が多く居住していたことは確実である。

また，前5世紀の一時期，カリア人がミレトス領内の一部を占有していたことも知られている。前494年，ペルシア王は，「イオニア反乱」の震源ミレトスを「ラデの戦い」で制すると，多くのミレトス人を虐殺し，残りは隷属させ，あるいは強制的に国外に移住させた。そして空き地となったミレトスを，都市部・平野部はペルシア人に，山岳部はカリア人に与えたのだという[ヘロドトス『歴史』6巻19-20章]。ただし，やがてミレトスが復興した際，これらのカリア人が残留したのか，放逐されたのか，いかなる処遇を受けたのか，この点については，残念ながら，いまのところよくわかっていない。

かりに現実の混交具合を低く見積もるとしても，ミレトスは，誰もが知る叙事詩『イリアス』のなかで，「カリア人」の都市であったと詠われている[第2歌867-868行]。またイオニア系の入植者たちが先住のカリア人女性を妻としたという伝承も，ヘロドトスが証言しているように，一般に流布していた。すなわち，ミレトス人は周囲からカリア的要素を残すものとみなされ，自らもこれを了解していたと考えられる。

そうだとすれば，純粋なギリシア人，イオニア系の植民者であると主張するためには，自らに刻印されたカリア性に目をつぶる，もしくはこれを打ち消す必要があったのではないだろうか。改めて，先ほど引用したヘロドトスの記述をみてみよう。明らかにミレトスの男性たちは，カリア性のすべてを妻や娘，すなわち女性に託し，これと距離をとることで，純粋なギリシア人・イオニア人であることを主張しようとしている。

また注意すべきことに，都市ミレトスには，イオニア植民神話のほかにも別系統の建国神話があった。半神ミレトス建国神話である。クレタ島に暮らすある娘が，アポロン神とのあいだに男児を授かった。赤子は「ミレトス」と名づけられた。長じてクレタの王ミノスに妬まれたミレトスは，島を去り，海を渡り，小アジアまでたどりついた。そこに建設された新都市は，彼の名をとって「ミレトス」と名づけられたという[アポロドロス『ギリシア神話』3巻1章2節]。この伝承は，遅くとも前5世紀には流布していたらしい。

ローマ帝政前期(後2世紀頃)，旅行記作家パウサニアスは，「半神ミレトス建国神話」と「イオニア植民神話」がひとつに結合した建国物語を記している[7巻2章5-6節]。パウサニアスによれば，これは「ミレトス人自身が語っている」ものだという。ということは，少なくとも「半神ミレトス建国神

話」は,「イオニア植民神話」とともに,ミレトス人にとって重要な物語であり続けたことになる。二系統の建国神話が流布していたなかで,前5世紀半ば,ミレトス人たちが「イオニア植民」のほうをしきりと強調していたのだとすれば,そこには,どのような歴史的背景があったのだろうか。

ミレトスをめぐる国際秩序

　まず押さえておきたいのは,イオニア植民神話は母市アテナイによる植民活動という現象のみに収斂(しゅうれん)できない,という点である。先ほども述べたように,イオニア人のもともとの出自をたどれば,むしろアッティカ以外の地域ということにもなってしまう。また,ヘロドトスも述べているように,当時の人びと,少なくとも知識人たちは,イオニア植民にアテナイ人以外のさまざまな地域の人びとが関与していたと考えていた。考古学的にも小アジアのイオニア地方へのギリシア人の流入は,およそ複数の集団による断続的な移動であったと理解されている。そう考えると,ミレトスは何かしらの政治的意図をもって,アテナイとの神話的関係を強調していると考えざるをえない。

　先ほど引用した箇所は,文脈から考えて,ヘロドトスが執筆している時期,すなわち,前5世紀後半頃のミレトス人の自己主張を,歴史家が批判的に紹介したものと考えてよい。その背後にある政治的状況を探るため,ここで,前5世紀初頭以来,ミレトスがおかれてきた環境を,改めてアテナイとの関係を軸に整理しておこう。

　まず,前499年,ミレトスはペルシア帝国に対する大規模な反乱活動,いわゆる「イオニア反乱」を画策した。ミレトスの僭主アリスタゴラスは,大帝国に対抗すべく,当時ギリシア最強とうたわれたスパルタとのトップ交渉に臨むも,支援を拒絶されてしまう。次善の策としてアテナイに援軍を求めることになったアリスタゴラスは,他の理由に加えて,「ミレトス人はアテナイからの植民者(アポイコイ)なのだから」と述べ,支援要請に成功したという[5巻97節]。これが事実だとすれば,アテナイ主導によるイオニア人のミレトス入植という神話は,このときの外交交渉に何かしら好影響をおよぼしたのかもしれない。その後,前494年,すでに述べたように,ラデの戦いに敗れたミレトスは,ペルシア帝国から国家解体同然の処分を受けるが,これに対するアテナイ人の同情はきわめて大きかったと伝えられている[ヘロドトス『歴史』6巻21章]。こうしたペルシア戦争以前の両国関係は,その後の両国関係にも影響してい

たのかもしれない。

　さらに，戦後，ミレトスにおけるアテナイの存在感（プレゼンス）は，かつてないほどまで大きくなった。何よりも，ラデの戦いに敗れたミレトスは，国力を大きく削がれていた。都市の再建事業には，莫大な経済的・人的投資，外交努力が必要だっただろう。たしかに，前5世紀半ば，ミレトスがデロス同盟に高額の貢租を納めていたことは，碑文史料から知られており，この頃には復興も随分と進展していたに違いない［*Athenian Tribute List* #5. col. 5. l.18］。しかし，それでもなお，かつてのように小アジアのイオニア諸都市に指導力を発揮するには，遠くおよばなかった。

　他方，盟主アテナイのエーゲ海域における影響力は，世紀半ば，もはや圧倒的なものとなっていた。そうしたなかで，ミレトスは国内外に問題をかかえ，その解決にアテナイから協力を得ている。前5世紀中頃には，内紛にアテナイが介入したことが知られており［伝クセノフォン『アテナイ人の国制』3巻11章］，また，前440年，同じイオニア系の隣国サモスとのあいだに戦争が生じた際，ミレトスはアテナイから援軍を得ている［トゥキュディデス『歴史』1巻115節］。

　もちろん，前5世紀を通じて状況は変化していた。事実，ペロポネソス戦争中，ミレトスは最終的にアテナイと袂を分かつことになる。しかし，おそらくヘロドトスが『歴史』を制作していた頃まで，ミレトスにとって，あるいは少なくとも同国の親アテナイ派の人びとにとっては，アテナイとの友好関係の維持こそが，間違いなく国家存立の要であり，最重要課題であった。ミレトス人がイオニア植民神話，しかもアテナイの役割をきわめて重視するような発言を自ら発していたのは，こうした同時代の政治情勢によって促されたところが少なくないはずである。

　以上，前5世紀中頃のギリシア本土西部と東部，そしてエーゲ海を横断して小アジアまで移動して，3つのポリス建国神話に注目し，それぞれを異なる側面から眺めてきた。各ポリスはそれぞれ，複数の要素からなる建国神話，あるいは複数の建国神話群を同時に並存させていた。そのうち，ある部分は他国との関係を強化するものとして強調され，ある部分は関係を忘却するかのように抹消され，またある部分は他国からの隔絶を明瞭にするために生み出された。それらは，たんに一国のエスニシティ，アイデンティティの表明ということばかりではなく，ポリスを取り巻く政治的な環境，現実的な要請

に影響され，また相互に影響をおよぼしあいながら，形成され，継承され，ときに強調され，抹消され，変容をこうむった。神話的過去が，政治外交上，重みをもった時代ゆえにこそ，そしてポリス共同体を基本としながら，諸ポリスがネットワーキングを繰り返す時代だからこそ，その変動のなかで，ときに相矛盾するような，多様で豊かなポリス建国神話が育まれ，機能していたのである。

参考文献

本文中で言及した古典作品の日本語訳は，ほぼ西洋古典叢書（京都大学学術出版会），岩波文庫，プラトン全集（ともに岩波書店）などに収録されている。

太田秀通 1982.『テセウス伝説の謎——ポリス国家の形成をめぐって』岩波書店

オズボン，ロビン（佐藤昇訳）2011.『ギリシアの古代——歴史はどのように創られるか』刀水書房（とくに第2章）

カートリッジ，ポール（橋場弦・新井雅代訳）2011.『古代ギリシア　11の都市が語る歴史』白水社

齋藤貴弘 1999.「前421/0年のヘファイスティア祭に関する決議とアテナイ市民団」『西洋古典学研究』47

齋藤貴弘 2008.「碑文とイメージから読み解く古代アテナイ人の宗教と政治——ヘファイストスとアテナ女神の祝祭の意図を手掛かりに」上智大学文学部史学科編『歴史家の散歩道』ぎょうせい

桜井万里子編 2005.『新版世界各国史17　ギリシア史』山川出版社

桜井万里子・本村凌二 1997.『世界の歴史5　ギリシアとローマ』中央公論社（中公文庫版 2010）

佐藤昇 2013a.「ミレトス神話とディデュマ」『西洋古典学研究』61

佐藤昇 2013b.「ディデュマ　神の声を聞く地，聞かせる地」本村凌二編『ローマ帝国と地中海文明を歩く』講談社

澤田典子 2006.「古代マケドニア王国の建国伝説をめぐって」『古代文化』58

庄司大亮 1999.「古典期アテナイにおけるテセウス伝説——古代ギリシア人にとっての「過去」をめぐる一考察」『古代文化』57

周藤芳幸 2006.『古代ギリシア　地中海への展開』京都大学学術出版会（とくに第4章）

周藤芳幸・村田奈々子 2000.『ギリシアを知る事典』東京堂出版（とくに第6章）

中井義明 2003.「アテナイ帝国と神話，宗教そして祭典」『人文學』（同志社大学人文学会）173

前野弘志 1998.「アテナイ植民活動と種族イデオロギー」『広島大学文学部紀要』58（特輯号2）

Clark, M. 2012. *Exploring Greek myth*, Malden, MA, Wiley-Blackwell

Hall, J. M. 2007. *A history of the archaic Greek world ca. 1200-479 BCE*, Malden, MA, Wiley-Blackwell

Loraux, N. 1996. *Né de la terre: Mythe et politique à Athènes*, Paris, Le Seuil [*Born of the earth: myth and politics in Athens*, Cornell UP, 2000]

Malkin, I. 1998. *The returns of Odysseus: colonization and ethnicity*, University of California Press

Brill's New Jacoby(断片的に残された歴史家の作品を網羅的に収録し，英訳，解説を付したウェブサイト)

佐藤　昇

第2章 寓意の思考
魚の象徴学からみた中世ヨーロッパ

「ヤハウェは大きな魚を備え，ヨナを呑み込ませた。ヨナは3日3晩，魚の腹の中にいた」［ヨナ書2章1節］

　キリストはいったい，どのような姿をしていたのだろうか。「神の子」が聖母マリアの胎内で受肉した〈かたち〉は，図像から判断すると明らかに人間，しかも男性のそれである。その人間の祖であるアダムは，創世記の記述によれば，素材こそ土塊であるが，〈かたち〉は神の似姿であった。したがって，キリストの〈かたち〉もまた，「神の姿」の複製であるはずである。

　だが，そもそも神に姿や〈かたち〉はあるのだろうか。聖書では，神は「声」であり，図像では雲間から差し出された「右手」にすぎない。父なる神は，人間の目ではとらえられないだけでなく，決まった〈かたち〉をもたない変幻自在の存在であって，地上に降りる必要が生じたときにはじめて，子なるキリストとして，人間の〈かたち〉をとったのである。では，似姿というとき，神のどの部分に似せたというのだろうか。

　神の似姿である人間の〈かたち〉をもち，父なる神と父子の間柄にありながら，神そのものでもある，キリストという不可解な存在。中世ヨーロッパの人びとは，このキリストの位置づけをめぐる聖書との渾身の対話のなかから，じつにユニークな思考法を鍛え上げていった。本章では，中世ヨーロッパ文明を理解するための鍵となるこの思考法に，キリストとその変身型としての動物という切り口から迫っていきたい。

寓意のなかのキリストと魚

　神の子として天上世界から地上へと派遣されたキリストは，天と地を媒介しただけではない。人間＝肉体としてのキリストは，養父ヨセフを通じて，人祖アダム，イスラエルの族長アブラハム，イスラエル王ダビデおよびソロモンとつながる旧約の〈王の血統〉を受け継いでいる。新約聖書マタイ伝第

第２章　寓意の思考

　1章冒頭におかれた「イエスの系図」は、アブラハムの系譜が14世代を３度繰り返すことでキリストにいたることを、17もの節を費やして綴っている。聖霊の働きでマリアの胎に宿ったとする「処女懐胎」説と矛盾するが、この「肉の寓意(ぐうい)」によって、キリストは、ユダヤ教の聖典である旧約聖書の知的資産を新約聖書につなぎとめる環(わ)となった。

　両聖書を結びつけるキリストという存在をとおして、キリストの言動とその解釈を記した新約聖書に加え、神との対話・契約、イスラエルの民の歴史、預言者の召命と試練、神を讃えるイメージ豊かな詩を含むユダヤ教の聖典を活用する道が開かれた。その際、両聖書のあいだの矛盾点(その最たるものがキリストの受肉と復活である)を解消し、ひとつの聖典として一貫性をもたせるための知的営為のなかから、キリスト教に固有の思考法が育まれていった。それは、旧約の予兆が新約で実現されるという予型論(タイポロジー)や終末に向かう救済史的な時間認識であって、これらの思考法の基礎をなすのが、字句通りの意味の奥に象徴的な意味をかさね読む、寓意的な読解術(アレゴリカル)であった。

　この〈寓意の思考〉の土台は、新約聖書の諸書の著者(福音書記者、パウロら)や初代教会の著述家をへて、オリゲネスや聖アウグスティヌスら古代末期の教父たちの手によって築かれた。中世の神学者たちは、これら初期キリスト教時代の資産を継承する一方、プラトンやアリストテレスなど異教徒の学問的成果を導きの糸としながら、聖書原典の寓意的解釈を積み重ねていった。自然や人事、できごとにはつねに複数の意味の層があり、これら意味の層を往還する思考法こそ、神の秘められた意図、すなわち秘義(ミステリウム)を正しく理解する道であって、聖書はいわばその練習問題にほかならない。その際、聖書のテクストは言語によって註解されるだけでなく、写本挿絵や教会内の壁画・彫像などの画像を用いてもまた「註解」された。すなわち、寓意の思考は、文字言語と視覚言語がたがいに行き交う場＝メディアを舞台に展開したのである。

　キリストの姿をめぐる議論も、この寓意の思考術のなかで、さらに豊かな意味の層を獲得する。キリストは、数字の寓意では、１(唯一神)から生じた３(三位一体)のひとつ(位格)であり、アルファベットの文字寓意では、キリストの綴りを縮約したクリストグラム(㐁、IHS)で表現され、動物寓意では、王の資質をあらわす獅子(しし)や鷲(わし)、犠牲の象徴である小羊に擬せられた。そしてそもそも、神の似姿をもつキリストは、父なる神の「寓意」といえる。キリ

033

ストは，寓意の思考において，まさに要(かなめ)の位置を占めている。

　キリストが変身する動物型のうち，画像での登場回数では，小羊型が圧倒的に多い。その一方で，本章冒頭に引用した「怪魚に呑まれるヨナ」に代表されるように，キリストを魚の寓意であらわす図例も少なくない。ただ小羊型に比べ，魚型キリストが寓意の体系に占める位置は曖昧(あいまい)で，どこか不安定である。それは，魚の棲処(すみか)である水＝海洋世界がおかれている境遇に由来しているのであろうか。

　以下では，寓意の要であるキリストに着目しながら，魚や海洋世界がかかえる「危うさ」の根源を探っていくことにしたい。

生業の寓意と信徒としての魚

　アダムの生業は，牧羊と農耕である。ただし，農耕者である兄カインが牧羊者である弟アベルを殺害した弟殺しの逸話(創世記4章)のなかで，牧羊の優位が明示され，同時に神ヤハウェに奉げられるべき犠牲獣は羊と定められた。群れの動物である羊を導く羊飼いは，信徒集団の魂を導く司牧者(パストール)に喩(たと)えられた。この観念は，ラヴェンナのガラ・プラキディア廟堂(びょうどう)内のモザイク「善き羊飼いとしてのキリスト」(5世紀)などに確認できる。初期中世に形成され，中世を通じて普及していく司牧組織のヒエラルキーは，羊飼いの象徴体系のもとに構想されているといえる。

　キリストはまた，養父ヨセフの家業を継いで大工となったとされる。家を建てる大工の象徴体系は，弟子ペトロに向けたことばを典拠とする。すなわち，ペトロを地上の教会の礎石に喩え(ペトロ＝「岩」という語源学)，「天の王国の鍵」を与える，と述べた箇所である[マタイ伝16章17節以下]。ペトロを初代とする歴代の教皇は，この聖書寓意を根拠に，地上にあるすべての教会を統括し，全信徒の行いを裁く自らの家父長的権力を「鍵権力」と呼んで，これを正統化する思索や言説を鍛え上げていった。

　キリスト教における生業の寓意はまた，漁業にもその基礎をおいていた。漁業の象徴体系に根拠を与えるのは，福音書の「使徒召命」の場面である。十二使徒のうちアンドレアスとシモン・ペトロはガリラヤ湖の漁師で，投げ網を打つ2人をキリストが勧誘し，ゼベダイの子ヤコブとその兄弟ヨハネは漁網を繕うさなかに使徒に召された(図1)。マタイ伝4章19節にある「人間を獲る漁師」というキリストが用いた喩えは，漁師としてのキリストの手足

第 2 章　寓意の思考

図 1　漁師の使徒への召命（『エヒテルナハ黄金写本』）

図 2　漁師指輪で押印した封蠟

図 3　生ける魚（墓碑，ローマ）

図 4　最後の晩餐の「魚」（ヴォルテッラ大聖堂説教壇）

図 5　ヨナとキリスト（『貧者の聖書』）

となるべき使徒らが，信徒の獲得という役割を期待して召されたことを示している。この漁師＝伝道師としての使徒たちは，キリストの受難・復活・昇天ののち，聖霊より伝道先の言語を解する力を賦与され（「聖霊降臨」），世界伝道に旅立つ（「使徒行伝」）。

　この伝道の使命は，初期中世において，自らを使徒に準え，使徒的生活（ウィタ・アポストリカ）を追求した修道士に引き継がれた。さらに13世紀には，教皇侍従から新教皇に授与された「漁師指輪」(annulus piscatoris)（図2）が教皇書簡に押印されるようになるが，聖ペトロが網で魚を獲る場面を彫る指輪は，自身をペトロに準える教皇が担うべき伝道の使命を象徴している。

　生業に根拠をおくこれら3つの寓意の系は，中世キリスト教の歴史のなかで，信徒の信仰生活の根幹にかかわる表象としてそれぞれが独自の役割を担っていく。本章では，そのなかでも，魚を漁る漁業の寓意に特段の注意をはらっていこう。

信仰の秘匿と「生ける魚」

　キリスト教がローマ帝国において公認される以前，とくに厳しい迫害にさらされた時代に，キリスト教徒の信仰生活はカタコンベ（地下墓室）に潜行し，信仰は秘匿された。信仰が表明される際にはさまざまな寓意や象徴が用いられたが，その痕跡はとくに信徒の墓碑のうえに認められる。そこでは，つがいの鳩やクリストグラムに加え，魚の図像と綴り字が頻繁に登場する。

　2世紀末〜3世紀半ば頃に制作されたリキニア・アミアスの墓碑（図3）には，2尾の魚の図とともに，

　　DM／ΙΧΘΥΣ ΖΩΝΤΩΝ／LICINIAE AMIATI BENEMERENTI VIXIT
　（功績多きリキニア・アミアスのために。彼女は生きた）

との碑銘がある。このうちDMとはDis Manibus（死を司る神々に捧げん）で，異教徒の墓碑から借用された，死者の辱め（はずかし）を防ぐための埋葬権にかかわる記述とされる。一方で，ギリシア語で書かれたΙΧΘΥΣ ΖΩΝΤΩΝ（ICHTHYS ZONTON）とは，直訳すれば「生ける魚」である。これは第一に，マタイ伝にある「神は死人たちの神などではなく，生ける者たちの神である」[22章32節，下線は引用者，以下同]や，ヨハネ伝の「また，生きて私を信じている人は皆いつまでも決して死ぬようなことはない」[11章26節]といった記述をふまえた，キリスト教徒をあらわす寓意と考えられる。同時にこのICHTHYSはI.

CH.TH.Y.S., すなわち綴りの各文字を別の単語の頭文字とみる折句(アクロスティコン)であり，折句を展開すると「イエス・キリスト，神の子にして救世主」(Iesous Christos, Theou Yios, Soter)という一段奥に隠された意味の層(信仰告白)があらわれる[Dölger 1999]。アウグスティヌスは，『神の国』18巻23章で，この27文字からなる信仰告白もまた，終末到来を予告する27行の詩句を内に隠す折句であることを伝えている。

　この頃，キリスト教徒はたがいの信仰を確認し合う手段として，魚のハンドサイン(手話)を用いていたとされる。すなわち，一方が魚の輪郭の上半分を手で空に描くと，他方が下半分の輪郭を描き足して，1尾の魚(<><)を完成させるという所作である。このハンドサインは信仰秘匿を目的としていたが，この身振り自体は，中世の修道院生活に，沈黙の掟を守るための手段として引き継がれた。すなわち，改革派として名高いクリュニー修道院の修道士たちは，天使の身振りを理想視し，天使の〈沈黙〉を実践するための手立てとして，ハンドサインによる精巧な対話システム(サイン・ランゲージ)を開発した。同院の『修道院慣習規定書』(11世紀後半)に収録されたハンドサインの一覧には，たとえば，魚に関するつぎの説明がある。

①魚…片方の手で，泳ぐ魚の尾びれのまねをする。
②イカ…すべての指を開いて，いっせいに動かす。
③ウナギ…両手を閉じて，人がウナギを握るまねをする。
④サケ，チョウザメ…①のサインに加え，親指を立てた握りこぶしを顎につける。
⑤カワカマス…①のサインに速度をあらわすサインを加える。

　厨房係の修道士たちが日々取り交わしていたこれらの身振りは，彼らの意識のなかでは，天上における天使の身振りと同調していたのである[Bruce 2007]。

　信仰秘匿の状況下でキリスト教徒は，死者の信仰の証を刻むべき墓碑を舞台に，魚の寓意を用いたコミュニケーション術を考案した。それは，空中に描かれ，墓碑に図示された魚の輪郭(<><)が，墓碑の上でICHTHYSの綴り字に変換され，それを折句として展開することでキリストに対する信仰告白があらわれるという，身振り・図像・文字をまたぐ巧妙な仕掛けであった。その身振りと技芸は，主旨は変わるが，沈黙を守る地上の天使たち(修道士)に引き継がれる。

では，身振り・図像・文字のあいだを自在に往来する，この寓意の魚は，キリストとはいかなる関係を取り結んでいたのであろうか。

魚を食べる，魚に食べられる

　キリストの生涯を描く図像表現において，魚が取り立てて強調される場面がある。そのひとつが「最後の晩餐(ばんさん)」の場面である。晩餐の食卓にパンや葡萄酒とともに供される食材が羊などの獣肉のこともあるが，初期中世の図例では多くの場合，それは魚であった。なかでも，図4のように，使徒の前におかれた魚がひときわ強調して描かれる場合には，この場面で魚が担う意味の重要性が暗示されていると考えられる。すなわち，食卓の魚は，まもなく人間の犠牲となるキリストを，使徒たちが食べる魚によって寓意的・予兆的に表現しているのである。

　魚は中世において一年中食べられる食材であったが，獣肉食が禁止される斎日の期間，とくに復活祭40日前に始まる四旬節のあいだは，獣肉にかわる蛋白(たんぱく)源として著しく需要が高まった。また修道院では，修道士は獣肉食を避け，上記のハンドサインが示唆するように，おもに魚を食した。一方で，祭儀の核をなす聖餐(せいさん)式(聖体拝領)は，信徒が祭壇でキリストの「血と肉」の寓意として葡萄酒とパンを食す儀礼である。祭壇での食儀礼は通例，神に生贄(いけにえ)を捧げる儀礼(「イサクの犠牲」など)であるが，聖餐式は，「最後の晩餐」と同様に，「神を食べる」カニバリズム的な儀礼である。その際，キリストの肉の象徴であるパンは，羊肉と魚肉の両義性をもった。

　魚としてのキリストを食べる寓意がある一方で，本章冒頭に引用したように，キリスト(の予兆とされるヨナ)が大魚に食べられる寓意もある。ヨナは，アッシリアの首都ニネヴェに赴き，預言をせよとの神命を不服として，ニネヴェとは逆方向に向かう船に乗船するが，大嵐にあって難破の危険が迫るなか，それを自らの責任と感じて海に飛び込み，大魚に呑み込まれた。3日後大魚から吐き出されたヨナの逸話は「信仰回帰」の物語とされるとともに，新約聖書におけるキリストの復活の予型と解釈された(図5)。

　「使徒召命」では信徒を意味した魚は，「最後の晩餐」の図像表現では弟子に食される魚となり，寓意を介して修道士や信徒の日々の食卓にあがる魚と結ばれた。この魚とヨナ＝キリストを呑み込んだ怪魚とは，明らかに魚種も寓意上の役割も異なっている。では，そもそも寓意の魚にはどのような魚種

が存在したのであろうか。その答えを知るには，魚を含めた動物の分類学に足を踏み入れる必要がある。

動物の命名と分類——アダムとノア

　神は天地創造の5日目と6日目に動物を創造する際，動物を，地を這う生き物，空を飛ぶ鳥，水の中をうごめく魚，の3つの範疇（カテゴリー）に分けた。これら地の獣，空の鳥，海の魚の支配者として創られた人間アダムは，地上の楽園（エデンの園）にて，神の創造した動物に呼びかけ，それがそのまま動物の種名となった（図6）。この点を，セビーリャのイシドールス（636年没）は，つぎのように説明する。

　　アダムはすべての動物に名前を与えた最初の存在である。アダムは各々の動物に対してそれが創造された時点において命名したのであり，その動物が自然の中で占める位置にしたがってひとつの名を付与したのである。他の多くの民もまた彼らの言語において動物に名前をつけている。それは，アダムが与えた名前がラテン語やギリシア語，あるいは他の外国語のいずれでもなく，ノアの洪水以前には全ての民が話していた共通語，すなわちヘブライ語での名であったためである。［『語源』12巻1節］

　アダムが命名に用いた言語は，ノアの箱舟（通例はバベルの塔）以前の原初の共通語（リンガ・アダミカ），ヘブライ語であった。アダムの命名行為は，動物に対する管理責任とともに，事物に名称を与える責務が人間に課されたことを意味する。

　アダムが命名した多種多様な動物は，アダムの創造から1656（または2242）年ののち，その9代目の子孫であるノアによる「点呼」を受けることになる。すなわち，洪水（40日40夜の降雨，水が引くまでに1年）の発生を予告されたノアは，神の命に従い，巨大な箱舟を建造してそこに動物すべての種をつがいで載せた。

　　また，あらゆる生き物，あらゆる肉なるものから，2匹ずつを箱舟に入らせるがよい。それらがあなたと共に生き残るためである。それらは雄と雌でなければならない。鳥からも種類に従って，獣からも種類に従って，地を這うあらゆる生き物からも種類に従って，すべて2匹ずつが，それぞれ生き残るために，あなたのもとにやって来るであろう。［創世記6章19-20節］

アダムが名づけた動物種がすべてノアの箱舟に集められたはずだが，鳥と獣に加え，地を這う蛇まで明記されているものの，魚への言及はない。実際，ヴェネツィアのサン・マルコ聖堂の「ノアの箱舟」モザイクを見ると，ノアが動物を船に積載する画像は，動物の3範疇に従い，四足獣と鳥類は分けて描かれているが，そこに魚の場面はない（図7）。神が被造物浄化に洪水という水害を選んだことを考えれば当然の帰結であるが，同聖堂の「天地創造」の円蓋モザイクでは精密に描き分けられていた豊かな魚種の数々は，箱舟には乗船していないのである。魚種の立場を危うくする原因のひとつが，ここに認められよう。

「記憶の宮殿」と魚のアイコン

　アダム＝ノア的な動物分類学は，人間の頭脳の内においても重要な役割を担うことになる。それは，膨大な情報を脳内に保管するための技術，すなわち記憶術（アルス・メモラティーヴァ）の分野である［カラザース 1997］。
　カッシオドールス（580年頃没）による自由七科入門書『綱要』の写本（図8）では，学問や概念の系統図を束ねる位置に，彩飾された魚が目印のようにおかれている。他のページには獅子，鳥，犬などの動物や植物，噴水などが同じ位置に配され，色・形において重複するものはひとつもない。これらの記号は，書物のなかで必要な章節や記述を素早く見つけ出すという目的以上に，その内容を脳内に記憶するための目印（アイ・キャッチャー）であった。
　中世ではキケロの作とされた『ヘレンニウス修辞論』（前1世紀）は，人為的記憶は蠟板に文字を刻むように心に文字を刻みつけることだとし，頭の中に記憶する場（ロキ）を設け，そこに格納された記憶に対して連想作用をもつ鮮明な表象（イマギネース）をアイコンとして貼り付ける手段を詳述している。記憶すべき情報が増えるにつれて場の規模は大きくなるが，個性あるパーツから構成されたイメージ喚起力の高いものであることが必須条件となる。たとえば，広大な屋敷や宮殿，黄道十二宮をかかえ，多層の環からなる天球，罪に応じた無数の拷問場をもつ地獄や煉獄などである。
　サン・ヴィクトルのフーゴーは『ノアの神秘的箱舟について』（12世紀前半）のなかで，宇宙誌や世界図，聖書の記述すべてを格納しうる巨大な「ノアの箱舟」を心に描く方法を記述している。

　ノアの箱舟の神秘的意義を記述するために，まずわたしは，箱舟を描こ

第 2 章　寓意の思考

図6　アダムの名づけ
（ギリシア，メテオラ修道院群）

図7　鳥類を積載するノア（ヴェネツィア，サン・マルコ聖堂）

図8　数字のカテゴリーを区分する魚（カッシオドールス『網要』）

図9　アスピドケローネ（『動物誌』）

041

うとする平面に中心を探す。そして，そこに点を定め，箱舟が仕上げられた尺に合わせて，等辺の小さな四角形をその点のまわりに描く……。

[サン・ヴィクトルのフーゴー 2000: 第 1 章]

巨大な箱舟の描画を進めながら，箱舟の構造や部位，長さや幅に秘められた神秘的な意味が徐々に明かされていく。ここでは，聖書への註解と箱舟の建造の手順が同調的に進められることで，脳内に記憶の場と記憶すべき知識，そして記憶を引き出すための表象が同時に刻まれている。

このように，地上の全動物種を載せうる箱舟は，記憶を格納する場に最適の建造物であり，乗船する動物たちは記憶を呼び出すアイコンに打ってつけの表象であった。聖書の箱舟譚では乗船しそびれた魚も，人間の頭の中に描かれた箱舟では，豊かな海洋知や双魚宮にまつわる知識などを納める室のアイコンとして，しかと居場所を確保していたのである。

動物図鑑のなかの魚

魚をめぐる寓意は，魚に関する知識を土壌としている。魚を含む動物全般に関する古代の体系知として，アリストテレス『動物誌』(前 4 世紀)や大プリニウス『博物誌』(1 世紀後半)などの異教の著作がある。イシドールス『語源』(第12巻「動物について」)やアンブロシウス『エクサメロン(天地創造の6日間)』といった初期中世の著作は，その一部を中世へと継承するにあたって，寓意を用いた聖書的動物観の挿入をおこなった。これら書物知とは別に，海洋世界に関する経験知の存在を，たとえばアドリア海に程近いアクィレイアの舗床モザイク(4 世紀)の図像に見ることができる。海洋生物図鑑のように多様で精緻な魚種のモザイクをよく見ると，漁撈にいそしむ天使たちやヨナと思しき男性が大魚に呑み込まれている図に目がとまる。アドリア海の魚に関する経験知が聖堂の床に引き写される過程で，聖書的動物観との融合が始まっていたことを証言する事例といえよう。

中世動物誌のさらなる系譜は，2 世紀にアレクサンドリアで書かれた動物寓意譚『フィシオログス(自然を知る者)』(ギリシア語)に始まる。この逸名著者はヘレニズム期の動物誌・動物譚から集めた素材を，聖書の記述やキリストに寓意を介して結びつけることで，信徒教育的な動物誌にまとめあげた。ラテン語訳『フィシオログス』は挿絵入りの写本のかたちで中世に受容され，中世動物誌(ベスティアリウム)と総称されるテクスト群を生み出した。同書ではたとえば，老い

ると自ら火に身をくべて、その灰から若々しく甦る不死鳥の生態が、キリストの磔刑・復活に準えられている。

　魚に関しては、セイレーン（人魚）やセッラ（ノコギリ魚）といった架空性の高い魚種の記述が多く、巨大魚アスピドケローネ（鯨）（図9）に関する記述では、あまりに巨大であるがゆえに航海者がこの魚を「島」と見間違えたとして、これを悪魔の計略と結びつけている。こうした怪魚をめぐる寓意譚は、地獄・煉獄・天国をめぐる異界譚の海洋版で、世界の西の最果てに広がる未知の海洋を舞台とした『聖ブレンダンの航海譚』（10世紀）などのテクストを媒介にして、中世の想像界（イマジネール）に地歩を築いていった。

　中世の動物誌は、書物的な博物知や漁師的な経験知が聖書の動物寓意と一体化する過程から、文字と画像の混交するメディアとして誕生し、人びとの動物観を規定していった。注目すべきは、この過程で、異教的な起源をもつ異形の魚たちの多くが、現実の海を超えて異界の海にその棲処を与えられていった点である。では、海洋知の充実によって種を増やした魚たち、とくに寓意性の高い魚たちは、それぞれどの水域を棲息圏としていたのであろうか。

天の魚と地の魚

　動物のなかには、天の12の宮（黄道十二宮）に座を占める動物があった。獅子、山羊、蟹、牡羊、牡牛、蠍、そして魚である。魚が占める座は双魚宮と呼ばれ、図像においては2尾の魚が紐で結ばれた形（♓）で描かれるが、その起源はギリシア神話、さらには古代メソポタミア文明にさかのぼる。中世ヨーロッパでは、黄道十二宮は、同じく12の場面（12カ月）からなる農事暦と合わせて教会の扉口に図像サイクルとして配置され、天体の運行と地上のできごとの一致を信徒に示した（図10）。

　天の魚は、自由七科のひとつで天体の運行を扱う天文学では、つぎのように説明される。

　　2つの魚座のうち1つはベリティウスと呼ばれ、12の星を持つ。また、
　　南の魚座は15の星を有する。2尾の魚を結ぶ糸は、ボルティルス星座域
　　のある西へ向かって3つの星を持つ。［偽ベーダ『天の星座について』。9世紀初
　　め］

　これに対し、天体の運行と地上のできごとの因果関係を記述する知の体系は、占星術（天体解釈学）として、教会当局のたびかさなる排除の努力もむな

図10 黄道十二宮と月々の労働（アミアン大聖堂扉口部）

図11 ヘレフォード世界図と地中海に描かれた魚

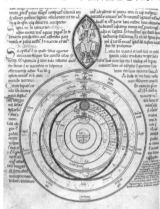

図12 天体配置図（『花樹の書』）

しく，俗学として信徒の生活に浸透していた。この占星術において双魚宮は，「2」の数字寓意と「人間の漁師」という上記の聖書寓意を介して，使徒ペトロ・パウロに結びつけられた。13世紀パリで書かれた月相占いにあるつぎの記述，

> 魚の宮は，使徒ペトロとパウロの宮である。主は2人を難破から救われた。月が双魚宮に在る時について。月が双魚宮に在る時，吉なるは，水・漁業・船・製粉に関わる万事をなし，処理すること。また吉なるは，妻を娶ること，仲間を作ること，勘定書を出し，書き，記し，綴ること。南方へ向かうなら，陸・水での旅行をなすが良し……。〔逸名著者『12星座について』〕

は，民間信仰レベルでの宗教融合(シンクレティズム)のありようを証言している。

　寓意によって聖書と結ばれ，占星術によって地上での人間の営みと結ばれた天の魚は，さらに世界に広がる動物の地理的分布と結ばれる。アジア，アフリカ，ヨーロッパの3大陸(T)と大陸全体をぐるりと取り巻く大洋(オケアノス)(O)を組み合わせた古代の世界図(マッパムンディ)(TO図)は，ノアの3人の息子(セム，ハム，ヤフェト)が3大陸に分散して諸民族の起源となったとする創世記の民族誌と融合することで，キリスト教化をはたした。さらに中世盛期には，この世界図の上に主要な都市やランドマーク，地誌などの情報とともに，聖書の物語をマッピングした大判の世界図が制作された。エプストルフ世界図(13世紀前半。原図は消失，復元図のみ)とヘレフォード世界図(1300年頃。原図あり)が，その代表例である。この世界図上に，動物誌などの著作から抽出した棲息地情報に従い，種の特徴を描き分けた動物図と説明文が書き込まれることで，動物誌は世界地誌に統合される。そこでは，架空性の高い動物は東西南北の極地におかれ，サタンを連想する蛇種はアフリカ大陸の果てに蝟集している。マッピングされた動物はおもに四足獣や鳥類であるが，ヘレフォード図では珍しく，エーゲ海・地中海に数種の魚(騎士魚，カレイ，太刀魚など)が配置されている(図11)。

　この「地の魚」と上記の「天の魚」は，TO図の形象的寓意を媒介に接合される。TO図はすべて天からの俯瞰図であるが，近写(クローズ・アップ)しのヘレフォード図を望遠レンズを操作するように遠写(ロング・ショット)しにしていくと，地上の情報はしだいに減っていき，ついには円にTの分割線を入れただけの形象図(ダイアグラム)(⊕)に縮減する。図12は『花樹の書』(リベル・フロリドゥス)(12世紀初め)に収録された天体配置図であるが，

中央の地球は3大陸の名がはいったTOダイアグラムとなっている。カレイの姿こそ見えないが，観者はそれが地上に存在することをヘレフォード図の近写しから承知している。カレイの生息する地球の周りには，7惑星が周回し，星座が配置された天球が広がり，その最外輪には天使の9位階と神が住む第九天がある。地の魚(動物地誌)と天の魚(天文誌)はこのように，TO図の形象的寓意を介して，継ぎ目なく結ばれたのである。

楽園の魚と生命の源

　アダムとイヴが追放された楽園(エデンの園)は天上ではなく，神が創造した大地の上にある。この「地上の楽園」(paradisus terrestris)について，先に述べた世界図は，極東(アジア)に閉ざされた園をおき，園内に堕罪の原因となった知恵の木とそれに纏わる蛇，蛇にそそのかされて木の実を頬張るアダムとイヴの図を描くことで，そこがエデンの園であることを示している(図13)。ヘレフォード図では園は丸い「島」として描かれ，園を閉ざす門と門から追放されるアダムとイヴ，門を守る天使の姿が描かれている。

　　アジアの東から最初の地域は楽園であり，心地よく快適な土地で，人類
　　には到達できず，天の高さにおよぶ火の壁によって囲まれている。[エプ
　　ストルフ世界図，最上部中央の説明文]

　この地上の楽園とは別に，終末のとき，最後の審判の後に天からくだる楽園として，「天上のエルサレム」がある。この天の楽園については，選ばれた預言者が幻視によってみた報告が聖書や聖人伝などに記録されているだけであり，それが天上にすでに存在しているのか，終末時まであらわれないものであるのかは定かではない[ル・ゴッフ 1988]。預言者エゼキエルは，「ヤハウェの手が臨み」，幻視のなかできたるべきエルサレムの姿を目の当たりにする。

　　神々しい幻の中で，私をイスラエルの地に連れて行き，非常に高い山に
　　私を据えた。その〔山の〕上には，南側に，造営された都のようなものが
　　あった。[エゼキエル書40章2節]

　また，新約聖書外典「パウロの黙示録」では，パウロが霊に満たされて，天使の導きのもと，「第三の天」と呼ばれる義人たちが暮らす楽園(パラダイス)を訪れる。楽園は門を備えた都市＝国として描写され，園内は高い壁でいくつかの区域に仕切られている。

図13 地上の楽園と大洋を泳ぐ魚(ベアートゥス『ヨハネ黙示録註解』)

図14 洗礼盤のなかの「キリスト洗礼」(フレッケンホルスト参事会教会)

図15 頭部のある深淵(『リポイ聖書』)

図16 海洋神マレとしての深淵(『シャルル禿頭王の秘蹟書』)

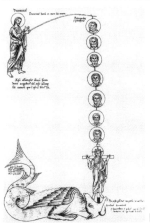

図17 レビヤタンを釣る神(『悦楽の園』)

地上の楽園と天上のエルサレムの様子には類似する点が多く，救済史上の位置づけや空間的な配置に大きな違いがあるとはいえ，両者は多くの象徴地誌を共有している。そのひとつが，全地を流れる河川の源，4大河の源流の存在である。創世記には，エデンから1本の川が流れ出て園を潤し，4つの分流となって大地に広がったとある〔2章10-14節〕。4つの大河とは，ピション（エウロパとアジアの境界をなすドン川），ギホン（ナイル川），ヒデケル（ティグリス川），ペラト（ユーフラテス川）である。エゼキエル書には，分流前の源流について，以下の記述がある。

　　〔楽園内の神殿から流れ出る〕これらの水は東の地域に流れ出て，アラバを下り，海に，その苦い水〔塩水〕に注ぎ入る。そして，その水は癒される。さらにまた，この川が流れて行くところはどこでも，群がるいのちあるものはすべて生き，魚は増えるであろう。……漁師たちはその畔（たもと）に立ち，エン・ゲディからエン・エグリムまでが引き網の干し場となるであろう。その魚は種類に従って，大海の魚のようにおびただしく増えるであろう。〔47章8節以下〕

聖所に発するこの水は「生命の泉」（fons vitae）と同源同質であり，滋養溢（あふ）れるその水は生き物を育み，魚を増やし，岸辺の果樹を育て，その実を食用，その葉を薬用とする。

　一方，「パウロの黙示録」では，源流は天の入り口に発し，悔い改めた魂を浄化するアケルサ湖をへて，「キリストの都」に通じている。4大河はこの都を流れ，ピションは蜜の川で，旧約の預言者たちの魂が，ユーフラテスは乳の川で，無辜（むこ）の子らや純潔者の魂が，ギホンはオリーヴの川で，神を心から讃美した者たちの魂が，最後にティグリスは葡萄酒の川で，アブラハムやイサクなど旧約の族長たちの魂が憩（いこ）う場となっている。楽園は通例，金や銀などの材質の序列をもつ壁で分節されるが，ここでは水を用いた区画が併用されている。水による地理区画は，地獄にもおよぶ。大地の端を還流するオケアノス（TO図のO）の果てには地獄（インフェルヌス）（黄泉（よみ），冥府（めいふ））があり，地獄にも火の川が流れている。火の川は地獄の拷問場であり，罪人の魂がその罪の軽重・種類に応じてさまざまな責（せ）め苦にさいなまれている。

　こうした水の象徴地理学において，魚は，「生命の水」の滋養による生物増殖の象徴となっている。エプストルフ世界図で「キリストの頭」から流れ出る川を回遊する数多の魚は，魚種の地理的分布ではなく，「生命の水」の

水源近くの水に含まれる滋養を示すものと考えられる。この豊饒なる魚は，キリストが洗礼者ヨハネから洗礼を授かるヨルダン川の流れに転移し，ついにはヨルダン川の水を象徴する教会の洗礼盤の装飾に泳ぎつく（図14）。

　かくして，滋味豊かで魚が満ち溢れる「生命の水」は，極東の楽園から4大河に流れ出て，異界を含む世界を区画しながらその隅々にゆきわたり，さらにキリストの受難の物語を経由して，教会内の洗礼盤という信徒の日々の生活空間に寓意の糸を結んだのである。

深淵の怪魚──海底の寓意

　先に述べた創造時の3範疇の動物のうち，魚には「水をうごめかすもの」という奇異な表現が与えられている。その理由は，いったいどこにあるのだろうか。

　創造の第1日目，天と地が創られた際，海は混沌とし，「神の霊」が水面に働きかけていた。光が生まれることで昼と夜の交替，すなわち1日のサイクル（時間）が始まる。2日目には，水中に架けられた蒼穹（アーチ）によって水が上下に分断され，蒼穹の上の水は天体（宇宙）の原料となり，蒼穹＝天の下の水は地球の原料となる。3日目には，水から「乾いたところ」（大地）が生じ，残りの水から海ができる。この創造のプロセスからわかるとおり，天地創造の原料は〈水〉であり，神はこの水に霊を通じて働きかけることで天地を創造したのである。したがって水は，天地創造に先立って存在していたことになる。

　このように，水の世界，とりわけ海に対する神の統制力は，大地に対するそれに比して，弱く，間接的である。その理由の一端は，旧約のヨブ記のなかで明かされる。神の許可を得てサタンが義人ヨブの義（信仰心）を試し，ヨブは財産や家族を奪われても義を失わなかったが，重い皮膚病に侵されるにいたり，ついに神に対して呪詛（じゅそ）のことばを向けてしまう。神はヨブと直接，法廷弁論のような問答を繰り返すなかで，ようやくヨブを改心させる。問題の箇所は，神による第2回目の弁論中に登場する。

　　とくと見よ，ベヘモットを，……とくと見よ，彼の腰の力を，その腹の筋力（もも）を。その尾はレバノン杉のように垂れ下がり，その股の腱は絡み合う。その骨格は青銅の管であり，その肢体は鉄の棒だ。……たとえ，水流が渦巻いても彼は慌てず，急流がその口に押し寄せても平然としてい

る。その両の目を押さえて彼を捕獲できるか，制御棒を鼻に刺し貫けるか。［40章15-24節］
　あなたはレビヤタンを魚鉤(うおかぎ)で引きずり出せるか，綱でその舌を押さえることができるか，紐でその鼻を押さえ，その顎(とげ)に棘の木を突き通せるか。……彼は深淵を鍋のように沸き返らせ，海を香油の調合鍋のようにする。彼が通った跡は輝き，人は深淵を白髪と見なす。地上には彼を支配できる者はいない，彼は恐れ知らずの者に造られた。彼は全ての高ぶる者を見下す。彼こそは誇り高き獣たちすべての王である。［41章］

　ナイル川の河馬(かば)を原型とするベヘモット（ビヒモス）と，ナイル鰐(わに)を原型とするレビヤタン（リヴァイアサン）は，広くオリエント世界において，カオス（混沌）を具象化した怪物とされている。上の引用箇所からわかるように，神はこれら怪物の創造主でありながら，その行動を意のままに統御するのではなく，むりやり従わせることしかできない。

　怪魚レビヤタンの棲処は，海の最深部〈深淵(アビスス)〉である。神の統制がおよびにくい海洋世界のなかでも，深淵の自律性は，先の引用からも明らかである。『リポイの聖書』（11世紀）では，天地創造を描いたページの左上に，創造の原材料としての〈水〉＝カオスが釣鐘型の身体と獣のような頭部をもつ人格ある怪物として描かれている（図15）［金沢 2008］。注目すべきは，「深淵は自らの内に，己の被造物のすべてをいだく」（Abyssus retinens in se sua cuncta creata）とある銘文である。実際，水中には被造物を代表して鳥や魚の姿が描かれている。これは，天地創造に先立つ〈水〉こそが（神の指図はあったとしても）造物主である，という驚嘆すべき証言にほかならない。

　釣鐘型の〈水〉表現は，キリスト受洗図のヨルダン川の描き方によくみられる。同図では，〈水〉の人格性は通例，大地神テラと対をなす海洋神マレという古代自然神の系譜を引く形姿で表象される。ところが図16では，テラ（土壌の豊かさを示す乳房）とマレ（水源の豊かさを示す壺(つぼ)）は，一対の智天使とともに，光背(マンドルラ)のうちに顕現する「荘厳のキリスト」を讃える構図をつくっている。ここで，ケルビムは天上世界を，テラ，そしてマレ（手に魚を握り，怪魚にまたがる）は地上世界の陸と海を象徴しているが，別の角度からみれば，キリスト教の唯一神による古代自然神の包摂(ほうせつ)を示す図と読める。同化吸収でなく，自律性を尊重した統制・被統制の関係である。

　「水をうごめかすもの」という言い回しは，古代に淵源する深淵やその主(ぬし)

(自然神)である怪魚がもつ自律性と，そこに発する「得体の知れなさ」をみごとに言いあてた表現といえよう。

黙示録の魚――寓意の源としての深淵

深淵の主としての怪魚をめぐる寓意は，ヨハネ黙示録においてもっとも鮮明にあらわれる。ヨハネ黙示録は，動物寓意の総決算ともいえるテクストである。キリストは7つの目と角をもつ小羊としてあらわれ，四福音書記者は動物型(人，獅子，牛，鷲)で，サタンは龍，海獣，アンチキリストとして登場する。すべてが寓意で語られる理由のひとつは，テクスト成立当時の状況(ローマ帝国による弾圧)への配慮であるが，その結果として，いつの時代の状況とも重ね合わせることが可能なテクストとなった。

ここで，黙示録における深淵の役割を確認してみよう。まず，第5の喇叭の後，天から星が地上に落ち(堕天使たるサタン)，底なしの深淵に通じる穴を鍵で開くと，人間の顔をした兇暴な蝗の群れがあらわれ，「アバドーン」(滅び)の名をもつ王に率いられて5カ月間にわたって人間に危害を加える。深淵は天使が鍵で管理し，終末のプロセスのなかでいったんサタンに委ねられ，サタンは海と陸の深淵から2匹の獣(海獣と偽預言者＝アンチキリスト)を連れ出し，不信心者をまどわしたあげく，天の軍勢に敗れ去る。そして千年間(千年王国)にわたり深淵に幽閉されたのち，硫黄の池に投げ込まれ，永久に焼かれ続ける(ただし，消滅はしない)。

黙示録は，天なる小羊と地上の諸悪を率いるサタンの決戦を基本プロットとしている。そのなかで深淵はサタンにも神にも与せず，第三者の立場で戦いにかかわり，その微妙な立ち位置は，「鍵による開閉」という所作・手順によって寓意的に示されている。新約聖書の巻末文書においても，深淵＝カオスの自律性・太古性は維持され，海洋世界の寓意の発生源(造物主！)としての深淵の豊饒性は揺らがない。

この深淵について，聖アウグスティヌスは「無数の不敬虔な者たちの群れ」[『神の国』20巻7章]と比喩的に解釈することで，その人格性・自律性を強く否定する。正統主義化が進む教義のなかで，深淵は，火が支配する地下世界の最深部にある地獄と，怪魚は龍，サタンと同一視され，怪魚の形状は，イルカ，カバ，ワニ，クジラ，カメなどの現実の生物の形状を取り入れながら，徐々に龍＝ドラゴン(draco)の形象へと近づいていく[金沢 2008]。蛇種の頭目

である龍は，サタンの獣型にほかならない。

　ランツベルクのヘラート（12世紀後半）はその著『悦楽の園（ホルトゥス・デリキアールム）』の挿絵（第84葉表）において，魚釣りの寓意を用い，怪魚レビヤタンと神，キリストの関係を図示している（図17）。神（Divinitas）が釣り竿から垂らす糸には，上から順に旧約の族長・預言者の円型半身像（メダイヨン）が並び，最後に十字架を背にしたキリストが「魚鉤」として付いている。画中銘文には「レビヤタンは海に棲む龍のごとき魚であり，サタンをあらわす」とあって，怪魚のサタン性が告発されている。なるほど，神はその捕獲に成功しているが，しかしそれはキリストを餌（犠牲）とすることによって，しかもキリストにいたる何代もの系譜（「イエスの系図」）の果てに，ようやく成し遂げられることであった。ここでもまた，古代的怪魚の御しがたさを，キリスト教の唯一神は克服できずにいるのである。

寓意の鍵としての魚

　魚をめぐる寓意の考察は，信徒を漁る漁業の生業的寓意，秘匿された信仰のサイン，神を食べる食儀礼，動物の分類学と記憶術，動物寓意譚，動物の地誌・天体誌，楽園に発する生命の水と魚，深淵から立ち昇る寓意の怪魚，動物寓意譚としての黙示録にまでおよんだ。その結果，得られた結論のひとつは，寓意の思考は，旧約と新約の溝を架橋しながら，信仰の対象（テクスト）と信仰実践（儀礼や食生活）を結びつける，身振り・文字・画像という媒体を往還する思考だということである。それは，眼前の事物・事象の内奥に，過去から未来に流れる救済史＝神の計画を感知し，一文字たりとも変えることの許されぬ聖典に寓意の註釈によって意味の層をかさねながら，じつは新たな概念や思想を彫琢（ちょうたく）していく思考術である。それはまた，神の秘義が天の幻や徴（しるし）によって預言者に開かれるのと同じ啓示の体験でもあった。寓意に満ちた黙示録のテクストは，切迫する終末の到来に身構えるための警世の書であると同時に，聖書の随所に秘匿された神の秘義を解き明かすための指南（しなん）の書にほかならない。

　寓意の魚がはらむ「危うさ」については，どうであろうか。ヨハネ黙示録に登場する4つ組の有翼動物は，4人の福音書記者の象徴である。イエスの生涯を記した彼ら福音書記者の動物型は，じつはキリストの4つの属性の寓意であるとの解釈がある。その際，受肉をあらわす人間（マタイ），王をあら

わす獅子(マルコ)と鷲(ヨハネ)までは理解できるのだが，ルカの動物型である牛は，キリスト象徴論上，さしたる意味をもたない。この謎を解く鍵は，まさにそのルカによる福音書の最終章(24章41節以下)にある。ここで，復活して顕現したキリストは，自分がキリストであることをつぎのように証明する。

「ここに何か食べられる物を持っているか」。そこで彼らは，彼に焼き魚の一片を手渡した。すると彼は〔それを〕取って，彼らの面前で食べた。

ルカは本来，魚ではなかっただろうか。だとすれば，獅子，鷲，魚，人が小羊を取り囲む十字の陣形は，地・空・海の3範疇の動物と，その命名者で，キリストの姿形である人間となり，さらにこの陣形は，聖書の行間に隠された神の秘義を解錠するための「寓意の鍵」そのものとなる。そして，寓意の魚の「危うさ」は，小羊＝キリストを支える支柱のひとつが欠けていることに起因するという仮説が成り立つのである。

教会堂はしばしば海上を航行する船に準えられ，巨大な船のごとき怪魚に呑み込まれたヨナは，復活を待つキリストの予型であった。復活を待つあいだ，「新しきアダム」たるキリストは，地下にある冥府にくだって，古きアダムをイヴとともに救い出す(「冥府降下」)。堂内の図像群を西から東へ見ていくと，復活を遂げて昇天したキリストが小羊として再臨し，天の玉座に座を占める力強い物語を読み取ることができる。けれども，痕跡はわずかだが，こんどは魚に着目して堂内の寓意を読み解いていけば，「陸地にて食されるために上がった大いなる魚」キリストが復活を遂げたのち，地上の楽園のある極東の海へと海中深く潜行し，原初の混沌(カオス)の水へと帰っていくパラレル・ストーリーがみえてくるのである。

参考文献

本文中の聖書引用はすべて，つぎの版による。
新約聖書翻訳委員会 2004．『新約聖書』岩波書店
旧約聖書翻訳委員会 2005．『旧約聖書』I-Ⅳ 岩波書店
佐竹明訳 1997．「パウロの黙示録」荒井献編『新約聖書外典』講談社
尾形希和子 2013．『教会の怪物たち──ロマネスクの図像学』講談社
金沢百枝 2008．『ロマネスクの宇宙──ジローナの《天地創造の刺繍布》を読む』東京大学出版会
カラザース，メアリー(別宮貞徳監訳) 1997．『記憶術と書物──中世ヨーロッパの

情報文化』工作舎
毛塚実江子 2004.「「鳥と蛇の戦い」――『ベアトゥス黙示録註解』に描かれたキリスト教動物寓意図像の考察」『美學』54-4
越宏一 2001.『ヨーロッパ中世美術講義』岩波書店
サン・ヴィクトルのフーゴー(田子多津子訳) 2000.「ノアの神秘的箱舟について」『キリスト教神秘主義著作集』3 教文館
甚野尚志 1992.『隠喩のなかの中世――西洋中世における政治表徴の研究』弘文堂(文庫版『中世ヨーロッパの社会観』講談社 2007)
高橋慎一朗・千葉敏之 2009.『中世の都市――史料の魅力, 日本とヨーロッパ』東京大学出版会
パストゥロー, ミシェル(篠田勝英訳) 2008.『ヨーロッパ中世象徴史』白水社
マルクス・ヘンリクス(千葉敏之訳) 2010.『西洋中世奇譚集成 聖パトリックの煉獄』講談社
吉田ゆり子・八尾師誠・千葉敏之編 2014.『画像史料論――世界史の読み方』東京外国語大学出版会
ル・ゴッフ, ジャック(渡辺香根夫・内田洋訳) 1988.『煉獄の誕生』法政大学出版局
Bruce, Scott G. 2007. *Silence and sign language in medieval monasticism: the Cluniac tradition, c. 900-1200*, Cambridge UP
Dölger, Franz Joseph 1999(1922-43). *Ichthys*, 5 vols, Oberhausen, P. W. Metzler Verlag

千葉敏之

第3章 国王と諸侯
14世紀ガスコーニュに生きたガストン・フェビュスの生涯から

　この章の舞台であるガスコーニュ地方は，現在のフランスとスペインの国境にまたがるピレネー山脈の北麓に位置し，アレクサンドル・デュマ作『三銃士』の主人公ダルタニャンの出身地としても知られている。14世紀にこの地方に勢力を張った有力諸侯ガストン3世(1331～91)が本章の主役である。

　彼は，いわゆる「百年戦争」の時代のベアルン副伯およびフォワ伯で，主君であるフランス王やイングランド王(アキテーヌ公をかねていた)に対しては巧みな外交交渉で自領のベアルンの独立と中立を維持した。また，近隣のアルマニャック伯を策謀と武力で圧倒し，「フェビュス」(太陽神アポロンのラテン語名)を自称した。同時代の年代記作家フロワサールによれば，詩と音楽をこよなく愛し，地元のオック語だけでなく，北フランスのオイル語や聖職者の学術言語であるラテン語をも使いこなし，『祈りの書』や『狩猟の書』を自ら著す才人であったという。その一方で，妻を離縁し，嫡男を殺害するなど，家族関係が良好だったとはいいがたい。このガストン・フェビュスの生涯を通じて，英仏両王家の圧力に対し，自領の独立を維持しようとした諸侯の生残り戦略を明らかにしたい。こうした諸侯の性格は，「フランス」「イギリス」といった近代の国家の枠組みでは理解が難しい。中世という時代の特徴にそくして考えてみよう。

中世フランスにおける国王と諸侯

　ガストン・フェビュスのような「諸侯」とは中世ヨーロッパにおいて，どのような存在であったのだろうか。多数の村落や都市を含む広汎な領域を統治したのは君主であった。一般に「君主」を指す呼称である「プリンス」(英語)や「プランス」(フランス語)は，ラテン語の「プリンケプス」(第一人者の意味)に由来し，中世においては，つぎの二通りの意味で用いられた。ひとつはこの称号の使用を合法的に主張しうる王家の統治者，すなわち国王や王子

のこと。いまひとつは公，伯，副伯などの称号をもち，独立性の高い大貴族のこと。本章では，後者を「諸侯」と定義することにする。

　つぎに中世のフランス王国において，国王と諸侯との性格の違いを権力や支配の安定性という観点から考えてみよう。6世紀以降，本来はローマ帝国官吏とゲルマン的軍事指導者が別個に保持していた権力が統合され，中世的権力が徐々に形成された。この権力は，道徳的威信（auctoritas）・軍隊指揮権（potestas）・裁判権（districtum）から構成され，その保持者として承認されていたのは国王であった。その後，カロリング期以降，とくに9世紀半ばから10世紀全体を通じて，国王はこの権力を王国内における自らの代理人たる公・伯らに委ねた。しかし，国王が自らの所在地から離れたところで，軍隊を召集し，徴税し，裁判をおこなうことは不可能であったため，いったん委譲した権利を取り戻すことができず，公・伯らが自立化することになった。10世紀末の成立当初は弱体であったカペー朝フランス王権のもと，ノルマンディー公やトゥールーズ伯などの有力諸侯がしだいに勢力を増した。彼らは名目上，封建家臣として国王に服属しながらも，実質的には政治的にも経済的にも自立した勢力として，「小王国」とでも呼べるような広大な領地を支配した[柴田ほか 1995：129-181]。

　領民に権力を行使する存在である「領主」が出現したのは，諸侯の自立化とほぼ同時期である。彼らは，城を中心とする数キロ四方もしくはひとつの村落を最小単位とする所領を支配した。彼らの保持する権利は，家父長権や土地所有権に由来するのか，公権力の委譲もしくは簒奪に由来するのかは議論があるが，バン（罰令）領主権と呼ばれる。バン領主権を行使することで領主は，領民を軍役に召還し，裁判を開催し，保護の見返りとしての租税を徴収し，自らが設置した水車やブドウ圧搾機の有料使用を領民に強制できた。国王や諸侯も自領においては領主的な性格をもった[柴田ほか 1995：269-326]。

　13世紀以降になると，行財政機構を整えつつあったカペー朝は，軍事的にノルマンディー公領を占領し，婚姻によってトゥールーズ伯領を併合し，自らの直轄領を著しく拡大させ，逆に諸侯は，中世末期にかけてしだいにその数を減らしていった。また，中小の領主たちはバン領主権の行使を制限されるようになった[渡辺 2006]。

　このようにある時期を境に対照的な展開をたどったようにみえる国王と諸侯とでは，権力や支配の条件はどのように異なっていたのだろうか。フラン

ス王権は，神話や宗教的権威や法観念によって，伝統的な支配の正統性を主張しえた。たとえば，歴代のフランス国王は即位の際に塗油されて祭司，すなわち神と人とのあいだに立つ者としての性格を得て，瘰癧（るいれき）という病を患者に触れることで治癒（ちゆ）する特別な力の持ち主であるとされた［ブロック 1998］。また，国王の肉体を自然的身体と政治的身体とに分けて考え，個人としての国王の肉体は滅びても政治的身体の体現である王位，王冠や王朝は永続するという政治観念が徐々に形成された［カントーロヴィチ 2003］。

　12世紀のフランスでは，国王をはじめとする君主は，あくまでも封建関係の枠組み内で，その頂点に位置する「封主」(suzerain)とみなされていた。しかし，13世紀から，ローマ法とアリストテレス哲学が「再発見」されると，国王の顧問たち（レジスト）は封建法とローマ法を根拠に国王の権威の確立に寄与する概念を練り上げ，教会や諸侯に対する王権伸長策を推し進めていた［樺山 1990］。国王は，造幣権などの国王大権（レガリア）を行使し，大逆罪などの国王専決事件（カ・ロワイヨー）を裁くことで諸侯に優越したが，とくに重要だったのは，司法上の至高権を主張しえたことである。これにより国王は最高法院（パルルマン）における最終審を管轄して，封土における諸侯法廷からの上訴を裁き，諸侯の統治権に掣肘（せいちゅう）を加えることが可能であった。君主は封建関係を超越した「宗主」(souverain)とみなされるようになり，その権力は以下のように定義された。「宗主」たる君主は，「法を任意に制定する力をもち」かつ「その法の上に位置し」，「俗界に上位者をもたない」。彼は「王国では君主（第一人者）（プリンケプス）である」，すなわち他の何人も彼の支配する領地では，彼に干渉できず，その領地内では，主従関係や法的身分がどうであれ，あらゆる領民は彼に直属するのである。

　それに対し，諸侯は自身の地位の理論的根拠を国王に負っており，国王がもつような永続的な権威や法的な正統性を欠いていたのである。また，一般的に諸侯の領地は散在しているうえ，当主の未成年期や他家との婚姻や紛争などの情勢によって，その領域は頻繁に変動した。敵対的な隣人に囲まれている場合はとくに，王権の介入に打ち勝つことは困難であった。周辺地域の都市や領主・諸侯が結託した敵対的行動に対処できるほど強力な諸侯は少なく，軍事力を増した王権に対抗できる諸侯はほぼ存在しなかったのである。さらに，中世末期のフランスにおいて諸侯領が激減した偶発的な要因として，諸侯家に成人男子相続人が不足した点もあげられる。このように諸侯領は安定という点で王国にははるかに劣り，比較的短命であった［Watts 2009］。

では，諸侯が所領の不安定性，王権などの上位権力の介入，敵対的な隣人の存在，婚姻と相続，といった課題にどのように対応していったのかを，ガスコーニュの有力諸侯ガストン・フェビュスを例にみてみよう。

ベアルン地方とフォワ地方

まずベアルン地方とフォワ地方の，中世における特徴を確認しておこう（図1）[Tucoo-Chala 1993；1996]。

1343年9月，ベアルン副伯とフォワ伯をかねていたガストン2世（1308〜43）が，イベリア半島における十字軍の途上，セビーリャで客死した。母親のアリエノール・ド・コマンジュの後見のもと，当時12歳だった息子がガストン3世として後を継いだ。彼が相続したフォワ＝ベアルン家の所領は，ピレネー山脈に沿って，東西に散在していた。

西部では，イングランド王がアキテーヌ公として領有するアキテーヌ地方に，同家はベアルン，マルサン，ガヴァルダンの3副伯領を保有していた。所領の北端はバザス地方に開かれ，南端はピレネー山脈へいたり，サンティアゴ・デ・コンポステラへの巡礼路はこの地域を貫いて，ソンポール峠，ロンスヴォー峠へ通じる。とくにポー川に架かるオルテズの橋は，人びとが必ず通る渡河地点である。山岳地帯の谷間や丘陵地帯は，河川や湿地帯によって区切られており，ベアルンでは，アスプ，オッソ，バレトゥといった山岳共同体が強固なまとまりを形成し，移牧で牛や山羊の群れを維持していた。ただし，移牧は平野部に定住する農民との緊張の源でもある。家畜の群れは農業生活に不可欠な森を荒らし，畑を破壊し，開墾を妨げるからである。ライ麦，燕麦，キビなどしか収穫できない痩せた土地のため，農民は耕作だけでなく，果樹栽培と畜産をおこなった。ブドウとリンゴが広範囲で栽培され，ワインとリンゴ酒が醸造された。雌牛と雌羊，馬と豚が飼育され，豚の肉はサリ・ド・ベアルンの塩で保存された。農地面積は計10〜15ヘクタールと狭いが，各村落は放牧地をもっていた。

中世の伝統的な「祈る人」「戦う人」「働く人」という区分に従うならば，ベアルンの社会階層はつぎのようになる。まず，「祈る人」の最上位には，レスカール，オロロン，エール・シュル・ラドゥールの3司教と，オルテズが属するダックス司教が位置した。ベネディクト会系の修道院は農村部で依然として重要であったが，一方でドミニコ会，フランシスコ会のような托鉢

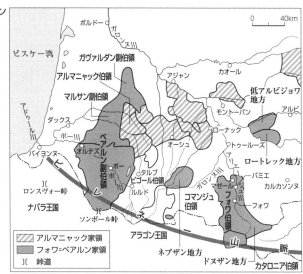

図1 フォワ＝ベアルン地方

修道会はいくつかの都市的集落に定着した。「戦う人」である貴族層は、「貴族の」(ドマンジャデュール)と呼ばれる土地を保有している社会層であり、免税特権をもち、軍役と宮廷への出仕の義務のみを負った。最後の「働く人」である農民層が社会の大多数を占めていた。彼らはもともと領主の支配に服し、「農奴」と呼ばれる不自由民であったが、13世紀中に新集落バスティードが創設されると、その住民となり、領主への隷属から解放された。バスティードの住民にはさまざまな特権が授与され、人頭税・賦役の負担や領主裁判権に服す義務がなくなり、婚姻や移動の自由が認められたのである［伊藤 2009:17-38］。商人はガロンヌ川とエブロ川の流域のあいだで活動し、ベアルン地方の産品である雌羊のチーズ、ハム、羊毛などを輸出した。

東部では、フランス王の統治下にあるラングドック地方への段階的な拡大が特徴的である。フォワ伯領とベアルン副伯領は、フォワ伯ロジェ＝ベルナール3世(1243～1302)とベアルン副伯ガストン7世(1225～90)の娘マルグリットとのあいだに生まれたガストン1世(1287～1315)のもとで統合された。フォワ地方はトゥールーズ平野に開かれ、山岳地帯の上流域とプレピレネー地方を結びつけている。ガストン2世は、百年戦争の初期にフィリップ6世への助力の見返りとして、低アルビジョワ地方とロートレック地方の支配を認められた。14世紀中頃にローラゲで生産された染色用植物である大青が、

トゥールーズからカルカソンヌやモンペリエへ運ばれる際の通商路は同家の支配下にあった。また，アラゴン王からの封として，ドヌザン地方やカプシール地方を保有していた。

　フォワ伯領はベアルンとほぼ同程度の広さと人口を有していた。中心であるフォワ市は城のある小丘の麓(ふもと)に位置し，サン・ヴォリュジアン修道院の周辺に形成された。パミエ周辺のブドウ栽培，パミエとマゼールの牧畜などの農業が主要な産業である。フォワ地方はヴィクドゥソス地方で産出される鉄資源とカタロニアの製鉄技術により，大量の武器と農器具を作製し，その鍛(か)冶(じ)技術には定評があった。

　以上のような東西に分断された所領の一体化が，ガストン3世の課題のひとつであった。

ガストン3世の相続と宗主権の主張

　ガストン3世が父祖から継承したのは所領だけではない[Tucoo-Chala 1993; 1996]。近隣の有力貴族アルマニャック家との敵対関係と，封臣として英仏両王へ負う義務もまた代々受け継がれてきた「遺産」であった(図2)。アルマニャック家との争いの火種となったのはビゴール地方である。ガストンからさかのぼること4代前，ガストン7世は，13世紀半ばにビゴールとコマンジュ女伯ペトロニルの娘マタと結婚し，マルサンとガヴァルダンの両副伯領を獲得した。彼はビゴールをも受け取ることも期待したが，ペトロニルはレスタ伯シモン・ド・モンフォールを後継者に選び，1256年に紛争が起きた。この問題はすぐにフォワ=ベアルン家とアルマニャック家とのあいだの対立に発展した。フランス王はそれを鎮めることを口実に，1292年にビゴールの接収を宣言，パリの最高法院の審理を待つあいだ，ビゴールは国王役人の管理下におかれた。両家の争いはガストン1世とガストン2世の代にも続いた。

　ベアルン，マルサンとガヴァルダンの諸副伯領は，アキテーヌ公領の一部であり，その主君はアキテーヌ公をかねるイングランド王である。ガストン7世は，何度かの反乱ののち，封臣であることを認めさせられていた。ガストン7世の娘マルグリットと結婚したフォワ伯ロジェ=ベルナール3世は1290年，ベアルン，マルサンとガヴァルダンの諸副伯領に関して，妻の名でイングランド王に臣従礼をおこなった。しかし，彼はフォワ，アルビジョワ，ロートレック，ネブザンに関しては，あくまでもフランス王の直臣であった。

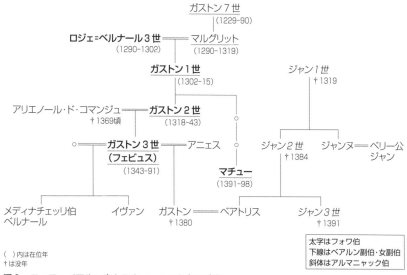

図2 フォワ＝ベアルン家とアルマニャック家の系図

英仏両王のあいだで百年戦争が始まると、ガストン2世はフランス王側で参戦し、フランドル地方のトゥルネーでイングランド軍の攻撃を食い止める活躍をした。アキテーヌでイングランドの行政職に就いていたベアルン貴族も多く、経済的にはベアルンはボルドーとバイヨンヌに強く依存していた。

ガストン3世は英・仏の休戦のあいだにフォワとベアルンの統治者となったが、百年戦争の再開とともに、困難な選択を迫られた。英仏両王のどちらを忠誠の対象に選ぶにせよ、フォワとベアルンを分裂させかねなかったからである。1345年7月6日、ガストン3世はフランス王に対する臣従礼を受け入れ、「父親である前伯がおこなっていたように、あるいはそれ以上に、戦場でフランス王に仕える意思がある」と表明した。ガストンはフランス王フィリップ6世の陣営に立ち、アキテーヌの辺境へ兵を送り、アルマニャック家に属する土地を荒らした。一方で、シェルブールに上陸したエドワード3世に対抗するために、フランス王が全封臣を召喚したときには、ガストンは応じなかった。

1346年8月26日、クレシーの戦いでフランス軍がイングランド軍に敗北し、長期の包囲戦のすえにカレーが降伏した。フィリップ6世はカレーを解放しようと封臣を新たに召喚したが、ガストン3世はそれを無視した。翌年8月

4日には，フィリップ6世はガストンの滞在するオルテズへ使者を送り，カスティーリャ王との同盟に加わるように求めたが，ガストンは，「神と自身の剣によってのみベアルンを保持している」と返答し，フランス王との臣従関係を否定した。そして，9月25日，ガストンはフィリップ6世の使者に対し，改めて同盟の要請を拒否した。ガストンによれば，ベアルンはあらゆる法的従属をまぬがれた「自由地」であり，「そこでは彼自身がふさわしいと思ったことをできる」からである。こうして16歳のガストンは，父祖がはまりこんだ苦境から脱する中立への道を歩み始め，そのためにベアルンをあらゆる臣従的絆から解放された宗主地(テール・スヴレヌ)に変容させようとした。しかし一方で，フォワに関しては，ガストン3世はフランス王に対する臣従に異議を唱えず，1348年12月26日，パミエでフィリップ6世の使者に「フォワ，ネブザン，ロートレック，アルビジョワ地方に関して」臣従礼をおこなった。

　その後，1349年8月4日，パリでガストン3世はナバラ女王の娘アニェスと結婚した。この際にアニェスに設定された2万リーヴルの持参金(かこん)を，女王は払うことができず，のちに禍根を残すことになる。女王の死後，フィリップ6世はアニェスの姉ブランシュと結婚したため，ガストン3世はナバラ王カルロス2世だけでなく，フランス王とも義兄弟の関係となったのである。

　1350年8月22日，フランスではフィリップ6世が死去すると，ジャン2世が後を継いだ。ジャン2世は，ナバラ王カルロス2世をラングドックの総代行官にし，自身の娘との結婚を提案した。その頃，アキテーヌではイングランド＝ガスコーニュ軍が活動を再開させ，ガロンヌ川流域を南下し，トゥーザンに脅威を与えた。ガストン3世は，トゥールーズの市参事会（都市民の自治機関）に戦費負担を条件に保護を提案し，アルマニャック伯に対抗した。さらに，非嫡出の兄弟であるアルノー＝ギエムを代理に任命し，自らの不在中のベアルンの統治を委ねた。

　つぎのエピソードは，ガストン3世によるベアルンへの宗主権の主張をよく示している。モンペリエの市参事会員(コンシュル)が，ベアルン商人をイングランド王の家臣であるガスコン人とみなして逮捕した際に，ガストンが介入し，商人を解放して，財産を回復した。そのときにガストンが送った書簡中で，ベアルン商人がボルドーからモンペリエに商品を運ぶことは当然であり，彼らをイングランド王の臣下として扱うのではなく，ベアルンの中立的な立場を尊重すべきであると述べられた。「なぜならば，余（ガストン）はこの副伯領を，

第3章 国王と諸侯

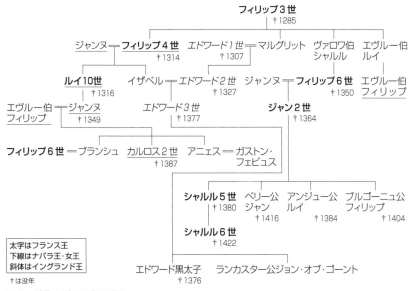

図3 英仏ナバラ王家の系図

自由で解放された土地として領有しているからである。そこでは、この世で自身の土地をもつ君公がおこなうように、余は裁判権と命令権を、宗主権ゆえに行使する。というのは、余はこの副伯領に関しては神以外のいかなる上位者も認めないからである」。この言明は、1347年の主張を拡大し、自身の宗主権の性格を定義したものである。ガストンは、モンペリエ商人に対して、対抗措置としてローラゲで商品を差し押さえると脅した。このときにガストンは「英仏両王の戦争は、余には何の関係もない」と嘯いたという。

このようにガストンは、フランス王権が用いていた宗主権概念と「自由地」論とを結びつけることにより、自らのベアルン支配の正統性を主張しようとしたのである。しかし、この「ベアルン自由地」論すらも、ガストン3世のオリジナルな主張ではない。そもそも、ベアルン副伯ガストン7世は、1242年にヘンリ3世に対して、86年にはエドワード1世に対して、それぞれベアルンに関する臣従礼をおこなっていた。じつはイングランド王がガスコーニュに関して、きわめて似かよった主張をしており、おそらくガストンは、それを借用し、フランス王フィリップ6世に対してだけでなく、つぎにみるようにイングランド勢力に対抗する主張としても利用したのである［加藤 2014：209-215］。

ライバルたちとの対峙

　1355年9月23日に，2000人のイングランド人遠征軍とガスコン人を率いたイングランド王太子エドワード(黒太子)がボルドーに到着した。その後，アルマニャックからトゥルーザンまで騎行(シュヴォシェ)をおこない，ベジエ近郊まで荒らしまわった。騎行とは，騎兵が敵領内の町や村を略奪・破壊しながら行軍する戦術である。その目的は戦利品の獲得や敵の経済的弱体化にあったが，住民の不安を募らせることでフランス王家の権威を失墜させ，不戦戦略を用いるフランス側を挑発し，戦場に引きずり出す効果も期待されていた[朝治ほか 2012 : 112]。百年戦争では，このような騎行か都市や城の包囲戦が戦闘の大半を占めた。黒太子は帰路にフォワ伯領に接する地域を通り，11月17日にはモンギスカールで，その後サントガベルでも住民を虐殺した。ガストンは自らが中立であることを示すために，黒太子に糧食を提供し，フォワ伯領境界付近までの騎行を受諾した。黒太子軍は，1356年9月19日にポワティエの戦いに勝利し，フランス王ジャン2世を捕虜とした。百年戦争期までは，君主が戦闘で命を落とすことは例外的で，捕虜となった後に身代金と引替えに釈放されることが多かった。英・仏間で休戦が成立したため，ガストン3世はこの比較的平穏な時期を利用し，プロイセンにおける十字軍に参加した。一種の武者修行をかねており，各地の貴族と交遊する機会となった。この頃から，「フェビュス」と自称し始めた。

　1360年5月8日に，ブレティニでジャン2世の解放を取り決めた和平の条件が合意され，ロワール川からピレネー山脈までのアキテーヌは，イングランド王に譲渡されることとなった。さらに10月24日にカレーにおいて，捕虜となったジャン2世の莫大な身代金の支払いを含む和平条約が調印され，ジャン2世の息子たちはロンドンで身代金の保証人となることが定められた。王太子シャルルはそのような解決を拒否し，弟のポワティエ伯(のちのベリー公)ジャンを総代行官として南仏に派遣した。ジャンは，このときようやく18歳であったが，アルマニャック伯ジャン1世の娘ジャンヌと結婚しており，南仏では岳父の助言に従っていた。イングランド王への割譲が定められたビゴール地方について，ジャンはアルマニャック伯が権利をもつと判断した。反発したガストン・フェビュスは，すぐにトゥルーザンとアルマニャックとの境界付近で略奪をおこなった。

　エドワード3世は，ブレティニ条約の一部の履行を拒否する王太子シャル

ルを譲歩させようと圧力をかけていた。ガストンは王太子に書簡を送り，総代行官ジャンはアルマニャック伯に操られており，自身はそれに対して武力行使も辞さない，と主張した。さらにガストンは，ジャンのかわりに自身が総代行官に任命されるなら，敵対行為をやめると提案し，ポワティエ伯ジャンを排除することに成功した。その結果，ラングドックにおける国王の政策はアルマニャック伯への従属度の低い将軍ブシコーに委ねられた。交渉による合意で，ガストンとアルマニャック伯は争いをやめ，ビゴールはエドワード３世に譲渡され，ガストンは20万フローリンの莫大な賠償金を得た。

　しかし，この合意によってもたらされたのはかりそめの平和もしくはたんなる休戦にすぎなかったことがまもなく明らかになった。1362年，ジャン１世とガストンは，自らの周囲に南仏の貴族たちを結集した。12月５日にトゥールーズ北東のローナック村近郊で戦闘が起こり，アルマニャック伯陣営が敗走した。翌年４月24日に和約が成立し，30万フローリンの身代金を課されたアルマニャック伯は減額と引替えに所領の一部の割譲を受諾した。その結果，ガストンはベアルンとフォワのあいだに位置するネブザン副伯領周辺に影響力を拡大することに成功した。

　もっとも，ガストンには和約の締結を急ぐ理由があった。ブレティニ＝カレー条約の結果，エドワード３世はアキテーヌ公領を大公領（ブランシポテ）とし，王太子エドワード（黒太子）に統治を委任していた。ガストンの捕虜となったアルマニャック伯は，アキテーヌ大公たる黒太子に臣従礼をおこなった。黒太子は，ベアルン副伯領も自領の一部であり，「かつて，そうする習慣があったので」，副伯たるガストン３世が自身に臣従礼をおこなうのが当然であると考えていた。しかし，ガストンは，祖先に課された臣従礼は無理強いされたものであり，そもそも，イングランド王は12世紀半ばから13世紀半ばまでベアルンの独立した地位に異議を唱えてこなかったではないか，と反論した。ガストンは黒太子とアルマニャック伯を同時に敵にまわすのは避け，黒太子到着前に物事を納めようとしたのである。黒太子がボルドーに着いたのは，1363年６月29日である。黒太子の代理がガストンに臣従礼を求めると，ガストンは，黒太子本人に対してのみ臣従礼をおこなう，と述べて時間を稼いだ。

　黒太子はボルドーとその周辺で地域の領主の臣従礼を受けると，ガストンを1364年１月14日にアジャンに召喚した。単身出頭したガストンは跪き（ひざまず），黒太子に対して，イングランド王と黒太子の優先家臣になるための臣従礼と忠

図4 エドワード3世によるフィリップ4世への臣従礼（フロワサール『年代記』中の挿絵、15世紀）

誠宣誓をおこなった。中世では、家臣としての義務を履行できるならば、複数の主君に使えることは許容されていた。ただし、主君同士が争う場合には、優先家臣として仕えている主君に助力しなければならなかった。黒太子はガストンに口づけをして、彼を封臣として受け入れた。

　この際、ガストンのおこなう臣従礼はマルサンとガヴァルダンだけでなく、ベアルンも対象にしているかどうかが問題になった。ベアルンの土地と副伯領は当初から自由地である、というのがガストンの主張であり、加えて、黒太子側にベアルンに関する臣従礼の根拠を示すよう求めた。おそらく立腹した黒太子は、その場でガストンを捕らえようとしたが、側近のジャン・チャンドスが介入してようやく穏便にすませた。ガストンは、自らが臣従礼を負う義務の証拠があるならば黒太子に服従する、と約束した。ガストンの祖先が王=公に臣従礼をおこなっていた記録をイングランドの役人がロンドン塔で見つけたが、時すでに遅し。1364～65年のあいだ、フェビュスに遅延策をとられた黒太子はシャルル5世に介入を求めたが、無駄に終わった。

　その頃、ピレネー山脈の南側のカスティーリャで英仏両王家の代理戦争が始まろうとしていた。そもそもの争いの種は、カスティーリャ王ペドロ1世の専制に、腹違いの兄エンリケ・デ・トラスタマラが反乱を起こしたことにある。これにシャルル5世がエンリケを支持して介入した。ガストンは、エンリケに自らの庶子ベルナールの騎士叙任を委ねており、シャルル5世の方針に好意的であった。それに対し、ペドロやナバラ王カルロス2世と結んだ

黒太子は，アルブレ卿やアルマニャック伯など多くのアキテーヌの領主を糾合し，1366年冬のあいだに軍隊をダックスに集結させ，弟ジョン・オブ・ゴーントと合流した。黒太子がカルロス2世の待つナバラへたどりつくためには，オルテズとソーヴテールの橋やベアルン西部を通過して，ロンスヴォー峠を越える必要があり，ガストンは黒太子軍にベアルンの通過を認めた。黒太子は，緒戦で勝利したものの，軍隊内で流行した疫病に罹患し，1367年夏にアキテーヌに撤退した。黒太子はベアルンを再び通過するため，事実上，この地域へのガストンの宗主権を認めざるをえなかった。

この結果，エンリケは友軍を失ったペドロを1369年のモンティエルの戦いで排除することに成功し，ガストンの庶子ベルナールをメディナチェッリ伯に封じた。一方で，黒太子は巨額の戦費を賄うためにアキテーヌで臨時税を徴収した。アルマニャック家は，この課税に異議を唱え，パリの最高法院（パルルマン）に訴えた。最終責任を問われたエドワード3世が法廷への出頭を拒否したので，1369年1月にシャルル5世は公領の没収を宣言した。アルブレ家とアルマニャック家はフランス国王側につき，百年戦争の再開にいたった[Green 2007]。

百年戦争の再開とピレネー国家の建設へ

ブレティニ＝カレー条約を無効とみなすシャルル5世は，1367年にアンジュー公ルイを総代行官としてトゥールーズに派遣した。総代行官ルイは南仏で軍事行動の再開を準備した。その影響下で，ローナックでガストン3世に敗北したアルマニャック家らが同盟を再構築した。アルブレ卿アルノー＝アマニューはマルグリット・ド・ブルボンと結婚し，シャルル5世の義兄弟となった。アルマニャック伯は，自らのビゴールへの権利の承認を条件に，アンジュー公への支持を表明した。

一方で，アンジュー公ルイはガストンとの対立を望まなかった。エドワード3世は，黒太子のイングランド帰国後，弟のランカスター公ジョン・オブ・ゴーントにアキテーヌを委ねていた。この状況でアルマニャック勢に無条件に頼ると，ガストンに英仏両王家のあいだでの駆け引きに利用される危険性があるとルイは判断した。ビゴールや隣接地域のいくつかの城の守備隊はガストンと組んだ傭兵（ようへい）であり，ガストンの中立なしには再征服が困難になる，と予測したのである。しかし，シャルル5世はガストンへの態度をやわらげることを拒否し，1373年8月末に総代行官職をアルマニャック伯ジャン2世

へ委ねた。

　当然ながら，ガストンはこの決定に反発し，ランカスター公に接近し，自らに敵対する同盟の転覆をはかった。ランカスター公はカレーからボルドーへ騎行したばかりであるが，1374年3月にダックスでガストンと会見し，いくつかの合意が成立した。ランカスター公はガストンから1万2000フローリンを借り，金銭不足を解消し，見返りに傭兵団が駐留するルルドの城をガストンの支配下におくことを認めた。これはアンジュー公によるビゴールの再征服の企図を阻むのに十分であった。この時点で，シャルル5世は政策の修正をよぎなくされ，総代行官職をジャン2世から取り上げ，アンジュー公ルイに委ねた。ルイはアルマニャック家へ肩入れするのを避け，ガストンとの和平を選んだのである。

　他方，イベリア半島ではエンリケ・デ・トラスタマラがカスティーリャ王として統治していた。それに対し，ランカスター公は先王ペドロ1世の娘と結婚していたため，カスティーリャ王国への権利を主張していた。ガストン・フェビュスは，エンリケとの同盟を破棄して，ランカスター公に資金援助することを受諾した。公は最初の結婚でもうけた娘フィリッパを，フェビュスの相続人ガストンと婚約させた。しかし，トラスタマラのカスティーリャ艦隊がバイヨンヌ港を封鎖したため，ランカスター公の計画は頓挫(とんざ)した。その後，イングランドでは1376年6月に黒太子，翌年6月にエドワード3世があいついで世を去ると，10歳のリチャード2世が王座を継ぎ，ランカスター公が後見することとなった。

　ベアルンとフォワのあいだに位置するコマンジュでは，ガストンとアルマニャック家らの紛争が再燃した。その発端はコマンジュ伯家の相続問題である。1375年秋にコマンジュ伯ピエール=レモン2世が死去すると，ガストンは母に由来する相続権を主張したが，アルマニャック家とアルブレ家はコマンジュ伯摂政(せっしょう)ジャンヌ側に立って対抗した。1376年11月にガストンと反ガストン同盟とのあいだで決戦がおこなわれ，ガストンが勝利し，アルマニャック伯ジャン2世は捕虜となった。

　このときすでにラングドックは王権による重税で疲弊しており，長引く戦乱は統治の動揺につながりかねなかった。このような状況下で総代行官アンジュー公ルイは両者の対立への介入と和平の締結を模索していた。ガストンはルイの調停を受諾し，休戦条約への署名と捕虜の解放交渉とに合意した。

図5　猟犬を連れたガストン・フェビュス像
（ポー城前広場）

図6　モンカド塔（オルテズ城の一部）

ルイはビゴールを国王の手中にとどめ，各陣営が主張する権利の公正な調査を指示した。1376年末と翌年初頭にフランス王の名で出された文書は，ガストンに対して，フォワに関しては「神の恩寵によって伯」，ベアルンに関しては「支配者(ドミヌス)」の称号を用いた。「支配者」は実質的には宗主を意味する称号で，婉曲的にではあるが，ベアルンを宗主地(テール・スヴレヌ)として承認しており，ガストンにとっては満足のいくものであった。捕虜は身代金と引替えに解放され，ガストンは10万フランの補償を得た。これらの文書の規定は，フェビュスの相続人ガストンとアルマニャック伯の娘ベアトリスの結婚による両家間の和解にもおよんだ。

　1379年4月3日，フォワ＝ベアルン家とアルマニャック家の和解が，両家の支配領域の境界に位置するバルセロンヌ＝デュ＝ジェルスでおこなわれた。翌日に，ガストンとベアトリスが，両父親が欠席するなか，オロロン司教立会いのもとで結婚契約に署名した。同月19日，アルマニャックのマンシエで結婚式が挙行された。

オルテズの悲劇

　ガストン3世フェビュスの絶頂は，突然に暗転することになる。発端は，1380年夏に起きた自身の毒殺未遂事件である。ベアルンではフェビュスの専

制に対する不満が渦巻いていた。中心となったのは，フェビュスが「生まれの卑しい」者を役人として登用したため，権力から遠ざけられた一部の貴族層であり，その筆頭はアンドワン領主であった。

　また，フェビュスの嫡男ガストンの家庭教師を務めたレスカール司教オドン・ド・マンドゥスが反フェビュス派聖職者のリーダーであった。1378年から始まる教会大分裂（シスマ）において，フェビュスは中立の立場を貫いた。アヴィニョン教皇支持の立場を表明することを拒否し，ベアルンの聖職者を保護下に入れるというフェビュスの振舞いは，レスカール司教の我慢の限界を超えていたのである。

　そして，嫡男ガストンにも陰謀に加担する動機があった。生みの母アニェスは父によって追放され，父の寵愛は庶子の兄イヴァンに向いていた。ランカスター公の娘フィリッパとの婚約やアルマニャック伯の娘ベアトリスとの結婚のように自らは父の政治の駒として使われ，慎ましい生活を強いられていた。何よりも現在18歳の自分が，同年齢だった頃の父と比べて，なんら重要な役割をはたしていないという鬱屈があった。

　さらに，つねにフェビュスに煮え湯を飲まされてきたアルマニャック伯の陣営はもちろん，ナバラ王カルロス2世にも義理の兄弟であるフェビュスを殺害する動機があった。まず，妹アニェスが持参金の不払いを理由にフェビュスによって離縁されていた。しかも，自身のフランス王国における失敗と比べて，フェビュスの華々しい成功は妬ましいものだった。

　こうして内外の敵対者が合流して，フェビュスを毒殺し，息子と入れ替える計画が練られたのであろう。おそらく嫡男ガストンが新妻ベアトリスを母親アニェスへ紹介するためにナバラ王国のパンプローナを訪れた際，暗殺の計画が具体化したのかもしれない。毒薬の手配にはカルロス2世が積極的に関与したと考えられる。

　しかし，事は露見し，容疑者である嫡男ガストンはただちに投獄された。レスカール司教とアンドワン領主はカルロス2世のもとへ逃亡し，フェビュス死後までベアルンには戻らなかった。そして，さらなる悲劇が続く。フェビュスは入牢中の嫡子ガストンを拷問し，黙秘を貫く彼に腹を立て，発作的に短刀でのどを突いて殺害してしまう［Froissart 2003：100-115］。

　1380年，シャルル5世は重税に苦しむラングドックの住民の苦情を聞き入れ，アンジュー公から総代行官職を召し上げた。同年9月16日にシャルル5

世が死去すると，12歳の王太子は，シャルル6世としてフランス王位に就き，王国統治は4人の叔父，すなわち，アンジュー公，ブルゴーニュ公，ベリー公，ブルボン公に委ねられた。

晩年のガストン・フェビュス

1388年，シャルル6世は叔父たちに委ねていた国政の掌握をめざし，ベリー公とブルゴーニュ公を権力から遠ざけ，父のかつての顧問官に頼り，親政を開始した。英・仏の休戦と合わせ，1392年のシャルルの最初の狂気の発作まで，つかのまの平穏の時期であったといえる。さらに，シャルルは南仏への巡幸を決心した。ここ1世紀ほどフランス国王は南仏に訪問しておらず，この巡幸は1355年の黒太子の騎行やアンジュー公やベリー公の圧政に苦しんだ人びとを慰撫する象徴的振舞いであった。この計画の実現のためにはガストン・フェビュスをはじめ，南仏諸侯の合意を得ておく必要があり，顧問官がオルテズへ派遣された。ベリー公はもはや総代行官ではなく，フェビュスにとっては潜在的な危険性はなかった。49歳のベリー公が再婚相手として選んだ11歳のジャンヌ・ド・ブーローニュは，フェビュスの姪であり，被後見人として彼の宮廷で育てられた。フェビュスはジャンヌを10年間保護した見返りに3万フランの支払いをベリー公に求め，認められた。

1389年7月，ベアルン家とアルマニャック家の使節が会見し，不戦の合意がなされた。こうした地均(じなら)しがすむと，シャルル6世はローヌ川を南下し，アヴィニョンで教皇と会見した。フェビュスは王を迎えるためにベアルンを発ち，マゼールへはいった。1390年初頭，フェビュスはトゥールーズに滞在し，王の待つナルボヌ城へ伺候した。その際に締結された条約では，王はフェビュスにビゴールと金貨1000フランを与え，そのかわりにフェビュスは自身が支配しているフォワ伯領およびベアルンをはじめとする各副伯領の相続人をフランス王と定めた。その後，フェビュスは，同条約の補足として，ジャン3世に敵対しないことを約した。

この条約の締結はオルテズの悲劇の帰結であったともいえる。すでにフェビュスは老齢で直系嫡男の相続人がいなかった。フェビュスは庶子のイヴァンを教皇によって嫡出子として認めさせようとしたが，失敗していたのである。フランス国王の顧問にとってはこの条約の締結は望外の成功を収めたといえる。一方，シャルル6世にベアルンに関する臣従礼を求められなかった

ことで，フェビュスはベアルンへの宗主権を黙認されたと判断したであろう。また，彼はアキテーヌにおけるイングランド国王代理のランカスター公との協力を模索しており，時間稼ぎのための策略であったとも考えられる。しかし，フェビュスに残された時間はそれほど多くはなかった。

　1391年8月1日，フェビュスは突然の死を迎える。フロワサールの年代記中のエスパン・デュ・リオンの証言によれば，暑い日の熊狩りの後，館で水を飲もうとして卒中にみまわれた，とある。享年60歳。翌日，オルテズのドミニコ会修道院に埋葬された[Tucoo-Chala 1993 : 335-337]。

　フェビュスはベアルンを家産とみなし，自身の意思で処分できると考え，トゥールーズ条約を結んだが，ベアルンの住民たちはそれを許さなかった。彼の死後，ベアルンの三身分は同盟(ユニオン)を結成し，フランス王国への併合に抵抗した。同盟の後押しで，フェビュスの従兄弟の息子でカステルボン副伯のマチューが後を継ぎ，国王顧問との交渉によってトゥールーズ条約を破棄させることに成功した。続く数年間，同盟は定期的に会合をもち，新しい君主の統治を補佐した。以後，1620年まで，ベアルンの君主は宗主権を維持することになった。

　フランス王国は，15世紀までに法的にも制度的にも強固になり，国王が未成年者であったり，王位継承争いがあっても政治的まとまりとして持続できるようになった。王国は，戦争や条約によっても他国に併合されず，王朝が交替しつつもフランス革命まで存続したのである。その一方で，フォワ＝ベアルン伯領以外にも，ブルボン公領などのように，強固な行政的一体性を備えた諸侯領も存在した。そのような15世紀の諸侯領は，その自立性の高さから研究者から「諸侯国家(エタ・プランシエ)」と呼ばれている[上田 2014]。

　なお，1839年にはアレクサンドル・デュマがフロワサールの年代記をもとに，歴史小説『ガストン・フェビュス殿』を著した。デュマによって描かれたイメージは，たとえば，同作家による『三銃士』(1844年)の主人公ダルタニャンや三銃士たちのように，計算高く，勇敢で，ときに激情家である「ガスコン人」というキャラクターの創造に少なからず寄与したと思われる[Dumas 2003 ; 佐藤賢一 2002]。

参考文献

朝治啓三・渡辺節夫・加藤玄編 2012.『中世英仏関係史 1066-1500』創元社

伊藤毅編 2009.『バスティード──フランス中世都市と建築』中央公論美術出版

上田耕造 2014.『ブルボン公とフランス国王──中世後期フランスにおける諸侯と王権』晃洋書房

加藤玄 2014.「中世後期の英仏関係とガスコーニュ」『西洋史研究』42

樺山紘一 1990.『パリとアヴィニョン──西洋中世の知と政治』人文書院

カントーロヴィチ,エルンスト(小林公訳) 2003.『王の二つの身体』(上・下) ちくま学芸文庫

城戸毅 2010.『百年戦争──中世末期の英仏関係』刀水書房

コンタミーヌ,フィリップ(坂巻昭二訳) 2003.『百年戦争』白水社文庫クセジュ

佐藤賢一 2002.『ダルタニャンの生涯──史実の『三銃士』』岩波新書

佐藤賢一 2003.『英仏百年戦争』集英社新書

佐藤猛 2012.『百年戦争期フランス国制史研究──王権・諸侯国・高等法院』北海道大学出版会

柴田三千雄・樺山紘一・福井憲彦編 1995.『世界歴史大系 フランス史1 先史～15世紀』山川出版社

ブロック,マルク(井上泰男・渡辺昌美訳) 1998.『王の奇跡──王権の超自然的性格に関する研究 特にフランスとイギリスの場合』刀水書房

渡辺節夫 2006.『フランスの中世社会──王と貴族たちの軌跡』吉川弘文館

Allmand, Christopher 1988. *The Hundred Years War: England and France at war, c. 1300-c. 1450*, Cambridge UP

Curry, Anne 1993. *The Hundred Years War*, London, Macmillan

Dumas, Alexandre 2003. *Monseigneur Gaston Phœbus*, présentation et commentaires par Pierre Tucoo-Chala, Biarritz, Atlantica

Froissart, Jean 2003. *Voyage en Béarn(Chroniques, III)*, présentation et traduction par Véronique Duché-Gavet, Fabienne Hontabat et Émilie Peyseré, Anglet, Atlantica

Green, David 2007. *Edward the Black Prince; power in medieval Europe*, Harlow, Pearson/Longman

Tucoo-Chala, Pierre 1993. *Gaston Fébus, prince des Pyrénées, 1331-1391*, Anglet, J&D Editions

Tucoo-Chala, Pierre 1996. *Gaston Fébus: Grand Prince médiéval, 1331-1391*, Biarritz, J&D Editions

Watts, John 2009. *The making of polities: Europe, 1300-1500*, Cambridge UP

加藤　玄

第4章 近世ヨーロッパの複合国家
ポーランド・リトアニアから考える

　近世(16〜18世紀)のヨーロッパにおける国家の多くは，法制度や歴史的な由来の異なる複数の地域が，それぞれ一定の自立性を保ちながら結びついた複合的な形態をとっていた。ヨーロッパ近世史の研究者のあいだでは，このような近世の国家の歴史的特徴を記述するために，「複合国家」「複合君主政」「礫岩（れきがん）国家」などさまざまな概念が提起されてきた。

　本章では，これらの概念を紹介したうえで，近世の複合的な国家の具体例としてポーランド・リトアニア共和国を取り上げる。この国家は，複数の地域の貴族たちが集まって選挙で国王を選び，議会を中心に国政の主導権を握る貴族共和制国家であった。この複合的な「貴族の共和国」はどのような経緯で成立したのか，また，複数の地域を結びつける関係はどのように変化したのかを解説する。最後に，図像を素材にしながらポーランドとリトアニアの関係がどのようにイメージされてきたかを概観し，近世から近・現代にかけてヨーロッパ東部における国家像がどのように変化してきたかを考える手がかりを提供したい。

16〜18世紀のヨーロッパの国家をどうみるか

　高校で世界史を勉強したみなさんは，古代から現代にいたるヨーロッパの歴史のなかで，国家のあり方がさまざまに変化してきたことを学んだであろう。古代ギリシアのポリス(都市国家)，都市国家から出発して古代の地中海世界を統合したローマ帝国，中世ヨーロッパのさまざまな王朝や王国，近代の植民地帝国や国民国家，そして，EU(ヨーロッパ連合)によって国境を越えて広域的な統合が進む現在の状況などが，世界史の教科書には時代を追って記述されている。

　そのような勉強をするなかで，16世紀から18世紀にかけての時代の国家のありようについては，「わかりにくい」という印象をもたれた方もいるのではないだろうか。教科書によって表現や構成の違いはあるが，おおむね，こ

の時代のヨーロッパ史の記述は,「ヨーロッパ世界の拡大」「ルネサンス」「宗教改革」「主権国家体制の形成」といった項目から始まって,「ヨーロッパ諸国の海外進出」「産業革命と資本主義の成立」「ヨーロッパ市民社会の成立」(ここでイギリス革命,アメリカ独立革命,フランス革命とナポレオンの大陸支配が扱われる)などの項目の説明で終わる。そして,これらの項目にかかわる記述の全体は,高校の世界史教育では,しばしば「近代ヨーロッパの始まり」という枠組みのなかに位置づけられる。たしかに,16世紀にはいる前後からヨーロッパが支配する空間がグローバルに拡大することや,宗教改革によってカトリック世界の一体性が失われることなどに注目すると,中世とは異なる新しい時代が始まっていることが感じられるであろう。

　しかし,この時代の国家のありように目を転じると,たとえば教科書で取り上げられている17世紀の「絶対王政」は,封建的な主従関係に基づく中世的な国家ではなさそうだが,かといって,私たちが「近代国家」として理解するような特徴を十分に備えていたようにもみえない。近代的な議会制度や国民主権を前提とする国家体制は,むしろこの時代の後半以降に起こる一連の「市民革命」によって成立するのであり,それらの変化はむしろ16～18世紀のヨーロッパを特徴づける体制――フランスの場合であれば「アンシァン・レジーム」(旧制度)――の「終わり」を告げるできごととして記述されている。やや単純化して言い換えるならば,教科書のヨーロッパ史の記述においては,私たちが理解するような「近代国家」は,「近代の始まり」が終わることによって出現するのである。ちなみに,本章のタイトルに用いられている「近世ヨーロッパ」という時代区分は,ようやく2000年代にはいってから,山川出版社の『現代の世界史』(A),『新世界史』(B)をはじめとして,一部の教科書で採用されるようになった。しかし,近世ヨーロッパの国家に固有の複合的な特徴については,教科書の記述だけから体系的に理解することは難しいであろう。

　16～18世紀のヨーロッパにおける国家に,いわゆる「近代国家」とは異なるさまざまな特徴がみられることは,ここ四半世紀ほどのあいだに,日本の研究者のあいだで強く意識されるようになった問題である。この点をめぐる認識がどのように変化してきたかは,1969年に刊行された『岩波講座 世界歴史』の第14巻『近代1　近代世界の形成Ⅰ』(以下,「旧講座」と略記)の記述と,その30年後(1999年)に刊行された新しい『岩波講座 世界歴史』の第

16巻『主権国家と啓蒙　16-18世紀』(以下,「新講座」と略記)の記述を比べてみるとよくわかる。旧講座で「総説」を執筆した越智武臣は,イタリア戦争(1494〜1559年)を「近代国際政治の祖型」とみなし,そこに近代的な「国民国家の覚醒」と,主権国家間で対立する「ヨーロッパ国家体系」の出発点がみられると指摘した[越智 1969: 9-10]。これに対して新講座で「近世ヨーロッパ」についての解説を担当した近藤和彦は,「近世国家」のあいだに「「諸国家体系 inter-state system」あるいは「主権国家体制 Statensystem」と研究者が呼び慣わすもの」が出現したことを認めたうえで,つぎのように指摘している。

> なお,近世と近代を概念として区別しなかった旧岩波講座では,16,17世紀の各国について「近代主権国家」「国民国家」といった表現がくりかえしみられる。近世の主権国家のうち一部は近代の国民国家に連続するが,大部分は非連続である。……最近めざましく進展している国家論・国制史研究の指摘するところによれば,近世の国家は,国民国家 nation state や単一国家 Einzelstaat であるよりも,多様な要素をかかえこんだ複合的な政体 Aggregat/composite monarchy/conglomerate state であった。……H・ケーニヒスバーガ,J・エリオットにつづいて,C・ラッセル,H・グスタフソンなどが近世国家論としてとなえているところである。[近藤 1999: 45]

ここで明確に指摘されているように,新講座では,旧講座にはなかった「近世」という時代概念が導入されている。加えて,「近世」と「近代」を区別するこの新しい時代区分は,歴史学における16〜18世紀の国家のとらえ方の変化とも密接に結びついていることがわかる。「近世ヨーロッパ」の国家の多くは近代の国民国家へと連続的には発展していかなかったし,近代以降の「国民国家」とは異なる複合的な性格をもっていたことが,研究者のあいだではっきりと認識されるようになってきたのである。

複合国家論の諸相──ケーニヒスバーガ,エリオット,グスタフソン

　新講座で指摘されている「近世国家論」はその後さらに多様な方向に展開しているが,ここでは,その原型となった3人の研究者の議論を簡単に紹介しておこう。

　比較的早い時期(1970年代後半)にヨーロッパの近世国家の複合的な性格を

指摘したのは，ドイツ生まれのイギリスの歴史家H・G・ケーニヒスバーガであった[Koenigsberger 1978]。ケーニヒスバーガは，15世紀後半のイングランドの著述家ジョン・フォーテスキューがフランスとイングランドの国制を比較しながら前者を「王による支配」，後者を「王と政体(諸身分)による支配」として区別し，後者の優位を主張していることを紹介したうえで，近世のヨーロッパでは王権と諸身分が協議・交渉しながら支配する類型のほうが国家のかたちとして一般的であったことを指摘した。そのうえでケーニヒスバーガは，ひとりの君主が複数の地域の諸身分と個別に交渉するケースが多くみられることを取り上げて，このような国家を「複合国家」(composite state)と呼んだのである。たとえば，スペイン王国のハプスブルク家の君主は，カスティーリャ，アラゴン，ナポリ，シチリア，サルデーニャなどの諸地域を支配していたが，これらの地域はそれぞれ制度も慣習も異なっており，王権は各地域の在地の有力者たちと個別に交渉しながら統治をおこなった。

　ケーニヒスバーガが王権と諸身分との関係を論ずるなかで複合的な国家のあり方にも言及しているのに対して，「複合君主政」(composite monarchy)をヨーロッパの近世国家の特徴として前面に掲げたのが，イギリスのスペイン史家J・H・エリオットであった[Elliott 1992]。エリオットは，近代的な主権的国民国家の形成を前提として語られてきたヨーロッパ史のとらえ方に疑問を投げかけ，近世のヨーロッパを「複数の複合君主政からなるひとつのヨーロッパ」として描き出した。君主が複数の領域を統合する方法としては，①法的に一体化して併合する場合と，②地域ごとの独自の法制度を維持しながら結びつく場合，の2つのパターンがあった。近代国家の原理にそくして考えれば①のほうがより強力で安定した支配ともいえそうだが，近世のヨーロッパではこの方式は君主にとって不都合な反発を招くリスクが大きかった。他方で，②のパターンは，統合される側の住民にとって受け入れやすく，在地のエリート層の忠誠さえ確保されれば，君主にとってむしろ安定的な統治を可能にする方式であった。こうして，宗派間の対立や王朝間の競合などさまざまな不安定要因をかかえながらも，地域的な多様性を尊重しながらゆるやかに諸地域を統合する複合君主政は，近世を通じて存続したのである。

　エリオットの論文が，東欧・ソ連の社会主義体制が崩壊し，冷戦時代の東西の分断を超えてEUによる広域的な統合が進む見通しが生まれた1990年代初頭に発表されたことは，複合君主政論の時代的な背景として重要である。

エリオットは，統一をめざす志向と多様性を求める志向がヨーロッパ史のなかでつねにせめぎ合ってきたことを指摘し，近世の複合君主政はそのような対立する志向を折り合わせる営みのひとつであったと位置づけている。彼の複合国家論は，国民国家の成立をナショナル・ヒストリーの到達点とする近代史学の枠組みを相対化し，国境を越えて諸地域が多様性を維持しながらゆるやかに統合される20世紀末の視点に立ってヨーロッパ史をとらえ直そうとする試みでもあったのである。

　これに対して，スウェーデンの歴史家H・グスタフソンは，国家形成 (state formation) という視点から，近世国家の複合性に注目する［Gustafsson 1998］。彼は，中世のゆるやかな封建的結合と，近代の主権的・領域的・統一的な国家とを対比したうえで，前者から後者への発展を論ずる従来の近代国家形成論においては，両者のあいだにはさまれた近世に特有の複合的な国家の特徴が十分に考慮されておらず，国家形成史における「失われた鎖の環(わ)」(ミッシング・リンク) になっている，と指摘する。グスタフソンは，近世ヨーロッパにみられる複合的な国家を，地質学の用語を応用して「礫岩国家」(conglomerate state) と呼んだ。多様な地域がそれぞれの制度や慣習を保ちながら結合した近世の国家は，組成の異なるさまざまな石や岩が凝集した礫岩のような構造をとっているため，近代国家のような均質的な統一性はもたない。しかし他方で，礫岩国家には，中央・地方のそれぞれに全体の統合にかかわる行政機構が備わっており，中世の封建国家よりも凝集力が強い。グスタフソンは，具体的な事例として北欧における国家形成を取り上げながら，近世の複合的な国家形態の歴史的な位置づけをおこなっている。

　グスタフソンの礫岩国家論は，近代の国民国家を国家形成史の到達点とする点では近代史学にしばしばみられる発展段階論的な図式を踏襲しているともいえるが，国家形態の複合性を近世に固有の特徴として強調している点は，エリオットの複合君主政論と共通する。1990年代に，複合的な国家のあり方に着目したこのような議論が，スペイン史(エリオット)やスウェーデン史(グスタフソン)のようなヨーロッパの周辺地域の歴史研究を背景として提起されていることは，興味深い現象である。

　なお，日本では，すでに1970年代末に，成瀬治や二宮宏之によって，近世ヨーロッパにおける国家の複合的な特質に光があてられていたことを，ここで指摘しておこう。「身分制国家」をめぐる成瀬の考察や，「社団」の重層的

な編成によってフランス王国の統治構造を説明した二宮の論考は，あくまでも「近代国家形成史」という文脈のなかでの議論であるとはいえ，ともに近世の国家に固有の複合的な側面を重視した国家論となっている［吉岡・成瀬1979］。彼らの問題提起は，先ほど紹介したケーニヒスバーガの身分制国家論とほぼ同時期になされたものであり，20世紀後半の日本の西洋史研究の議論の水準が相対的に高いものであったことを示している。このような議論がすでにおこなわれていたことによって，1990年代以降のヨーロッパにおける複合国家論は，日本の研究者にとって比較的理解しやすいものとなったともいえるであろう。

ヤギェウォ朝によるポーランド・リトアニア王朝連合

　近世ヨーロッパの複合的な国家の具体例として以下に紹介するポーランド・リトアニア共和国は，16世紀から18世紀にかけて，バルト海の南岸から黒海北方のステップ地帯にかけて広がる広大な領域を支配していたヨーロッパ東部の大国である。エリオットのいうような複合君主政の事例としてみた場合，この国には，近世の複合的な国家に共通する典型的な側面と，他の諸国にはあまりみられない特異な側面とが存在する。

　共通する側面のほうからみていくと，公文書に記される複合国家の君主の称号は，長くて複雑である。たとえばポーランド・リトアニア共和国の1589年の議会制定法に記されたジグムント3世ヴァーザ（在位1586～1632）の称号は，「神の恩寵によりポーランド国王，リトアニア，ルーシ，プルシィ，マゾフシェ，ジュムチ，キエフ，ヴォウィン，ポドラシェ，インフランティ等々の大公，スウェーデン王国の世襲の継承者にして将来の国王」であった。近世の複合君主政においては，ひとりの君主の支配する領域の広がりを，このように複数の王国や公国を列挙することによって表現したのである。称号に含まれる王国や公国は，それぞれ異なる歴史的背景をもち，一定の自立性を保ちながら君主の権威のもとで結びついていた。

　複合国家としてのポーランド・リトアニア共和国の結合の基軸となるのは，ポーランド王国とリトアニア大公国との「合同」(unia)である。両国の合同の起源は，14世紀末にさかのぼる。リトアニアは，ヨーロッパでもっとも遅れてキリスト教化された地域であった。14世紀末まで異教にとどまっていたこの国は，南方のルーシに徐々に勢力を拡大していった。しかし，北方では，

リトアニア大公国は，バルト海南岸に進出したドイツ騎士団によって軍事的に脅かされていた。一方，10世紀後半にカトリックを受け入れて歴史の舞台に登場したポーランド王国は，ピャスト朝の最後の2代の国王——ヴワディスワフ・ウォキェテク（在位1320～33）とカジミェシュ3世ヴィエルキ（在位1333～70）のもとで封建的分裂を克服して統一を回復し，東南方のハリチ・ヴォウィンを併合してルーシに勢力を拡大しつつあった。バルト海への出口をふさぐかたちで強大化した騎士団国家は，ポーランドにとっても脅威であった。つまり，ポーランドとリトアニアは，バルト海沿岸におけるドイツ騎士団の脅威に対抗し，ルーシにおける支配の安定化をはかるという点において，利害の一致をみたのである。

　カジミェシュ3世の死後，アンジュー家のルドヴィク1世がハンガリーとポーランドの王位をかねたが，ルドヴィクが男子を残さずに死去したために，1384年，末娘のヤドヴィガがポーランド王位に就いた。1385年，リトアニア大公国領内のクレヴォで協定が結ばれ，翌86年，リトアニア大公ヨガイラ（ヤギェウォ）はカトリックの洗礼を受けてポーランドの女王ヤドヴィガと結婚し，ポーランド王として即位した。こうして，ヤギェウォとその子孫によるポーランドとリトアニアの王朝連合の時代が幕を開けた。

　1385年のクレヴォ協定には，「公ヤギェウォは，自らのリトアニアとルーシの地をポーランド王国の王冠に永遠に付加する（applicare）ことを約束する」という文面が含まれていたために，その解釈や意義をめぐってポーランドとリトアニアの研究者のあいだで論争が繰り返されてきた。リトアニア側からは，この協定を偽書として存在そのものを否定する見解もだされたが，現在では，文書の真正性については研究者のあいだでほぼ合意が成立している。文書の成立の経緯と内容をふまえると，クレヴォ協定自体は，国家間の合同の取決めというよりも，君主の家同士の結婚契約としての性格が強いものであったと考えられる。

　ポーランドとリトアニアの国制上の関係を規定した文書として注目されるのは，むしろ1413年のホロドゥウォ合同である。この合同の取決めは3つの文書からなり，その内容はかなり複雑で，見方によっては矛盾を含んでいるともいえる。一方で，ホロドゥウォ合同は，クレヴォ協定までさかのぼってリトアニアがポーランドに「併合」されたことを確認している（この点は，「編入する」⟨incorporamus⟩・「併合する」⟨anectimus⟩といった動詞を連ねることによっ

て文章的にも強調されている)。他方で,ヤギェウォ自身は「リトアニアの最高位の公」(Lithuaniae princeps supremus)を称する一方で,現地で実権を握る従弟ヴィトルトには「リトアニア大公」(magnus dux Lithuaniae)の地位を認めており,リトアニア大公国の国家としての自立性を保障していると解釈することもできる。ホロドゥウォ合同でもうひとつ注目されるのは,カトリックのリトアニア貴族の一部に,ポーランド側の貴族と紋章を共有すること(紋章縁組)を認めている点である。リトアニアの貴族には正教徒も多かったため,この規定はリトアニア側の貴族の内部に宗派による差別を生み出すことにもなったが,王朝連合から始まったポーランドとリトアニアの結合が,両国の貴族層を結びつける関係へと変化していく状況をうかがうことができる。

「両国民の共和国」の成立——ルブリン合同による制度的合同

　ヤギェウォ朝のもとでのポーランドとリトアニアの関係は,1572年まで続いた。ヤギェウォ朝の最後のポーランド国王兼リトアニア大公となったジグムント2世アウグスト(在位1548～72)には子どもがなく,国王自身も,両国の貴族たちも,王朝連合が近く終わりを迎えることを予期していた。すでに1563年のポーランド王国の議会において,ジグムント2世は,ヤギェウォ家が世襲的に継承してきたリトアニア大公位の継承権をポーランド王国に委譲していた。これは,ヤギェウォ家が絶えた場合には,ポーランド王国(実質的にはその支配身分である貴族層)がリトアニア大公を決定するということを意味する。王朝の絆が消滅したのちの両国の関係をどのように構想するかという問題は,切迫した政治課題となりつつあった。

　王朝の断絶に3年先立つ1569年1月,ポーランド王国東部に位置するルブリンにポーランド,リトアニア両国の貴族が集結し,合同で議会を開いて新たな関係のかたちについて協議した。ポーランド側の貴族の一部には,リトアニアを完全に「併合」してポーランド王国の一地方としようとする主張もあった。他方で,リトアニアの大貴族のあいだでは自国側の独立性をできる限り強化しようとする傾向が強く,リトアニアの議員団が議会の経過に反発して一時的に議場を離脱する事態となった。ポーランド側の議員団は,リトアニアの議員たちが不在のあいだに,リトアニア大公国領に属していたポドラシェ,ヴォウィン,ウクライナ(ブラツワフ県,キエフ県)を大公国領から切り離してポーランド王国領に編入することを決議し,国王もこの決定を支

持した(このときポレシェ地方を東西に横切って新たに引かれたポーランドとリトアニアの境界は，今日のベラルーシとウクライナの国境線とほぼかさなっている。これは，近世の複合国家の内部に成立した境界線が，現代の地図上に痕跡を残している一例である)。ヴォウィンとウクライナのポーランド王国領への編入決議(5月27日，6月6日)にはそれぞれ，「自由な者が自由な者と，対等な者が対等な者と〔結びつく〕」という文言が用いられており，この編入自体も，貴族連合的な原理に基づいて複合国家を再編する過程としてイメージされていたことがわかる。

　一方的な領土変更の決議に危機感をいだいたリトアニア側は議場に復帰し，両国の議員団の合議をへて，7月1日に新たな合同文書が決議された。ルブリン合同の文書には，「すでにポーランド王国とリトアニア大公国は，不可分の，相異なることのないひとつの身体であり，また，2つの国家と国民がひとつの民に結びついた，相異なることなくひとつに結ばれた共和国である」とうたわれている。以後，ポーランドとリトアニアの貴族たちは，ともに国王を選挙で選び，合同で議会を開催することになった。また，両国の貴族は，たがいに相手の国の領域内に土地を所有することが認められた。他方で，リトアニア大公の称号は残され，ポーランド，リトアニアそれぞれの官職，軍隊，国庫，司法制度も維持された。こうして，王国と大公国がそれぞれの自立性を保ちながらひとつの共和国に統合される「両国民の共和国」が成立した。

　もっとも，ルブリン合同におけるポーランドとリトアニアの関係は完全に対等なものではなく，いくつかの項目でリトアニア側に不利な点が残されていた。たとえば，両国の官吏がともにポーランド国王とポーランド王冠に忠誠を誓うことが規定される一方で，ポーランド側の官吏のリトアニア大公への忠誠義務は文面に記されていない。また，議会の議員数も，両国間で不均衡であった(元老院議員140名のうちポーランド113名，リトアニア27名。代議院議員162名のうちポーランド114名，リトアニア48名)。ただし，共和国の通常の議会は多数決制ではなく全会一致が原則であったため，議員数の比率は必ずしも議会における発言力の大きさをあらわすものではなかったことも事実である。

　君主の結婚によって始まったポーランドとリトアニアの関係は，こうしてルブリン合同を契機として，両国の貴族身分が共和政体を共有することによ

って結びつく体制へと質的な転換を遂げた。王朝的な結合ではなく，議会制度によって結びついた貴族の連合体が複合国家を構成する点に，ポーランド・リトアニア共和国の特異性があったといえるであろう。この新たな体制が，以後，ポーランド分割にいたるまでの共和国の国制を規定する出発点となる。

複合国家論の視点からみたポーランド分割

　ルブリン合同から分割による共和国の消滅にいたる220年余りのあいだ，ポーランドとリトアニアの関係は基本的には安定したものであったが，緊張や危機の局面がまったくなかったわけではない。とくにリトアニア側には，ポーランドとの合同のあり方に対する潜在的な不満がつねに存在し，共和国の内外の政治状況が緊迫すると，その不満が表面化した。

　ルブリン合同体制の最大の危機は，1655年にスウェーデンとの関係をめぐって生じたリトアニア側の分離の動きである。このとき，共和国は，ウクライナにおけるコサック・農民の反乱と，スウェーデン軍とロシア軍の大規模な侵攻によって，危機的な状況におかれていた。リトアニア大公国の首都ヴィルノ（ヴィリニュス）は，ロシア軍によって占領されていた。ポーランド王国領では，すでにヴィエルコポルスカの貴族の一部がスウェーデン国王カール10世グスタフに忠誠を誓っていた（7月25日）。こうした状況のなかで，プロテスタントの大貴族ヤヌシュ・ラジヴィウを中心とするリトアニアの貴族層はスウェーデン側との交渉を開始し，10月25日にキェイダニィ（ケディニャイ）でスウェーデンとの合同文書に調印した。キェイダニィ合同はスウェーデン国王をリトアニア大公として迎えるものであり，ポーランドとの合同の破棄を意味していた。このときのスウェーデン・リトアニア合同は戦争による危機的な状況のなかでの短期的なエピソードに終わったが，リトアニア側の分離主義的な動きは，その後も17世紀の後半から18世紀初頭にかけて数度にわたって表面化している。

　他方で，17世紀後半には，「両国民」の関係をより対等で緊密なものにする方向での変化もみられる。ルブリン合同以後の共和国の全国議会はおもにポーランド王国領のワルシャワで開催されてきたが，1673年の議会で，以後，3回に1回はリトアニア領内のグロドノで開催されることが決議された。また，1697年の議会では，両国の「法の対等化」(coaequatio iurium) が決議され

ている。このように制度的にはさまざまな調整がおこなわれたが，基本的にはルブリン合同の枠組みが18世紀半ばまで維持された。

　ポーランドとリトアニアの関係が改めて問い直されることになったのは，1770年代以降のことである。変革の契機のひとつは，第1次ポーランド分割(1772年)であった。国土の一部の割譲をよぎなくされた共和国の支配層は危機感を強め，複合的な国制の境界を越えて共和国全体を統轄するような中央集権的な行政機関を創設することを試みた。そのひとつは1773年に創設された国民教育委員会であり，いまひとつは75年に設置された常設評議会である。前者は共和国全体の教育を管轄し，後者のもとには外務，警察，軍事，財政，司法を担当する部局がおかれた。

　18世紀後半の一連の国制改革の集大成として1791年5月に制定された統治法(五月三日憲法)は，「合同」「両国民の共和国」「リトアニア大公国」といった用語を使用せず，リトアニアも含めて国家全体を指す場合には「祖国」「国家」「ポーランド」などの表現を用いている点に大きな特徴がある。これは，近世的な複合国家から近代的な国民国家への国家観の転換が，18世紀後半のポーランド・リトアニアにおいても生じていたことを示している。しかし他方で，同じ年の10月には，「両国民の相互保障」が議会で決議されている。この決議は，軍事・財政委員会や大臣・官吏の員数を，ポーランドとリトアニアのあいだで対等に配分することなどを取り決めたものであり，五月三日憲法のもとでも「両国民の共和国」の体制を維持する意思を改めて確認したものと解釈することができる。最終的には，共和国は，従来以上に集権化した諸機関を組み込みながら，複合的な国家体制を維持する道を選択したのである。

　これらの一連の改革が実際に成果をもたらすまえに，共和国は第2次(1793年)・第3次(1795年)の分割によって消滅した。複合国家論の観点からみると，3次にわたって共和国を分割するためにつくられた国境線が，いずれもポーランド王国とリトアニア大公国の境界線をほとんど考慮することなく引かれていることは注目に値する。リトアニア側に分離主義的な傾向が潜在していたにもかかわらず，「両国民の共和国」の複合的な国制自体は分割を引き起こす要因とはならなかったのである。

　他方で，ウィーン会議によって周辺の3国への分割が再確認された旧共和国地域では，3分割領のいずれにおいても，複合国家的な外観をとりながら

領土の併合がおこなわれた。ロシア領では、ワルシャワを中心とする地域に「ポーランド王国」が創設され、ツァーリがポーランド国王をかね、独自の憲法が制定された。プロイセン領では、ポズナンを中心とする地域に「ポーゼン大公国」がつくられ、副王と総督がおかれた。オーストリア領では、ガリツィアに身分制議会が開設された。また、クラクフとその周辺地域は、自由貿易地域として別個の法的な地位を保障された。19世紀前半になっても、ヨーロッパ東部では、新たに領土を併合する場合には、近世的な複合国家の統合の手法をとることが有効であると考えられていたのである。

　このような経緯を念頭においてみると、ポーランド分割とは、バルト海と黒海にはさまれた地域において、強力な外圧のもとで、現地の住民の意思を十分に考慮することなく強行された複合国家の組換えであったと考えることもできるであろう。

蘇るルブリン合同の記憶——図像でたどる両国民の関係史

　ポーランドとリトアニアの関係は、法的な文書のなかに規定されるだけでなく、視覚的な表現によっても表象されてきた。最後に、「両国民の共和国」とその記憶の歴史を、いくつかの図像を手がかりにたどってみよう。

　近世のヨーロッパでは、国家を構成する諸地域の紋章を並べたり、組み合わせたりすることによって、その国家の複合的な性格を表現することがしばしばおこなわれる。ポーランド・リトアニア共和国の場合には、ポーランド王国の紋章（王冠をかぶった白鷲）とリトアニア大公国の紋章（剣を掲げて追撃する馬上の騎士）を組み合わせることによって、両国の関係が目に見えるかたちで示された。図1は、1594年に刊行されたスタニスワフ・サルニツキ編の法典のタイトルページである。ここでは、建造物の正面（ファサード）をかたどったデザインが採用され、その建物の上部にポーランドの白鷲とリトアニアの騎士が配置されている。両国の紋章のあいだに座る女性は、正義の女神であり、また共和国のアレゴリーでもある。ポーランド王国とリトアニア大公国の紋章以外にも、ファサードの梁や柱には、共和国を構成する各地域の紋章が掲げられている。建物を左右で支える柱のうち、左側に立つのはポーランドのカトリック教会の首座大司教、右側に立つのは国王ジグムント3世ヴァーザである。両者の足元には「共和国の土台」（BASIS RP.）という文字がみえる。このタイトルページの図版は、全体としてみると、共和国が聖俗の

両権に支えられ，ポーランド王国とリトアニア大公国の結合を基軸として多くの地域からなる複合的な構築物であること，そして，この法典はこれらの諸地域で効力をもつ法律を集成したものであることを，メッセージとして読者に伝えているのである。

　ポーランド分割によって共和国が消滅したのちにも，「両国民の共和国」の記憶は簡単には消えなかった。分割に抵抗して19世紀に繰り返される武装蜂起に際しても，かつての複合的な共和国のイメージが独立のシンボルとして掲げられた。図2は，ロシアの支配に抵抗して起こった1830〜31年の武装蜂起(11月蜂起)に際して，ルーシ・リトアニアの歩兵連隊が用いた軍旗である。旗の中央に，旧ポーランド王国の白鷲と，旧リトアニア大公国の馬上の騎士が，並べて刺繡されている。その上に「我らの，そして君らの自由のために」というポーランド語のモットーが掲げられている。このような旗を掲げることによって，蜂起軍のめざす解放とは，1772年の第1次分割以前の複合国家の領域を回復する闘いであることが示されたのである。19世紀のポーランドの武装蜂起は，その後の歴史叙述のなかでしばしば「民族蜂起」として記述されてきたが，少なくとも19世紀前半の段階では，近代的な意味での「ポーランド民族」だけがその担い手だったわけではないこと，むしろ近世的な複合国家のイメージのもとで人びとが蜂起へと結集していたことにも注意をはらう必要がある。

　しかし，19世紀後半から20世紀前半にかけて，旧分割領のなかから，ポーランド，リトアニア，ウクライナ，ベラルーシの各民族がそれぞれの国家としての独立を主張し始めると，近世の「両国民の共和国」の遺産は，近代的な意味での民族の自立を妨げるものとして否定的に受け止められることになった。図3は，1921年にリトアニアの雑誌に掲載された風刺画である。「合同して……」と迫るポーランド(王冠をかぶって，腰に白鷲をぶらさげた女性)から逃れようとするリトアニア(若い男性)が描かれている。第一次世界大戦後，ポーランドとリトアニアはそれぞれ独立を回復したが，ヴィルノの領有をめぐって激しく対立し，両大戦間期を通じて国交断絶に近い状態にあった。

　第二次世界大戦中にリトアニアはソ連邦に編入され(1940年)，戦後にはポーランドもソ連のヘゲモニーのもとで社会主義国となった。国家としてのポーランドとリトアニアの関係が再び問題となるのは，1989年から90年にかけての東欧諸国の体制転換とソ連邦の崩壊以後のことである。1990年にリトア

第4章　近世ヨーロッパの複合国家

図2　11月蜂起(1830〜31年)で戦ったルーシ・リトアニア歩兵連隊の軍旗(クラクフ，チャルトリスキ家博物館所蔵)

図1　スタニスワフ・サルニツキ編の法典(1594年，クラクフ刊)のタイトル・ページ

図3　リトアニアの風刺雑誌『ラグティス』に掲載された風刺画「合同して…」(1921年)

図4　ポーランドとリトアニアのEU加盟を記念するプレート　ルブリン市の広場入り口。

ニアはソ連邦からの分離独立を宣言し，主権国家としてポーランドと新たな関係を結ぶ状況が生まれた。2004年には，両国はともにEUに加盟した。図4は，ポーランドとリトアニアのEU加盟を記念してルブリン市の広場の入り口に埋め込まれたプレートである。2人の女性が握手をし，その足元にポーランドとリトアニアの紋章がおかれている。この2人はそれぞれ，ポーランドとリトアニアをあらわしている。この女性像の部分は，1826年に制作されてルブリンの広場におかれたポーランド・リトアニア合同の記念碑のデザインをそのまま採用している。2004年のプレートでは，ポーランドとリトアニアをあらわす女性像の周りを，EUを象徴する星が取り囲んでいる。刻まれている年号は，ルブリン合同（MDLXIX＝1569年）とEU加盟（2004年）の年をあらわしている。「ルブリン合同からヨーロッパ連合へ」というフレーズは，この時期，ポーランドの歴史研究の世界でも，シンポジウムのタイトルなどに掲げられて，一種の流行となった。近世の複合国家の記憶が，現在進行中の広域的な地域統合を歴史的に正当化し，意味づけるシンボルとして動員されているのである。

　もちろん，近世の複合的な国制と今日のヨーロッパ連合とは歴史的な性格の異なる事象であり，安易に両者を結びつければ時代錯誤に陥ることになる。しかし他方で，エリオットの複合君主政論がそうであったように，歴史研究とは，歴史家が，自分の生きる時代の課題に照らして過去に問いを投げかけることによって，新たな歴史像を生み出す営みでもある。国境を越えた対話や和解よりも，国境をめぐる対立に陥りがちな現在の東アジアに生きる私たちは，ヨーロッパの近世の歴史から何を学ぶことができるだろうか——本章が，そのような問題に思いをめぐらすきっかけとなれば，幸いである。

参考文献

伊東孝之・井内敏夫・中井和夫編 1989.『新版 世界各国史 20　ポーランド・ウクライナ・バルト史』山川出版社

越智武臣 1969.「総説」『岩波講座 世界歴史 14 近代 1　近代世界の形成 I』岩波書店

近藤和彦 1999.「近世ヨーロッパ」『岩波講座 世界歴史 16　主権国家と啓蒙』岩波書店

白木太一 2013.『一七九一年五月三日憲法』東洋書店

鳥山成人 1985.「ポーランド゠リトワ連合小史——ミェルニクの連合まで」鳥山

『ロシア・東欧の国家と社会』恒文社
吉岡昭彦・成瀬治編 1979.『近代国家形成の諸問題』木鐸社(とくに，成瀬治「「近代国家」の形成をめぐる諸問題——「等族制」から「絶対制」への移行を中心として」，二宮宏之「フランス絶対王政の統治構造」)
Butterwick, R. ed. 2001. *The Polish-Lithuanian monarchy in European context, c. 1500-1795*, New York, Palgrave
Dybas, B., P. Hanczewski & T. Kempa, eds 2007. *Rzeczpospolita w XVI-XVIII wieku: Państwo czy wspólnota?*, Toruń, Wydawnictwo Naukowe Uniwersytetu Mikołaja Kopernika
Elliott, J. H. 1992. 'A Europe of composite monarchies', *Past and Present*, 137
Gustafsson, H. 1998. 'The conglomerate state: a perspective on state formation in eraly modern Europe', *Scandinavian Journal of History*, 23-3
Koenigsberger, H. G. 1978. 'Monarchies and parliaments in early modern Europe: *Dominium Regale* or *Dominium Politicum et Regale*', *Theory and Society*, 5-2
Snyder, T. 2003. *The reconstruction of nations: Poland, Ukraine, Lithuania, Belarus, 1569-1999*, Yale UP

小山　哲

第5章 ぜめし帝王・あんじ・源家康
1613年の日英交渉

　1500年の前後から，ヨーロッパ人は非ヨーロッパの異教世界と積極的に関係した。その関係とは，従来からあった戦いや商いにはとどまらない。大航海により進出した先のアジア・アメリカの要素を構造的に取り込み，そのことによって自らを変貌させるほどのものであった。以前からあった東西交流とは大きく異なる。そのヨーロッパの内部は中世のキリスト教共同体から，16世紀の宗教改革，国教会宣言，宗教戦争によって分裂し，その分裂状態はアウクスブルクの和議，三十年戦争などによって世俗政治的にも裏打ちされた。すなわち大小の主権国家が並び立ち，合従連衡し，生き馬の目を抜く国際秩序が成立する。こうした諸国家システムへと転身したヨーロッパは，複数の信教の棲み分けを認め，同時に王朝的・商業的な利害をむきだしに，ヨーロッパ内でも地中海や大西洋やインド洋でも競い，戦い続けることになる。

　あらゆる意味で活性化した約300年間の「近世」(early modern)である。大航海，大交易，戦争と知識欲，そして啓蒙は，近世のヨーロッパにとって添え物でなく，本質的な意味をもった。なお近世300年といっても一様ではなく，長い16世紀，やや短い17世紀，長い18世紀と性格を変え，ヨーロッパと外の世界との関係においても，ヨーロッパ内の選手交替という点でも，転変した。日本近世の東西交渉史にもこの転変が反映したことは，いうまでもない。

　この章では，こうした事情を背景として，イギリスの東インド会社が1613年の日本にもたらした国王ジェイムズの親書と，これをめぐる交渉を扱う。長い16世紀の終盤にようやくイギリスと日本の直接の関係が始まったのだが，その際の微妙な交渉を，史料のあり方，文書の形式にも注目しながら考えよう。

アダムズと東インド会社の史料

　1600年，日本の暦で慶長5年3月，豊後(大分県)の海岸にオランダの商船

リーフデ号が漂着し，乗組員24名が救出された。厳罰を求める声もあったが，処遇を任された五大老の筆頭，徳川家康(1542〜1616)は，4月に大坂城で航海長ウィリアム・アダムズ(William Adams, 1564〜1620)を引見した。関ヶ原の決戦の直前のことである。1600年といえば，ロンドンでは「東インド会社」が設立され，エリザベス女王の特許がおりた年だが，アダムズの来日はそれとは関係なく，2年前にオランダ船団の一員としてロッテルダムから出立した後の長い航海の果てであった。ロッテルダム出航時に5隻からなっていた船団は，南アメリカ南端の難所マゼラン海峡を経由して，太平洋を渡りえたのはリーフデ号1隻だけであった。オランダとイギリスの関係は，1623年のアンボイナ事件まではとくに悪いわけではなかった。家康がこの紅毛人をいたく気に入って三浦按針という名を与え，按針は信任に応えて造船や東南アジア貿易にも活躍したことはよく知られている[ODNB]。

　近世のうちでも，15世紀末から17世紀初めまでを含めた百数十年間を「長い16世紀」と呼ぶ。その長い16世紀のグローバル化にあたってヨーロッパ人が日本に期待したのは，イエズス会など対抗宗教改革の担い手にとってはキリスト教の伝道であり，冒険商人たちにとっては銀や銅など鉱物資源であった。陶磁器も漆器も絹も，日本発の国際商品になるのはまだはるか先のことである[Shimada 2006]。近年に16世紀アジア経済の研究が盛んになるより前から，東西交流史はひとつの研究ジャンルをなしていた。帝国大学史学科の御雇い教師ルートヴィヒ・リースも，その弟子たちも，アダムズや東インド会社を研究した(95・104頁参照)。また固有の歴史学とは異なるが，英語学史というジャンルがあって，16〜17世紀にはじめて英語に接した日本人の英語受容をめぐる研究も確立している[川澄 1988]。

　イギリスの東インド会社，正しくは「東インド貿易に従事するロンドン商人の会社」であるが，その史料はどこにあるのか。1858年に東インド会社が解散した後，その文書は政府の「インド省」に移った。さらに1947年にラージからインド連邦とパキスタン・イスラーム共和国が分裂独立したのち，「インド省文書」(India Office Records)は英国博物館，そして英国図書館の一部門として分類，排架されている。英国図書館(British Library)とは，1753年創立の英国博物館(British Museum)から1973年に独立した図書館兼文書館で，国立文書館(TNA: PRO)とともにイギリスのもっとも重要な2つの公的史料館である[近藤 2010: 12-13, 312-313]。

東インド会社の史料の一番古い部分は会社の理事会の記録で，1600年の特許にいたる準備過程から，理事会の議事要録，東インドに遠征する船長が携行した国王親書の控えなどがしたためられたフォリオ版(高さ約38cm)の大きな台帳である。そのうち1619年以前の記録に限って，19世紀末に編纂され，長い序文とともに公刊された[Birdwood 1893]。この時代の史料編纂の特徴だが，活字で可能な限り原文の形状を再現しようとした有用な出版である。20世紀末には，これを補うようにほかの史料も合わせて，1623年以前の日英関係の文書に限って編纂した2巻本が刊行されている[Farrington 1991]。この2巻本は20世紀のリサーチを反映した註記が添えられて有益だが，しかし，原物と照合してみると転記法はあまり正確ではない場合がある。新旧2つの刊本は文書学的に一長一短で，どちらが決定版というのではなく，合わせて利用すべきものだろう。

　なおこれらとは別に，東インド会社の船団が実際に携行して持ち帰った(らしい)国王親書の原物は，ときに同一の宛名，酷似した内容で日付の違うもの，年月日が空欄のものが何通かある。近世の大航海にともなう危険に対応して複数用意されたのであろう。日本史の標準的な編纂刊本『大日本史料』には，日本側の各種史料とともに，一部は上記の刊本Birdwood 1893によりながら，英文史料が覆刻されている。また最近は，日本語史料を解するイギリス人による研究が続いているし[Massarella 1990]，日英交流400年を記念して多数の研究者による共著5巻本が，日・英でそれぞれ刊行された[細谷／ニッシュ 2000-03]。東インド会社を中心とした東西交流史のめざましい展示会も催されている[Jackson & Jaffer 2004]。

親書の宛名とアダムズの判断

　イギリス東インド会社の船クローヴ号がはじめて日本の平戸(ひらど)に到着し，松浦氏に歓迎されるのは，ようやく1613年6月(慶長18年5月)である。ポルトガル人が種子島に渡来してからすでに70年，アダムズの渡来から13年。支倉常長がメキシコ，スペイン，そしてローマへの旅(慶長遣欧使節)に出立する年である。イギリスは世界史における「最初のグローバル化」の遅参者であった。船長ジョン・セーリス(John Saris, 1579?～1643)は国王ジェイムズの親書を携えて，日本との修好・通商を開き，促進することを求めていた。按針アダムズは，セーリスと松浦氏の要請を受けて平戸に急行し，事情通として

セーリスに交渉のノウハウを伝えた［大日本史料 1908］。2人の関係は良好とは限らないが，個人的な関係にはここでは立ち入らない。この頃日本語と英語を理解し通訳できる者はアダムズのほかにいなかった。

アダムズとセーリスがまず鳩首(きゅうしゅ)して決めなければならないことが2点あった。第1に，セーリスが携行した親書の宛名は「日本の高位にして強力なる君主，エンペラ」(the High and Mightie Monarch, the Emperor of Japan)である。この「君主，エンペラ」とは，同格の複数の名詞を並列して言い換える英語の普通の用法である。これを誰とみなし，親書を奉じて交渉すべきなのか。1613年の時点で「高位にして強力なる君主，すなわちエンペラ」とは誰か。近代日本でemperorとは国家元首＝天皇だが，近世にはさほど単純ではない。エンペラとはそもそも古代ローマの最高司令官＝皇帝(imperator)に由来する英語で，16世紀にはヘンリ8世のいう「インパイア」(主権国家)の主権者にあたる。1600年から13年間の日本史を中枢に近いところで参加観察していた按針アダムズにとって，これが京都の内裏におわす帝(みかど)ではなく，江戸に開幕し，彼に造船を命じ，東南アジア貿易の御朱印状を与える征夷大将軍であることは自明だった［荒野 1995］。だが，付随して第2の問題がある。すでに1605年に家康は将軍職を秀忠に譲り，大御所として駿府(すんぷ)(静岡)にあり，威勢(せい)を保っていた。徳川幕府と交渉するとしても，どちらなのか。

以下の行論では歴史的な用語にこだわるが，それは近現代のことば，とくに日本語のなかばかりで考えていると，二重の歴史的誤謬(ごびゅう)に陥る可能性があるからである。というのは，emperor, imperator, king, monarchといった近世の英語(欧語)がもっていた意味の世界を見逃し，また同様に近世の日本語，王，帝，将軍などを，近現代の意味と用法で読み込んでしまいがちだからである。二重の時代錯誤(アナクロニズム)を自覚したい。近代の歴史学は，ほかのほとんどの学問と同様に19世紀後半から20世紀に確立したが，それは同時代の，すなわち国民国家・国民経済・国民文化といった問題意識が，そしてヴェルサイユ体制(およびコミンテルン)の発想が組み込まれた学問なのだ，ということはつねに意識していたい。20世紀の歴史学の蓄積はわたしたちの研究の大前提だが，そのバイアスを批判しながら継承したい。

結局，アダムズはセーリスに同道して平戸から船で駿府に参上した。セーリスは大御所家康と江戸の2代将軍秀忠に，この順で挨拶し交渉したのである。このことを伝える記録は，イギリス側にはセーリスが翌1614年に帰国し

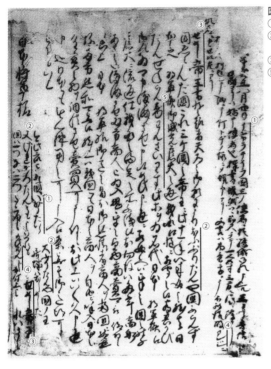

図1　異国日記　慶長18年8月4日
①インカラテイラ，いがらたいら
②おふぶりたんや，大ぶりたんや，げれほろたん
③ぜめし帝王　④アンジ，あんじ
⑤寿わんさいりす

て国王ジェイムズに奏上した『航海記』があり，日本側では禅僧，以心崇伝（いしんすうでん）（1569～1633）による「異国日記」が知られる。どちらも『大日本史料』に抜粋されているが，「異国日記」は京都国立博物館に寄託され，写真版が出版されているので，本章ではこれを異国版と略記して用いる［異国日記 1989；近藤 2002；2013］。これにはセーリスだけでなく，家康時代にアジア・ヨーロッパからの使者が駿府に登城した例があまた記されている。

慶長18年（癸丑）8月4日，駿府で大御所，家康が受け取った親書は，異国版（図1）の2行目に記録されたとおり，「蠟紙，ハバ二尺，タテ一尺五寸」，三方が装飾され「蠟印（シール）」が押された公文書である。日本側は獣皮紙（パーチメント）を「蠟紙」と了解している。これはその後，なぜか散佚（さんいつ）した。親書の「文言は南蛮字〔アルファベット〕にて読まれぬゆえ，アンジに仮名に書かせ候（そろ）」という和訳（を崇伝が転写した記録）がかろうじて残っているわけである。なお按針アダムズについて，異国版には漢字の表記はなく，「アンジ」あるいは「あんじ」，セーリスの航海記ではAngeと表記されている。「按針（じん）」ではもっぱら

図2　ジェイムズ治世第9年親書(ミネソタ大学蔵)　下線部に治世9年1月10日とあり、最後に王の署名がみえる。

航海士(パイロット)という面が強調されるが、むしろ、この頃「按詞(じ)」すなわち通詞・通事(通訳)という面で重用されていたことをうかがわせる表記である。

このときの親書は散佚したが、それとは別に、同じ頃国王ジェイムズが日本の君主に宛てた親書の原物および控えがいくつかあり、英国図書館に数葉、合衆国ミネソタ大学に1葉、確認されている。じつは1613年に家康が駿府で受け取りアダムズが読み訳した原本も、そのイギリス側控えも見つかっていないが、直前直後の類似した文書を照合することによって、親書の原文も形状もほぼ復元させ、それと対比させて「アンジに仮名に書かせ候」という和訳のもったメッセージ性を検討することができる。

そうした類似の親書のうち英国図書館の手稿部の版[以下ではAC版]は、東京帝国大学のリースが当時の英国博物館で閲覧し撮影したものが『大日本史料』第12編11(1908年)に所収されているので、容易に照合できる。三方に「唐草模様」の装飾を施した公文書で、これには後述するように(ジェイムズ王の治世12年)1614年4月11日という日付がある。また別に、ミネソタ大学が1956年にオークションで購入した類似の親書がファクシミリ版として、解説を付して刊行されている。こちらの日付は(ジェイムズ王の治世9年)1月10日である[以下ではM版](図2)。多くは400年の年月をへて銀や鉛の酸化により彩色が劣化しているが、ちなみに1609/10年3月20日付でジェイムズ国王がインドの「高位にして強力なる王」に宛てた親書は、不使用のまま美しい色彩をとどめて往時の華やかさを伝える[カラー写真が Jackson & Jaffer 2004:77 にある]。これは、日本宛ての親書AC版やM版と、形状も文体もよく似ている。

事を複雑にしているのは，暦の年月日表記の近世的な慣行で，すべての近世史研究者を悩ませる問題である。まず第1に，イギリスは1752年まで旧ユリウス暦をとり，すでに16世紀からグレゴリウス暦が採用されていた大陸諸国とのずれが生じた。第2に，暦年は正月元日ではなく3月25日に始まった。第3に，正規の年表記は国王の治世年であらわさねばならないが，その治世年は即位の月日から始まり，2年目以後もこれを繰り返す。あたかも臣民の忠良度を試すかのような法慣行であった［具体的には近藤 2014：74-79；Cheney 2000］。紛らわしいので，現代の研究者は，通例，年の始まりを旧ユリウス暦の1月1日と読み換えて混乱を凌ぐことにしている。ジェイムズの場合，イングランド王としての即位は1603年3月24日なので，彼の治世9年とは1611年3月24日〜翌12年3月23日のこと，治世12年とは1614年3月24日〜翌15年3月23日のことである。1月から3月までの紛らわしい期間はたとえば「1611/12年」などと記して誤解を防ぐ慣行が，時代がくだればくだるほど普及した。さらには第4に，これらと和暦との照合という問題も加わる。

発給者「ぜめし帝王」の称号

　家康の受け取った親書の発給者は James, by the Grace of Almightie God who created Heaven and Earth, Kinge of Great Britaine France and Ireland, Defendor of the Christian faith, &c … （ジェイムズ，全能の神，天地の創造主の加護により，グレートブリテン，フランス，アイルランドの王，キリスト教信仰の擁護者，等）である。これは，等（&c. ないし et cetera）にいたるまで，エリザベス女王（在位1558〜1603）以来の国王の正規の称号スタイルである［近藤 2002］。諸版による微細な相異はあっても，ほとんど筆写の勢いによる違いである。これを按針は，「ぜめし帝王書状の趣(おもむき)は，天道の御影により，おふぶりたんや国ふらんす国ゑらんだ国，これ三ヶ国の帝王に此の十一年以来成り申し候」と訳した(かなを補い読みくだすが，清音・濁音の表記はママとする)。

　なお親書の最後は，From our Royall Pallace at Westminster〔年月日〕in the〔 〕yeare of our Raigne of great Britaine, France and Ireland. その下に手書きで James Rex と署名されていたのだろう。これを按針は要約して，「大ぶりたんや国ノ王，居城ハおしめした，せめし帝王れいきし」と訳した。

　ここでマイナーな問題かもしれないが，どの先行研究も言及していない，

第5章　ぜめし帝王・あんじ・源家康

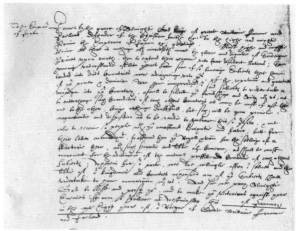

図3　東インド会社の台帳　ジェイムズ治世第8年親書の控え。下線部に年月が記され、署名はない。

　発給年（月日）とその位置の異動を指摘しておこう。AC版でもM版でも、また東インド会社の控え台帳（IOR/B/2）でも、発給者の称号を記す最初の2行半ほどには治世何年目といった記述はなく、本文の最後の行（署名捺印の直前）に治世何年目と書き添えたうえで、AC版では1614年4月11日、M版では西暦年なしで1月10日と明記されていた。M版の場合も治世9年目と添え書きされているので、曖昧さはない。ところが異国版では、署名捺印に相当する最後の箇所の近くに年月日は記されることなく、むしろ最初の発給者称号の直近に、「……三ヶ国の帝王に此の十一年以来成り申し候」と説明するような表現である。

　ちなみに、異国版の「帝王に此の十一年以来成り申し候」という記述を文字通りにとれば、これは治世第11年、すなわち1613年3月24日〜翌14年3月23日のあいだに発給された文書ということだろうか。しかし、クローヴ号がイングランドの港を出立したのは1611年（治世第9年）4月、ジャワのバンタムを出航したのは13年1月なので、それはありえない。むしろセーリスないしアダムズの判断で、発給日でなく、現在（慶長18年8月）はぜめし帝王の治世11年だという事実を確認したにすぎないのか。ちなみに東インド会社の台帳第2冊149丁（IOR/B/2/149）には To the Emperor of Japan という見出しの下に23行の記事があり、この日付は治世第8年1月〔空白日〕である（図3）。すなわち1610/11年1月の発給ということで、これならばクローヴ号でセーリスが携行した親書の控えという可能性がある。なお、AC版の発給日は

097

1614年4月11日だが，親書が家康の手に渡った後，8カ月をへたロンドンで，そのことを知らぬまま，東インド会社は同じような親書を再度制作し，王は署名していたわけである。

そもそも「異国日記」が21世紀のわたしたちの想定するように正確な逐語訳を意図したものではなく，読み手(家康，崇伝，居並ぶ役人たち)に得心がいくように説明したことの要録だったからだろうか。この頃は文書の発給日から大航海を経由して，日本人の手に届くまでに1～2年たっているのが普通だから，そのまま訳しても意味がない，むしろ受給日(癸丑8月4日)こそ記録するに値する，という判断だろうか。「異国日記」の前後の記述をみても，ポルトガル，メキシコ，オランダやアジア各地からの来信について，やはり発給の年月日は無視されている。ヨーロッパ人の文書感覚からすると，今日の電子メールにいたるまで，公私の文書を同定するには署名と発給の日付と場所は不可欠であり，日本側が無頓着であるかにみえてしまう。

「ぜめし」という表記について，現代人の違和感が表明されることがあるが，西日本，とくに九州や瀬戸内海域の老人の発音を知る人なら，これを自然に受け止めることができるだろう。彼らは「ぜねらる」も「全国」も「じぇ……」と聞こえるように発音している。「ぜ」は ze でなく dje の表音であり，James は「じぇめ S」と聞こえて，それを「ぜめし」と表記したのだろう。2度目は濁点が落ちて「せめし」となっている。Westminster の表記「おしめした」についても，近世以前の「お」音を考慮し，また最初の音節を強く発音すれば子音 t は聞こえないだろうと考えれば，むしろ17世紀的合理性をもつ処理といえる[日葡辞書 1980]。

ここで，16～17世紀の東アジア海域における国際共通語(リンガ・フランカ)は，ポルトガル語ないしその漢字表記だったことも再確認しておこう。ラテン語やオランダ語が影響して変形することもあっただろうが，日本側史料(たとえば図1，図4)に登場するインカラテイラ／いがらたいら／伊伽羅諦羅はポルトガル語の Inglaterra，英語の England のこと。大ぶりたんや／げれほろたんはポルトガル語の Grâ-Bretanha，英語の Great Britain のこと。フランズはポルトガル語の França，ゑらんだは Irlanda であった。John Saris(Sayris)が「寿(じゅ)わんさいりす」と表記されたのもポルトガル訛りだと了解しやすい(寿にわざわざ濁点を打っている)。どういった漢字が当てられるか，カタカナかひらがなか，濁点のあるなしなどは，書記の勢いとみるべきだろう。

複合君主制の Rex

　さて，その発給者「ぜめし帝王」は，スコットランド王としてジェイムズ6世(在位1567〜1625)である。母の廃位にともない，1歳で即位して理想的なプロテスタントの人文主義教育を受けた学者王であり，聖書の欽定訳にも名を残す[近藤 2013：108-111；小林 2014]。1603年3月24日にテューダ朝のエリザベス女王が子なくして没し，即日，ジェイムズはイングランド王位，同時にアイルランド王位を継承した(どちらもジェイムズ1世として)。ブリテン諸島の3つの王位をジェイムズという一人格が継承し，連結したのであるが(personal union)，3王国はそれぞれの議会と顧問会議(行政府)をもつ，歴史的で非均質な国家である。同君連合(regnal union)とは，政治的な合体を含意するとは限らない。むしろ多様で可塑性の連結が，近世ヨーロッパではいたるところにみられた。こうした政体を指して今日の研究者は「複合君主制」とか「礫岩のような国家」と呼んでいる。近世のスペインもフランスもドイツもポーランドも，こうした複合体で構成されていた。イギリスも例外ではない(本書の第4章，第6章を参照)。

　学者王としての矜恃を十二分にもつジェイムズ6世／1世は，居城をエディンバラからロンドンの西郊ウェストミンスタに移し，「複合君主」「礫岩国王」として，カール5世やフェリペ2世に負けない普遍君主であろうとした。その意図は彼の著作にもあらわだが[小林 2014]，また公式の称号スタイルを従来の様式に従って(A)「イングランド，フランス，スコットランド，アイルランドの王……」とするのでなく，(B)「グレートブリテン，フランス，アイルランドの王……」に変えたいという1604年の発議にも明らかである。すなわち新国王は，イングランド王国とスコットランド王国の独立性をそのまま維持した同君連合の称号(A)でなく，新規のグレートブリテン王国としての合体，古代のローマ皇帝も中世のウィリアム征服王も16世紀のヘンリ8世もはたさなかった，グレートブリテン島の政治的統一という野望を表する称号(B)を，彼の最初のウェストミンスタ議会に発議した。しかし，ほとんどイングランド人の占める議会はこれによりイングランドという王国名が消えることに反対したので，ジェイムズ国王は国内の公文書では称号(A)を用い続けるほかない。しかし，国王特権に属する外交や東インド会社の文書では称号(B)を用いたので，ここで問題にしている親書は，どの版も称号(B)によっているのである。

ちなみに，正規の称号でフランス王位を併記するのは，中世の百年戦争の戦後処理ができていないからで，それ以上の実質はない。とはいえ，この法的ナンセンスを撤廃するにはナポレオン戦争という国家的危機とピット首相の英断(1800年)が必要であった。アイルランドの王位はイングランド王に付随するものという位置づけで，アイルランド王国とその議会は1782年までイングランド王国に従属するとされていた〔近藤 2002:33, 155-161〕。

　ジェイムズ王の親書における称号スタイルのうち「信仰の擁護者，等」というエリザベス女王以来の微妙で大事な部分は，異国版では省かれている。発給者の意図としては，異教世界に向かって発信するのだからただの「信仰の擁護者」でなく，念を入れてキリスト教信仰と明記したのだし，また近世ヨーロッパの諸国家システムにおいて「，等」という絶妙な表現に込められた意味は重大だったのだが。なお，朝貢体制の東アジアで帝か王かは決定的な差異だが，日本の権力中枢メンバーの凝視するただなかで按針は，親書に英語 King と併記され，ジェイムズの署名に添えられたラテン語 R／Rex をしっかり「れいきし」と音読すべきと判断したのだろう。「超訳」ではなく，むしろ内実を日本側に伝えるべく誠意をもって敢闘した意訳といえる。ただし，冊封された「王」ではなく，主権国家インカラテイラないし大ぶりたんやの君主という理解を込めて「帝王」という訳語を選択したのだろうか。そこまでの確証はない。

修好通商を求めて

　8月4日にセーリスから家康に呈された親書の内実は，イギリス王が日英両国のあいだの修好通商を求めた公文書である。異国版(図1)の最初の3行半におよぶト書きによれば，「王より音信〔欠損〕この国よりは始めて使者也」とあるとおり，「インカラテイラ国王の使者」が来訪し，書を捧げたのは最初とされる。イギリス側の認識は違っていた。AC版，M版，控えの台帳をみても，挨拶の直後に，「すでに日本の君主，エンペラに何度か書状を遣わしたが，それが無事に貴殿まで届いたのか否か，はたして届いたのになんらかの理由で返信がないのか，返信の途上に事故があったのかも不明である」といった趣意の叙述がある。異国版の訳文はこの点を無視した。異国日記という史料は外交文書の逐語訳というより，交渉の場にいた大御所，崇伝，役人たちの理解したことを記録した要録という性格が強いのか。なにかやりと

りがあった場合も，その結論のみを記録したのかもしれない。

　異国版を読みくだすと，先述のとおり(96頁参照)，本文の最初の２行で発信者の正規の称号を意訳して，それに続けてつぎのようにいう(図1)。

　　……日本の将軍様御威光広大の通り，我国〔イギリス〕へたしかに相聞え候。その為かびたんぜねらん寿わんさいりす〔captain general John Saris〕これらを名代とし，日本将軍様へ御礼申すべき為，渡海させ申し候。かくの如く申す通りにまかり成り候えば，互いの国の様子広大に流通つかまつり，我国の満足の浅からざる所に候。向後においては毎年商船あまた渡海させ，双方商人入魂なされ互いの望む物商売仰せ付けらるべく候。その上，日本将軍様御意の旨，御懇情においては商人を当国に残り置き〔日本に居留させ〕，いよいよ両方懇和なさるべく候。しかる上は我国へも日本の商人を自由に呼入れ，日本の重宝の物を調法させ売買申し付けるべく候。この上においてはいく久しく申し〔欠損〕通し日本へも無心疎用し〔要望をとどこおりなく〕申し入るべく候条，成されその御意得るべく下され候，以上。

　　　　　　　　　　　　　　　　　大ぶりたんや国ノ王
　　　　　　　　　　　　　　　　　居城ハおしめした
　　　　　　　　　　　　　　　　　ぜめし帝王
　　　　　　　　　　　　　　　　　れいきし

日本将軍様
　＊原文にない句読点を補い，ニ，ヲ，ハ，者(ハ)，ノ，之，江(ヘ)などの助詞をかなで表記し，全体を読みくだし文とした。〔　〕は補充説明。

　これを，家康に取り入ろうとする按針アダムズによる卑屈な訳文とする解釈もあるが，そうだろうか。むしろAC版，M版，そして東インド会社の控え文書のいずれも，英語として一様に「外交的」で丁重な文体であることの反映と了解してよいだろう。近世の東アジア秩序への遅参者であるイギリス人は，アヘン戦争以降とは違い，礼節を知る日本や中国の権力者に対して丁重で商売優先の国民(a polite and commercial people)として振る舞った。まずは主権国家イギリスの熱意を表する文書である。

国はひとつ，名はふたつ？

　むしろ日本側で，按針も含めてただちには得心がゆかず，繰り返し確認し

たのは,「この衆〔の〕参らせ候国」はどこか,正しい国名は,という問題であった。ここには,一方でヨーロッパ諸国家システムにおける同君連合ないし複合君主制,礫岩のような国家のあり方をめぐるジェイムズ王,他方で東アジア国際秩序のなかの日本側,そして両者のあいだに立つアダムズ,という3者の認識と感覚の違いがあらわれている。

セーリスたちの国は,異国版(図1)のト書きの最初の行には「インカラテイラ国王の使者」とあった。5行目からの本文では「ぜめし帝王……おふぶりたんや国ふらんず国ゑらんだ国,これ三ヶ国の帝王」という称号スタイルが訳出され,本文の最後は「大ぶりたんや国ノ王……せめし帝王れいきし」と締められていた。しかも,これでは終わらず,余白に3行を用いて,日本側の備考が註記されている。いわく,

　　今この衆参らせ候国ハいがらたいら
　　又げれほろたんとも申し候。いづれも
　　国ハ一つ,なハ二つござ候。かくの如くあんじ書付け上げ申し候。

それだけではない。異国版にはさらに丁を改めて,この件につき,事後のやりとりがあったことが記録されている。写真(図4)の1行目から,

　　伊伽羅諦羅(イカラテイラ)へ御返書遣わさるべき旨〔家康より〕仰せ出だされ候。いから国,色々に名を申し候あいだ,書付け越し候えと,後庄三〔庄与三〕まで申し遣り候ところに,あんし方よりかきつけ来,国ハいからたいら又ハげれほろたんとも申し候。いつれも国ハ一つ,なハ二つ御さ候とかきつけ上るあいだ,当字に上の如く書き遣す。

セーリスの一行が江戸へ往復するあいだに,駿府では返書の作文が準備され,異国日記には続けて,4行目から「伊伽羅へ御書の下書,八月廿八日,御前へ御目にかけ,文体御気に入り,九月朔に清書する」とある。この返書はつぎのように始まる漢文の公文書で,最後に御朱印が捺(お)される。

　　日本国　源家康　復章
　　伊伽羅諦羅国主　麾下(きか)
　　遠労船使,初得札音,……

この8月28日の御朱印状について,またこれをめぐる歴史情勢について,5点を指摘しながら,この章をまとめよう。

第1に,発給者家康は,日本国の由緒ある家柄「源」と誇示されている。

図4　異国日記　慶長18年8月28日（部分）
①伊伽羅諦羅，いから，いからたいら
②げれほろたん　④あんし

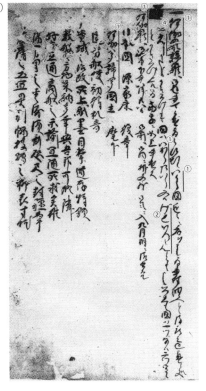

「日本国　源某」という表現は中近世日本の「外交文書で用いられる首長の外交称号」となる。室町将軍以来，外交特権はいささかの変遷をへて，徳川政権で「日本国　源某」が執行すると確定した。高橋公明によって15世紀（足利義持）から17世紀（徳川家光）までの外交文書における発給者の自称号の一覧表が，典拠とともに示されている［高橋 1992］。

第2に，宛名はイカラテイラ国主である。これには固有人名がないが，東アジア的慣行というべきかもしれない。また「国主」に対する尊称として用いられている「麾下」は将軍ないし武官への美称であって，主権国家の君主に対する呼称としては不足であろう。だが，17世紀の日本および東アジアは，ヨーロッパで確立途上の諸国家システムのプロトコルの埒外にあった。むしろ家康の意図としては，イカラテイラ国主である「いきりす人」の将軍，すなわち自分と同格の首長にあてて「御書」をしたためたのである。漢文の英訳にあたった按針アダムズが，宛名をイングランド国王陛下（the Kings Maiestie of England）としたことにより，諸国家システムの外交文書として十分に通用するものとなった。

第3に，別幅の「押金屛風　五双」を添えた，本文6カ条の御朱印状である。その内実は「萬商売方の儀」につき「諸役免許さるべき事」から始まり，「いきりす人の内，徒者これあるに於いては，罪の軽重により，いきりすの大将次第申付けるべき事」まで，すなわち自由貿易と治外法権（領事裁判権）を日本側から申し出るという特別の処遇である。これを受けてセーリスはただちに平戸に商館をおき，隊員のうちからコックス（Richard Cocks, 1566

〜1624)を商館長に任じた。アダムズ訳を持ち帰ったセーリスは，御朱印状と正確には対応しない7カ条の英文をジェイムズ国王に奏上している〔大日本史料 1908:465-467〕。このことは，すでに1900年の『史学雑誌』で村川堅固が記したとおり，「アダムズが家康の寵を得て，その斡旋の効」，また「セーリスが提出せし請願書の条項の精緻なりしに由る」と考えてよいだろう〔村川1900〕。アダムズも1613年12月に東インド会社に書状を書き送っている。

では，なぜイギリスの貿易はこののち，あまり繁盛することなく，結局は撤収するのか。家康およびアダムズのあいつぐ死もあるが，何より1620年代にはオランダが東南アジア貿易全般でほかのヨーロッパ諸国を圧して覇権を掌握したことに一番の理由があるだろう。

第4に，ジェイムズ親書の発給者称号は，按針アダムズの訳では「ぜめし帝王……天道の御影により，おふぶりたんや国ふらんず国ゑらんだ国，これ三ヶ国の帝王」とあり，正しく複合君主と表象されていた。ところが，これは（崇伝の下書による）家康の返書＝御朱印状の宛名では「伊伽羅諦羅国主」と単純化される。その文中に「いきりす」「いきりす人」という表記は計6回繰り返されるが，せっかく「国ハ一つ，なハ二つござ候」とアダムズが進言したことが「異国日記」に2度も記録されながら，日本側は同君連合／複合君主制／礫岩国家といった概念を受け入れなかったわけである。冊封ないし朝貢という華夷の秩序について，古代から近世まで長らく中国および近隣諸国と交渉し競い，敏感に自他を位置づけることに習熟していた日本の当局者である。同時代のヨーロッパの国際秩序，すなわち，法的に対等な諸国家が並列し，王家の血統と継承権，婚姻やあるいは貴族（等族）の選好次第で一人格が複数の政体の長となりうる，しかもそうしたことが常態としてありうる諸国家システムについては，容易に受容できなかったのだろう。

またこれは，両者のあいだに立つアダムズ個人にとっても，素直には受け入れがたい事態かもしれない。1598年（エリザベス女王の治世第40年）にロッテルダムを出立して以後，ヨーロッパに一度も帰らないイングランド人にとって，スコットランド的ないしウェールズ的な臭いの大ぶりたんや，げれほろたんといった国名は，違和感をともなうものだったろう。

第5に，ヨーロッパにおける礫岩のような政体の共存は，いうまでもなく，そのまま平和の維持を意味したのではない。国際的にはやがてグロティウスの『戦争と平和の法』（1625年刊）に明確にされるルールによって戦い，交際

したのである。1613年から10年間のイギリス・オランダ関係は微妙で，オランダ国主（総督）と家康の交渉はひきもきらず，東南アジアとの域内貿易は盛んだった。共通の敵ポルトガルのマカオに対する蘭・英の軍事協定，そして攻撃もあった。しかし，まもなく両国の関係は暗転し，アンボイナ事件，イギリス商館の閉鎖，翌24年，帰国途上のコックスの病死といった事態が続くことになる。

　また国内的には，礫岩のような政体は，よほどの器量の君主と統治システムが備わらなければ長くは機能しない。17世紀の「神の加護によりイングランド，フランス，スコットランド，アイルランドの王，信仰の擁護者，等」であった君主と彼を支えた政治社会は，もし信仰と統治の根本にかかわる紛争を処理できず，失着をかさねたならば，革命的な破綻に直面するかもしれなかった。ジェイムズの子，チャールズ1世(在位1625～49)とその議会が，そうした運命を歩むことになる。

　以上，ぜめし帝王から日本将軍様に宛てられた親書，そして源家康から伊伽羅諦羅国主に宛てられた返書を材料に，按針アダムズの仲介した1613年の日英交渉，また日本国の，そしてイギリス複合君主制の対他姿勢をみてきた。ひとつの事例ではあるが，ここに一国史だけではわからない，近世世界史の重要な諸問題が濃縮しているのを透視することができるであろう。

参考文献

荒野泰典 1995.「二人の皇帝――欧米人の見た天皇と将軍」田中健夫編『前近代の日本と東アジア』吉川弘文館
異国日記 1989.『影印本　異国日記――金地院崇伝外交文書集成』東京美術
川澄哲夫 1988.『資料　日本英学史』1-上，大修館書店
小林麻衣子 2014.『近世スコットランドの王権――ジェイムズ6世と「君主の鑑」』ミネルヴァ書房
近藤和彦編 2002.『長い18世紀のイギリス――その政治社会』山川出版社
近藤和彦編 2010.『イギリス史研究入門』山川出版社
近藤和彦 2013.『イギリス史10講』岩波書店
近藤和彦 2014.『民のモラル――ホーガースと18世紀イギリス』筑摩書房
『対外関係史辞典』2009. 吉川弘文館
『対外関係史総合年表』1999. 吉川弘文館
大日本史料 1908. 史料編纂掛『大日本史料』12編ノ11，東京帝国大学

高橋公明 1992.「外交称号,日本国源某」『名古屋大学文学部研究論集(史学)』38
日葡辞書 1980.『邦訳日葡辞書』岩波書店
細谷千博／イアン・ニッシュ監修 2000-03.『日英交流史 1600-2000』全5巻,東京大学出版会
The history of Anglo-Japanese relations 1600-2000, 5 vols, London, Palgrave Macmillan
村川堅固 1900.「セーリスの家康に呈せし請願書に就いて」『史学雑誌』11-4
Birdwood, George, ed. 1893. *The register of letters &c. of the governour and company of merchants of London trading into the East Indies, 1600-1619*, London, Quaritch
British Library, IOR/B/2/149
Cheney, C. R., ed. 2000. *A handbook of dates for students of British history*, Cambridge UP
Farrington, Anthony, ed. 1991. *The English factory in Japan, 1613-1623*, 2 vols, London, BL
Jackson, Anna & Amin Jaffer, eds 2004. *Encounters: the meeting of Asia and Europe 1500-1800*, London, V&A
Massarella, Derek 1990. *A world elsewhere: Europe's encounter with Japan in the 16th and 17th century*, Yale UP
M版.［anon.,］*A royal request for trade: a letter of king James I to the emperor of Japan*, St. Paul, n.d.
Oxford dictionary of national biography（ODNB オンライン版）
Shimada, Ryuto 2006. *The Intra-Asian trade in Japanese copper by the Dutch East India Company during the eighteenth century*, Leiden, Brill

近藤和彦

 第6章 「考えられぬこと」が起きたとき
ステュアート朝三王国とイギリス革命

　1649年のできごとを何と呼ぶか。これはイギリス史の大問題である。高校世界史で長らく使われてきた「ピューリタン革命」は，英語圏で使われなくなって久しい。この間に「大反乱」「イングランド内戦」「イングランド革命」「宗教戦争」など，さまざまな名称が提案され，かつてのアメリカ・フランス・ロシアに先駆けた最初の「市民革命」という位置づけは説得力を失った。

　1970年代以来の修正論の動きは，従来の政治史中心の「大きな物語」を崩壊させた一方で，地域の実態に迫ろうとする実証主義的な社会史や，言語論的な転回を推進した文化史，さらにはポスト修正論と呼応して，近世史の新たな地平を開いてきた。その成果は，ひとりの君主を戴いたイングランド・スコットランド・アイルランドのあいだで戦われた，三王国戦争としてのイギリス革命という新たな大きな物語に結実しつつある。本章はこうした研究史の展開を背景に，17世紀の変化と連続の問題を考える。

チャールズ1世処刑と礫岩王国

　1649年1月31日，イングランド国王チャールズ1世は，内戦を引き起こした「専制者，反逆者，殺人者，イングランドの良き人民の敵」として大逆罪のかどで斬首され，イングランドは王制と貴族制を廃止して共和国を宣言した。これは直前まで誰も考えることもできなかった，意図せざる結果である。国王の死刑判決は，議会が設立した臨時法廷によってわずか7日の審議ののちにくだされた。死刑執行令状にはオリヴァ・クロムウェルをはじめ59名が署名したが，これは1640年以来，形式的に継続していた長期議会（507議席）の総意とはとうていいえない。裁判に先立つ1648年12月に，軍部と独立派議員の指導下で大多数の長老派議員が議会から追放されていた。「残部（ランプ）」議会による国王処刑の強行は，内戦中に頭角をあらわした独立派および軍部と，内戦当初に議会派の相当数を占めた長老派の関係悪化を決定的にした。

さらに問題を複雑にしたのは，処刑されたチャールズ１世がイングランド王であると同時にスコットランド王であり，またアイルランド王であったことである。そもそも17世紀半ばの内戦はイングランドにとどまらず，ステュアート王家が統治するイギリス諸島の３つの王国の関係性のなかで発生し，展開した，ひとつの，あるいは連動するいくつかの三王国戦争(the War〈s〉of the Three Kingdoms)であった。ひとりの王が複数の王国を統治する礫岩的な政体は，王国が王家の家政としての性格を強くもち，王家の政略結婚が常であった近世ヨーロッパにおいて珍しくない。もっとも，チャールズ１世の父ジェイムズが1567年に１歳にしてスコットランド王に即位し，その35年後の1603年にテューダ朝最後の女王エリザベスからイングランド王位を継承したことは，生と死と結婚の交錯する「王朝のルーレット」の妙である[モリル 2004b：83]。しかも，スコットランド王ジェイムズ６世がジェイムズ１世として継承したイングランド王位には，ヘンリ８世のいわゆる王国昇格法（1541年）以来，アイルランド王位が付随した。このような事情から，長兄の急逝で王太子に繰り上がったチャールズは，1625年に父ジェイムズ６世（１世）を継いで，イングランド・スコットランド・アイルランドを統べる３つの王冠を同時に戴いたのである。

　この結びつきを同君連合と呼ぶこともあるが，この連合はただちには統一的な支配を意味せず，従来の各王国の制度や法，慣習は原理的には保持されるはずであった。しかし，多くの礫岩政体においてそうであったように，実際には統一的な戦略とパッチワーク的な戦略が競合し，その相反する力をどう操縦するかに王国の命運がかかっていた。初期ステュアート朝の２人の君主がいだいた，「双子の王国」の統一をめざす「グレートブリテン」構想は，宗教も法も議会の位置づけも異なる三王国において，じつに致命的な軋轢を引き起こすことになる[デイヴィス 2006：685-690；指 2007：78-97〔小林麻衣子〕]。

三王国戦争

　少なくとも1637年に始まり51年まで継続した内戦の要因には，それぞれ異なる歴史と慣習，宗教と国制をもつ３地域をひとりの王が統治するという，三王国の統治構造があった。開戦への第１の契機は，1620年代以来のイングランドにおける議会と国王の対立である。チャールズ１世は1629年に議会を解散して親政に移行したが，大陸での三十年戦争（1618〜48年）と不況，凶作

や疫病がかさなって政局は混乱を極めた。とりわけイングランドの慣習に反した議会外課税と，エリザベス以来の中道路線を逸脱し，カトリックへの揺戻しと目されたアルミニウス主義的な宗教政策の推進が反感をかい，国内ではカトリックの王妃をもつ国王をめぐる「教皇主義(ポパリ)」疑惑と，側近を重用した「専制(ふっとう)」に対する不満が沸騰した。しかもヘンリ8世以来，イングランド国王は国教会の首長でもあった。王のやり方に不満をいだく者たちにとって，チャールズ1世による聖俗の「イノベーション」は，国王の一身のうちに魂と肉体(教会・国家)に対する圧政を象徴したのである。

　第2の契機は，より徹底した宗教改革を経験し，長老派教会を国教会とするスコットランドに，国王がイングランド内でさえ不評であった権威主義的な宗教政策を拡大したことである。1637年におけるイングランド国教会式祈禱書の強制的な導入は，全国的な「国民契約」に基づく反乱を招き，39年にはスコットランドとイングランド間の戦争(主教戦争)に発展した。契約派は，真の宗教，すなわち長老主義を侵害するいかなる変更にも抗すること，またその契約のもとでの国王への忠誠を神と誓約した。教会総会(ジェネラル・アセンブリ)と一院制の身分制議会(エステイツ)は国王大権を抑制しようとし，また，「教皇主義的な」主教制の廃止に踏み切った。スコットランド革命の始まりである。主教戦争に苦戦した国王は，最初はイングランド軍の戦費調達のために短期議会を，数カ月後には敗戦の賠償金の調達のために長期議会を召集せざるをえなくなった。スコットランド人は，対イングランド戦での300年ぶりの大勝利を天啓と受け止め，彼らの長老派教会がヨーロッパ内でもカルヴァンの理想をもっともよく具現しているとの自負を強めた。

　第3の契機は，ロンドンで長期議会が紛糾するさなかの1641年10月に，アイルランドで起こったカトリックの反乱である。中世以来イングランド王家が侵略を続け，ヘンリ8世が改めて「国王」であることを宣言したアイルランド王国は，国制的には議会があったものの，その立法権は長らくイングランド王冠に従属していた。また，宗教的には住民の大部分がカトリックであった。なかでももとからアイルランドに住むゲール系住民が多数を占めたが，一部ゲール化した中世以来の入植者(オールド・イングリッシュ)も含まれた。彼らと宗教改革以降に新たに入植したプロテスタントのイングランド系——および1603年以降はスコットランド系——入植者(ニュー・イングリッシュ)とのあいだには宗教的・民族的な断絶があり，王国にして植民地であるアイ

ルランドの統治をいっそう複雑にしていた。1641年のカトリック反乱は、イングランド＝スコットランドの不穏な情勢に勢いを得たアイルランド住民による、プロテスタント支配への抵抗運動であった。こののち反乱の指導者たちは、内戦時にカトリック・アイルランドの拠点となるキルケニーのカトリック同盟を結成することになる。彼らのモットーは、「神、国王および祖国のためにアイルランドは団結する」であった［オショクル 2012：123；山本 2002：132-152］。

アイルランドにおけるプロテスタント「大虐殺」の報が多分に誇張されて翌月ロンドンに到達すると、イングランド議会は鎮圧軍の派兵を決めた。しかし、国王とその側近への猜疑を深めていた議会は、慣例通り軍の指揮権を国王に委ねることを拒否し、ついに1642年、イングランド内戦の戦端が開かれた。当初劣勢にまわった議会派は、スコットランドの軍事力を期待して新たな同盟を構想する。「宗教の改革と防御、王の名誉と幸福、イングランド・スコットランド・アイルランド三王国の平和と安全のための、厳粛なる同盟と契約」と題した神との契約は、スコットランド式の長老派教会を真の教会体制として、三王国におけるその保全をめざす軍事同盟であった［岩井 2012：53-81〔那須敬〕、83-114〔富田理恵〕］。しかし、まもなく実際の戦局のなかで頭角をあらわすのは、体制教会よりも自律的な会衆による集会に強い関心をいだく、さらに急進的プロテスタントの独立派であった［今関ほか 2000：3-38〔大西晴樹〕：245-298〔今関恒夫〕］。その頃、人口が急増したため教区制度が追いつかぬロンドンでは諸セクトが隆盛していた。元国教会牧師にしてイングランド長老派の急先鋒トマス・エドワーズは『壊疽（ガングリーナ）』を出版し、さまざまなプロテスタント・セクトを一括して「異端」と糾弾した。何をもって真の宗教とし、正しい国制とするかは、ますます複雑になっていった［那須 2002：67-72］。

開戦当時から、イングランド・スコットランド・アイルランドは、それぞれ連動しつつも少しずつ焦点の違う利害をもっていた。イングランド人は「古来の国制」に基づく議会の権利とイングランド国教会の正しい改革方針をかけて、スコットランド人は長老派教会の維持をかけて、そしてアイルランド人はプロテスタント支配の継続か、あるいはカトリックの復権と自治をかけて、多数の中立派を巻き込みながら、王党派・議会派のどちらかに与して戦うことをよぎなくされた。しかし、そのうちの誰も、国王の処刑や王制廃止を求めてはいなかった。彼らがめざしたのは、主権のもとでの真の宗教

第6章　「考えられぬこと」が起きたとき

と正しい国制の保全であった。そして，宗教改革の展開のなかで，宗教的自由と政治的自由はかさなり合う。三王国の人びとは，揺れ動く戦局に応じてときには陣営を移りながら，それぞれに譲れぬ条件のために国王と有利に交渉しようとした。しかもこの三王国戦争は，アイルランド史家オーマイヤーによれば，王妃の祖国フランスと，フランスと敵対し，ネーデルラントと交戦中のスペインをも巻き込んで，五王国戦争となる局面もあった。国王は，これらの交渉を最大限に利用して戦況を攪乱した。

　1649年1月の国王処刑は，第2次内戦終結後に国王との交渉に失敗したイングランド軍部による独断専行であった。アイルランドはもちろんのこと，「厳粛なる同盟と契約」によって結ばれたスコットランドの了承さえ得てはいなかった。同年3月，イングランド議会はイングランドおよびアイルランドにおける王制の廃止を決定したが，スコットランドにはあえて言及しなかった。その間にスコットランドは，亡命中の遺児チャールズ2世の即位を条件付きで宣言し，王制の維持を決めた。しかも彼らは，神との「国民契約」と「厳粛なる同盟と契約」をあくまで遵守し，チャールズ2世を「グレート・ブリテン，フランスおよびアイルランドの王」と指名して，三王国での王位奪還と長老派教会の確立をめざしたのだった。アイルランドでは，カトリックと王党派残党の根強い抵抗が続いた［モリル 2004b: 63, 81；モリル 2012: 104-107］。

　考えられぬことが起きたとき，あらゆる選択肢が開かれる。1649年から11年間は，それまで現実的には考えられもしなかった，さまざまな国制上の実験がおこなわれた特別な時間である。この前後に三王国で展開した戦争と革命はひとつではない。イングランド，スコットランド，アイルランドのそれぞれが，あるいは複数が連結して，それぞれの戦いと革命を経験したのである。同時に，この期間の未完の実験の数々は，その後のイギリス諸島の複数のネーションのあり方と関係性を構想する基盤となっていく。その意味で，17世紀のイギリス諸島における激震は，革命史家ジョン・モリルに倣って「人びとの革命」(the Peoples' Revolution)あるいは「イギリス革命」(the British Revolution)と呼ぶにふさわしい。ここでの people は，複数形(peoples)で用いられていることに留意しよう。これは近代の国民国家の文脈における国民や，社会主義の文脈における人民ではない。People とは，17世紀に王国／臣民にかわることばとして用いられながら研鑽された，「イングランド人」「スコットランド人」「アイルランド人」という，地域への固有の帰属意識と

伝統意識を喚起あるいは創造し,「人びと」を新たなネーションへと階層縦断的に収斂(しゅうれん)させていく,近世史のキーワードである。「人びとの革命」は,「諸国民の革命」とも訳しえる。

　そして,この革命はまた,16世紀に始まり少なくとも18世紀まで続く長い宗教改革の時代に,ヨーロッパの北辺についに到達した真の宗教をかけた宗教戦争(the Wars of Religion)でもあった。17世紀は,持続する構造的問題と,革命的な変化が隣合せにある時代である。革命の世紀にイギリス諸島に生きた人びとは,どのようにこの激動の時代を受け止めたのだろうか。以下では,3つの史料を手がかりに,イングランドにとっての三王国戦争とイギリス革命という視点から,革命前後の連続と非連続の問題を考え直してみたい。なお,「イギリス」は,原則としてイングランド・スコットランド・アイルランドを含んだブリテン諸島(the British Isles)をあらわす語として用い,イングランド(England)とは区別する。

「君主のいない共和国」

　国王処刑を断行したイングランド議会の火急の課題は,新政権の正当化と秩序の回復であった。これを端的にあらわしているのが,第1の史料,1649年3月に北部管区の巡回法廷でおこなわれたフランシス・ソープ判事による「大陪審への説示」である(図1)。

　近世イングランドにおいては,州ごとに任命された治安判事団が主催する四季法廷や,中央から判事が派遣される巡回法廷が統治の拠点となっていた。法廷は主宰判事による「大陪審への説示」と呼ばれる演説で始まる。とくに年2回開催される巡回法廷において,「説示」は時の政府の意向を地方に伝える有効な手段でもあった。この頃には戦時下に中断されていた四季法廷や巡回法廷も復旧し始め,新たに任命された治安判事団の協力のもとで秩序の再建がはかられようとしていた。

　ソープの「説示」はその直後に演説のおこなわれたヨークで出版されており,四季法廷における類似の演説の手本となったことは想像に難くない。この「説示」の内容は,議会派による戦いと新政権の正当性を強調し,王党派残党の一掃を呼びかけ,また大逆罪から軽罪と,さまざまな職業に関する規則や道路修繕,居酒屋の規制にいたる法律実務を確認し,補強し,再定義するものであった。

第6章 「考えられぬこと」が起きたとき

「説示」は，法廷開会式のクライマックスに位置する。これから始まる法廷業務の委任状の読上げと役人点呼の後におこなわれ，演説者は「ただいま読み上げられた委任状のとおり」と話し始めるのが通例である。しかし，ソープの演説は冒頭から違った。演説は，委任状発給者が「イングランド王チャールズ」から「議会の権威に基づくイングランドの自由の管理者」へと変わったことの確認に始まる。法廷に集った地域の為政者と一般住民に国制の転換を印象づけた瞬間であろう。続く説示の前文は，新政権の正当性の擁護に終始する。ソープによれば，発給者の交替が「人びとの気分と精神にさまざまな影響を与えることに疑いはなく」，彼の演説は，議会が正式な宣言をだすのに先立って「いかなる根拠と理由によって，わが国において国王職が無用かつ危険だと議会が判断するのか，また，なぜもはや一人物の頭上に王冠を委託せず，乱用するやもしれぬ者にイングランドとイングランド人の自由の管理権を渡さぬのか」について人びとに助言を与えることを旨としていた。

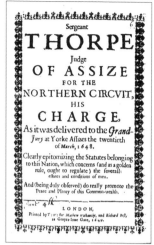

図1 『ソープ巡回判事による大陪審への説示』(ヨーク，1649年，英国図書館蔵)

議会の権威の正当性は，以下のように説明される。いわく，「人民の安全は自然法および国(ネーションズ)の法において至高である」。これに基づき地上の支配者が任命されるが，人民が改革(Reformation)を求めかつての選択を厭(いと)う理由を見つけたなら，「いかなる文書によってもひとつの統治形態に縛られてはおらぬゆえ，再び選び直し，以前とは異なる形態を選ぶことによって以前の選択においてこうむった悪弊を避ける」ことができる。つまり，王政から民主政への移行は統治形態の選択の問題であり，その「根源的かつあらゆる正しい権力は，(神のもとで)人民に存し……支配者や為政者は人民に対してその統治の過ちの責任を負う」。そして，その人民とは私的な個人ではなく，「合法的に召集された人民の代表からなる政治機構」，すなわち議会にある。ここで展開される，議会代表による人民主権の理論は，1647年の人民協定や48年のレヴェラーズによる嘆願書，同年の軍部による大抗議文，そして国王裁判の直前に出された49年1月の決議文をへて醸成されたものである。そし

て国王処刑後に，3月のイングランドおよびアイルランドにおける王制廃止宣言や，このヨークでの巡回法廷ののち，5月のイングランド共和国宣言へと引き継がれ，新国制を定めていくことになる。

　ソープが後段で言及する国王の2つの身体論もまた，1642年の開戦時に国王に対する挙兵を正当化する議論として議会派が用いたものであった。ソープによれば，人びとは先の内戦中，「国王の政治的身体と自然の身体の区別」を理解せず，国王のための戦いを装って，じつは国王に反して戦っていた。なぜなら「個人として彼〔チャールズ1世〕が議会を捨てたとき，彼は国王と王権を置き去りにした。彼は国王の役職とその権力から去っていたのである」。さらにソープはたたみかける。王党派はそれゆえ大逆罪を犯したが，慈悲深い議会は，「彼らがついに過ちに気づき非行を悔いることを期待して……減刑し，少額の罰金により彼らの罪を見逃してきた……」。

　この議論は「説示」の本文にあたる法解説部の冒頭で，大逆罪の項目に関連して展開される。新政権で大逆罪は，「国(ネーション)の至上の権威に対して戦争をしかけること。また，その敵を支持すること」と再定義される。従来の「国王」部分の「国」への読替えは，「国王」という語が，しばしば「人民の公的利益」をあらわしてきたことにより順当とされた。そもそも国王は，「人民のために」委任された公職であったという。国家は，いまや国王とは分離した存在として立ちあらわれ始めていた。同時に，イングランドにおける真の宗教をめぐる宗教戦争は，1640年代の体制教会を必要としない急進的諸セクトの台頭をへて，神のもとでの人民の自由という政治的急進主義へと進路を定めつつあった。多くの研究者が指摘するように，1649年の「革命的」な事象は，一貫した思想に基づき計画されたのではなく，内戦開始以来，ときどきの必要に迫られた対応としてかたちをなしていった。ソープの「説示」は，誕生した事実上の「革命的」政権に対して地域住民の理解と協力をかちとる重要な契機であった。同年4月，議会はソープが巡回中になした「偉大な功労」への感謝を表明した。

もうひとつの共和国

　ソープは中央のスポークスマンであると同時に，法廷開催地であるヨークシャ生まれの独立派でもあった。彼は父に倣ってグレイズ・インの法曹として活躍し，のちにヨークシャのハル市の裁判官となった。1630年代にはチャ

第6章 「考えられぬこと」が起きたとき

ールズの寵臣ウェントワース(ストラフォード伯)と激しく衝突したことも知られている。内戦開始以降はほとんどをロンドンで過ごし，法律顧問として独立派の中核にあった。1649年の国王裁判こそ指名されたが関与を避けたものの，政府の信頼厚いランプ議会の一員でもある。彼は，彼の職務上の責務とピューリタン的情熱をないまぜにして，聴衆に力強く呼びかけた。彼にとってヨークシャは内戦が始まった地であり，いまだ残党の交戦が続く王党派の最後の砦であった。これは「わが州に対する，神の正しい懲罰である」。彼は繰り返しいう。彼によれば，1642年夏にヨークの巡回法廷が最初に認めた8万6000ポンドの課税が前例となって他州に広がり，結果的に王党軍のために用いられ，さらにその後同州で召集された軍隊は，本来の目的である州の平和維持ではなくノッティンガムの王党派陣営に送られて，同年10月のエッジヒルの戦いに従軍した。そして，いまだその王党派残党は州内のポンテフラクト城に籠城し，チャールズ2世の即位を宣言して抵抗を続けているのである。

　演説が直接的に呼びかけた大陪審とは，法廷開催ごとに地域住民から召喚される陪審の一種である。大陪審は通常17〜21名からなり，起訴の段階で訴状審査をおこなった。彼らが起訴に足ると認めた訴状のみが，有罪・無罪を決する12名の小陪審による審理に進む。さらに巡回判事(四季法廷では治安判事)が有罪者の量刑をおこない，判決をくだすとともに全体を監督する仕組みである。巡回法廷を主宰するのは中央の法曹であったが，四季法廷においては統轄する治安判事でさえも正式に法学の教育を受けているとは限らない。近世を通じて日常的な秩序維持はこうしたアマチュアの地域住民の協力にかかっていた。「説示」は，彼らへの法実務の教授の役割もはたしていた。とりわけ内戦中に断絶し，人員が相当に入れ替わった1649年に，ソープの説示が実務的な法解説部分も含めて出版された目的は明らかである。

　法廷の第一段階である起訴の鍵を握る大陪審は，その意味で「州の法的良心」と呼ばれたが，さらに発展して州の代表，「州の声」としてしばしば機能した。ソープが上述の課税を引合いに出したのは，課税がまさに同法廷に召喚された当時の大陪審の名のもとに認められたからである。また，大陪審は州内の各地から集められ，日常的な不満や問題に通暁しているとされたため，持ち込まれた訴状とは別に，独自に告発をおこなう権限も有していた。たとえば17世紀において，四季法廷での日曜礼拝の欠席者(国教忌避者)の告

発は大陪審の年中行事となっていた［後藤 2012: 1-36］。さらに，1640年代の混乱期にはこれらの権限が伸張し，機能不全に陥った治安判事層を補塡して，大陪審が日常的な問題解決に重きをもつ地域もあらわれた。ついには治安判事の行政を批判するほどに力をつけた例もあった。

　大陪審は，ヨークシャのような大規模な巡回法廷では治安判事層から選ばれたが，治安判事層が統轄をはたす，より日常的な四季法廷では，治安判事より下層の「中流の人びと（ミドリング・ソート）」から多く任命された［バリー／ブルックス 1998］。人選は治安判事の選定を参考にシェリフがおこない，何度も再任される熟練の陪審員と初心者の混成で構成された。近世を通じて地域の秩序維持は，こうした一般住民の自発的な協力と自治の伝統のうえに成り立っていた。より広く，法廷内外の行政役職への住民参加を加味すれば，成人男性の2人にひとりが，10年に1度は広い意味での「国家」行政にかかわったというマーク・ゴールディによる推定もある。この仕組みは，ヘンリ8世の宗教改革以降，国教会の約9700の教区が行政の最末端に組み入れられたことで，聖俗両域を連動して統治するシステムとして整えられた。共和政期に既存の権威構造が崩壊するなかで地域の秩序を支えたのは，このもうひとつの共和国——宗教史家パトリック・コリンソンのいう，村レベルの共和国 (village republics) の自治の伝統である。じつは国王が地域の反乱を引き起こした主因のひとつも，前例のない課税と違反者の処罰の過程でこの自治の伝統を無視したことにあった。新政権下で大陪審は，「イングランド・スコットランド・アイルランド共和国の護国卿殿下と，〇〇州の全体のために」起訴や告発をおこなうことになる。彼らの納得は必須であった。逆に，こうした日常業務への参加は，新しい権威のもとに出現した「国家」をともに想像し，創造する契機でもあった。

オリヴァ王？——クロムウェル戴冠論

　しかし，ソープが力説した議会代表による人民主権は，（選挙権が少数の有産者に限られていたことを横においても）現状から大きく乖離（かいり）していた。プライド大佐が指揮した長老派議員の追放以来，ランプ（残部）となった長期議会には60名ほどの独立派議員が残るのみであった。さらにイングランド外では，カトリックのアイルランドと，チャールズ2世を擁したスコットランドが，三王国の王位奪還の準備を進めつつあった。「イングランド人の自由」を守

る革命防衛戦は，まずアイルランドの制圧から着手された。これは，アイルランドの征服地を接収して，議会派兵士への未払いの給与問題を解決する目論見でもあった。クロムウェル軍が1649年におこなったドロエダおよびウェクスフォードにおける「大虐殺」は，今日でも戦時犯罪か否かがセンセーショナルに取沙汰される，アイルランド問題の根源のひとつである。葛藤するクロムウェル自身の弁明によれば，この軍事行動は1641年のカトリック反乱でのプロテスタント「大虐殺」に対する「神の公正な裁き」であり，これ以上の無用な流血を防ぐ戦略であった。こののち，アイルランド征服は大きな抵抗なく進み，翌年にはクロムウェルは副官に事後を託して，つぎなる課題——スコットランド戦の準備へと向かう。一方，チャールズ2世は，1650年にスコットランドに上陸した。ダンバーの戦いで敗北を喫するものの，翌年には，長老主義の保全を約して正式に戴冠し，各地で王党派残党を吸収しつつスコットランド軍を率いて南下した。議会軍はこれを周到に迎え討ち，ウースタで国王軍を壊滅させ，三王国戦争の主要な戦いはついに終結した。1649年に軍部の第3位であったクロムウェルは，このとき並ぶ者のない総司令官となっていた。他方で，チャールズ2世は再びフランスに亡命し，伯父ルイ14世のもとで亡命宮廷を構え，革命政権の隙を狙った。

　アイルランドとスコットランドを手中に収めたクロムウェルと軍部は，1653年にはイングランドの長期議会をも武力によって解散させ，さらに新たな国制を考案し始める。同年末に初代の「イングランド・スコットランド・アイルランド共和国護国卿」に就任したクロムウェルは，イギリス初の成文憲法である統治章典を受諾して，新議会を召集した。統治章典は伝統的な議席の配分を変更し，議席総数を460に減らしたうえでイングランド375名，ウェールズ25名，スコットランド・アイルランド各30名と定めた。この構成からして，この国制が拡大したイングランド共和国であることは明白であるものの，イギリス諸島の4つのネーションの歴史上，画期的な創造であった。スコットランドとイングランド（およびアイルランド）の正式な合同にはさらに若干の時間を要し，1654年にようやく「イングランド・スコットランド・アイルランド共和国」が成立する。ここにイギリス史上どの国王もなしえなかった，ひとりの支配者，ひとつの議会が，護国卿クロムウェルのもとに誕生した。ただし，内戦当初実現するかにみえた長老主義による教会統一は放棄された。これらもまた，意図せざる結果である。

護国卿政権が「ひとりの支配者」による統治形態であったかどうかには，議論の余地もある。統治章典は，立法権と行政権を切り離し，護国卿と国務会議，議会の3者の均衡をはかることを意図しており，それぞれの役割は厳しく制限されていた。実際，これらの制限に議会の不満が高まると，クロムウェルは1655年に議会を解散し，軍政官による統治を導入する。その後，早々に財政が逼迫して1656年9月に再び議会が召集されると，議会は文民による立憲的な体制を取り戻すべく新憲法の制定を画策した。この段階になってにわかに表面化するのが，クロムウェル戴冠論である。提案には，クロムウェルへの王冠提供とともに，貴族院を彷彿とさせる別院 (the other house) の創設も示唆されていた。結局，戴冠論はクロムウェル自身の拒否にあって頓挫する。しかし，皮肉にもクロムウェルは，いまやホワイトホールとハンプトンコート宮殿に住み，国王を模した就任儀礼を執りおこない，王権とほとんど変わらぬ（あるいはそれ以上の）権力を行使する，王冠のないイギリス王であった。従来，これは反革命的な反動であると評価されてきたが，ひとりの支配者と議会をめぐる国制上の実験が継続しているとの見方もできる。つぎにみるように，君主ではないひとりの支配者のいる政体のもとで，ある意味で王冠を必要としない，さらに急進的な展開が準備されつつあった。

三王国から一共和国へ

　クロムウェル戴冠論者のひとり，オリヴァ・シンジョンは，共和国の存続にはなんらかの「君主的な権力」が必要であると考えていた。シンジョンは，リンカンズ・インで学んだベドフォード出身の法律家である。内戦前夜の主要な事件のほとんどにかかわったが，国王処刑には関与せず，議会と軍部のあいだの中間派ともいわれる。また，初期にスコットランド契約派との交渉にあたった関係で，1651年以降はスコットランド統治委員会の筆頭を務めていた。その彼が，王冠のない王のもとで三王国から一共和国への移行を安定させる方策として重視したとみられるのが，法の統一である。この構想は，第2の史料——シンジョンが1658年3月におこなった「大陪審への説示」が熱心に支持するものである。当時，彼は民訴裁判所の首席判事としてノーフォクの巡回法廷に派遣されていた。現存する手稿によれば，この「説示」のテーマは，スコットランドとの法の合同であった。シンジョンの主張は明快である。すなわち，「国家の合同は法の合同にかかっている。それ以外に合

同をなせるものはない」。彼の演説は，「第1の原則は……法はあらゆる者に対し，ひとつであることである」との一般論から始まる。詳細は別稿に譲るが，この主張は，ローマ時代から直近のジェイムズ6世（1世）の治世までの前例をたどることで，イギリス諸島の文脈にすえられた。彼いわく「イングランドとスコットランドは，ジェイムズ王の時代にひとりのもとに合同されたものの，彼は2つの名をもっていた。彼の治世に法の合同の努力がなされ，議会でそのための法案が練られたが，議論ののち取り除かれた。議会は，それぞれ固有の法がある国の合同は不可能だと判断したためである」。シンジョンはこうした議論を通じて，古来，征服や王冠による合同は不完全な合同に帰結しており，現在のイングランドとスコットランドの合同を長期的に維持し，真にひとつの政体となるには法の合同が不可欠である，との結論を導くのである。かつて両王国をつなぎ合わせた王冠も，教会統一を約した長老主義の理想も失われたこの局面で，礫岩国家をつなぎとめる最後の手段が，法の合同であった。

　法の統一は，じつはスコットランド征服完了から一部すでに実施されていた。法改革の画期は，1652年5月の「スコットランドにおける法実施委員会」の創設である。この委員会は，スコットランドの状況が許す範囲での漸次的同化を基本方針とし，スコットランドの最高司法機関であった枢密院と高等裁判所の権限を引き継いだ，イングランド人判事とスコットランド人判事からなる司法機関であった。同委員会は，さらに既存の下位法廷も段階的に廃止し，かわりにイングランド式の治安判事が主催する四季法廷を設置することを構想していた。

　法の合同は，シンジョンも明言するとおり，1603年に同君連合が成立したときにも是非が問われた。そのときの議論の焦点は，両国の法体系の相違あるいは類似性にあった。慣習法体系のイングランドと大陸法体系のスコットランドという，現在のわれわれの常識ともなっている両国の法体系の対比は，当時すでに確認できる。しかし，その峻別はそこまで自明なものではなく，むしろこの1世紀の一連の議論と実践を通じて，それぞれのネーションの特権や，固有の歴史，正当性という論点とリンクしながら明確化されていくともいえる。スコットランド法制史家ブライアン・レヴァックによれば，1707年の議会合同時に法の合同が現実的な選択肢から除外されたのは，まさにその結果であった。

シンジョンがこのタイミングで法の合同を推したのには理由がある。その
ひとつは、いよいよ平時に移行しつつある共和国における、法の運用への現
実的な対応である。革命政権下で統廃合された枢密院や議会は、立法府であ
ると同時に上告機関でもあった。その状況で、旧三王国の異なる法を画一的
に運営するという難問は、当然解決すべき課題であった。とくに国境地帯で
の秩序維持には、刑法の整備が急務である。そのうえ、火種は共和国の内側
にとどまらない。三王国戦争は、いまだ五王国戦争でもあった。国王処刑と
前後して大陸では三十年戦争が終結し、新たな国際秩序が築かれようとして
いた。そのなかで、カトリックの二大大国であるフランスとスペインが旧来
の敵対関係を乗り越えて同盟する懸念さえあった。護国卿政権にとっては、
王党派が根強く、フランスと再び結びかねないスコットランドとの合同強化
が、切迫した課題として浮上したのである。17世紀初頭の匿名(とくめい)の評者によれ
ば、スコットランドは「フランスのかつての懐刀(ふところがたな)」であった。ヨーロッパ
の長い宗教改革と、それと連動した、列強をなす礫岩諸国の覇権(はけん)争いが意味
したのは、三王国／共和国内の真の宗教と正しい国制の保全が諸島内で完結
せず、共通する利害をかかえたヨーロッパ諸勢力からの圧力に恒常的にさら
される事態である。

三王国の復古
　さまざまな国制上の実験は、クロムウェルの急逝(きゅうせい)で未完のまま終わる。護
国卿政権は数カ月のうちに瓦解し、諸派は一致してチャールズ２世を呼び戻
すことを選択した。1660年の王政復古は、一君、三王国、三議会、三教会体
制の復活を意味した。内戦開始後の国制上の改変と所有権の移動の大部分は
アイルランドを除いて無効とされ、内戦期の議会派には59名の「王殺し(レジサイド)」を
除いて大赦が出された。20年あまりの混乱に疲弊した各地では、迅速(じんそく)な平時
への復帰が求められ、地域住民の協力を得て一定の成功を収めた。たとえば
ヨークシャ州ノース・ライディングでは、新たに任命された治安判事団は新
顔がほとんどだったが、57名のうち内戦期からの再任者も11名おり、若干名
ながら内戦以前に治安判事を経験した王党派の復活もあった。われわれの第
３の史料は、そのなかでも指導的な地位にあったマシュー・ハットンによる
「大陪審への説示」である。
　ハットンはヨーク大主教の孫で、穏健な国教徒として育ち、1628年には治

安判事として活躍を始めていた。しかし，内戦中には王党派に与して拘束され，財産没収の憂き目にあった。王政復古直後に治安判事団に復帰し，1666年に亡くなるまでその任にある。1661年7月の時点でおそらく最古参であった63歳のハットンは，四季法廷で「大陪審への説示」の大任を務めることになる。彼が演説原稿を入念に準備していたことは，現存する3つの草稿からも明らかである。しかし，演説は全体に控え目なトーンでまとめられていた。内容は，秩序維持における治安判事および大陪審の重要性の強調と具体的な説明が3分の2ほどを占め，とくに本来は想定聴衆ではない治安判事に重点がおかれていた（このとき法廷に出廷していた治安判事7人のうち5人までが復古後に着任した新参者であった）。また，有機的な社会秩序と一般的な法の支配の意義を重んじる反面，不自然なほどに直前までの国政や地域の現況への言及を避けていた点が意味深長である。さらに興味をそそられるのは，途中原稿と思われる草稿にあった「世界中でわが国(Republique)ほどよい法をもつ国はない」の一文が，のちの稿ではひそかに「わが王国(Kingdom)ほど」に置き換えられていることである。この文脈での「リパブリック」には，国家という以上の意味はなかったはずだが，この時期までにこの語は共和政期を彷彿とさせることばとなっていたのかもしれない。

　ハットンの沈黙は，とりわけ同時期のチェシャ州の治安判事ピーター・レスターの饒舌さとの対比において鮮明である。やはり王党派であったレスターが1660～70年代におこなった一連の「説示」は，内戦期の混乱への憤りと，2度と革命への道を開かぬための具体的な訓戒に満ちていた。1660年1月におこなわれた演説は，大逆罪の項目のもとで以下のように熱弁をふるう。「イングランドで「人民の尊厳」(the Majesty of the People)，「議会の尊厳」(the Majesty of the Parliament)という称号を耳にしたことがある者は誰でも，手元のあらゆる書物と記録と歴史を熟読してみるがよい。「尊厳」とは，それへの服従を神の法によって定められた，国王のみに与えられる表現である。これの違犯は，神の法とわが王国法において忌まわしき犯罪である。……法の原則において，理性の規則において，経験の審理において，大逆罪は違犯者につねに致命的な破滅をもたらすことを知るべし」。イギリス諸島の人びとの革命の経験と記憶は，王政復古によっても白紙に返ることはなかった。さまざまな実験と対立が往々にしてもたらしたのは，差異に対し寛容な社会よりも，むしろ相違と対立により敏感な社会であった。

「復古危機」

　しかも，1660年に復古したのは王制だけではなかった。初期ステュアート朝下の三王国がもっていた構造的な問題も，そのまま継承されたのである。三王国戦争を引き起こした諸地域の不安定な均衡は，次期国王と目された王弟ジェイムズのカトリック改宗が明らかになると再び揺らぎ始める。当時のホウィグとトーリを政党の起源とする説には留保が必要だが，1678～81年の王位継承排除危機は，3度の総選挙と連動して，宗教と国制が交錯する二項対立のなかに再び人びとを囲い込んでいった。王党派のトーリは，議会を内戦期の諸セクトの熱狂と混乱，あるいはクロムウェルの軍事独裁になぞらえ，議会を拠点とするホウィグは，内戦前夜と同じ「反専制」と「反教皇主義」のスローガンを掲げた（図2・図3）。国王は議会を強制解散し，事態は内戦前夜を彷彿とさせた。近年，ジョナサン・スコット，マーク・ナイツ，ギャリー・デクレイらの注目する「復古危機」(Restoration Crisis)の表出である。議会外では，ジェイムズを擁護する国王によってホウィグの弾劾裁判が続き，その陪審を選出するロンドン市民を巻き込んで事態はいっそう紛糾した。裁判は公開で実施され，結果は即座に印刷所に持ち込まれた。内戦期の紙上戦の再来である。さらに，ホウィグは架空の教皇主義者陰謀事件の噂を流して大衆を扇動し，親ジェイムズ派の背後には教皇とフランスがいると印象づけようとした。そのなかのひとつが実態をともなわぬ「アイルランド陰謀事件」であったことは，三王国の復古危機を象徴している。これに合わせるように，1679年に『アイルランド反乱』と題する41年のプロテスタント大虐殺に関するパンフレットも再版された（図4）。一連の騒動のクライマックスに位置する，ホウィグ首領格の初代シャフツベリ伯の裁判において大陪審が不起訴（無罪放免）を決めたとき，ロンドンではかがり火がたかれ，記念硬貨が配られた。

　カトリックとプロテスタント，教皇主義者と信仰篤い者（ザ・ゴッドリ），正統と異端，王権と議会。17世紀を通じて議会，法廷，紙上，そして戦場を飛び交った二項対立的なラベルは，じつは両サイドに共有された，ひとつの枠組みをつくりあげていた。攻撃対象と時宜に従って，これらの価値と直接的な含意は変化する。しかし，二項対立的な参照軸の周りに諸要素が配置されるこの磁場は，繊細な差異をぬりつぶし，誰にでもわかりやすい選択肢を提供した。またそれは同時に，有事には人びとに選択を迫り，宗派化（党派化）を促すものでも

第6章 「考えられぬこと」が起きたとき

図2 「委員会，あるいは教皇主義者の変装」(ロンドン，1680年，英国博物館蔵) トーリによる風刺画。教皇が右上から内戦期の宗教的諸セクトを模した人びとの会議を見守る。小窓の下と座席の上には「契約」の文字が，足元には王の胸像がみえる。

図3 「教皇主義者の王位継承者の展望」(ロンドン，1681年，英国博物館蔵) ホウィグによる風刺画。中央でジェイムズ(半身は悪魔)と教皇(半身は国教会主教)が親密に向き合う。背後ではロンドンが炎上し，殉教者が火刑に。右端のイエズス会士になつく鼻の尾をもつ犬は，図2の作者H・ブルーム。この瓦版の作者S・コレッジは，ホウィグ弾劾裁判で死刑になった。

図4 『アイルランド反乱』(ロンドン，1679年，ハンティントン図書館蔵) 副題に「1641年10月23日にアイルランド王国から始まった大反乱の発端と展開」とある。初版は1646年。

あった。初期・後期ステュアート朝を通じて人びとを動員し，歴史の流れを規定したのは，この信仰と国制が交錯するポレミカルな構造であった。

　構造的な連続性はもうひとつある。17世紀半ばに「考えられぬこと」が起きたとき，ひっくり返った世界を支えたのは，教区共同体のレベルにまで張りめぐらされた草の根の自治の伝統であった。共和政権下の「君主のいない共和国」(kingless republic)は，「君主のいる共和国」(monarchical republic)と対である。従来，革命的事象として断絶して考えられてきた共和政期は，こうした意味で，前後の時代と一貫して考えるに資する問題である。そもそもキケロ以来，populusとは国政参加者を指し，ルネサンスと人文主義をへて「国　家(レスプブリカ)」が「人びと」のものであるとの言説はヨーロッパに広く拡大していた[中澤 2012:66-69]。この意味で，三王国戦争はまさに「人びとの革命(ピープルズ・レヴォルーション)」であった。

　さらに長期的にみれば，1504年にマーガレット・テューダがスコットランド王ジェイムズ4世に嫁したとき，すでに開始されていたのかもしれない「イギリス王位継承戦争」は，こののち少なくとも1745年のジャコバイトの乱の鎮圧まで持続する[モリル 2012:95]。しかし，1649年にパンドラの箱を開いて飛び出したものたちは，再びもとの箱に収まりきることはなかった。内戦からクロムウェル期のさまざまな国制的実験のなかで，人びとは新たな自由と古き秩序への渇望を内にかかえこむことになる。これは一定の「革新的」な影響力をもつ遺産であった。1688年11月，ジェイムズ2世の娘婿にしてヨーロッパの反フランス大同盟の盟主オラニエ公ウィレムが，大軍を率いてトーベイ沖にあらわれたとき，三王国の人びとは，王政復古後に持ち越されたステュアート朝三王国の構造的な問題を(アイルランドを除いては)別の方法で解決しようとしていたのである。

参考文献

今関恒夫ほか 2000.『近代ヨーロッパの探求 3　教会』ミネルヴァ書房
岩井淳 2010.『ピューリタン革命と複合国家』(世界史リブレット) 山川出版社
岩井淳編 2012.『複合国家イギリスの宗教と社会』ミネルヴァ書房
岩井淳・指昭博編 2007.『イギリス史の新潮流』彩流社
オショクル，ミホル(大澤麦訳) 2012.「17世紀中期アイルランドにおける戦争と平和」『思想』1063(「アイルランド問題」特集号)
後藤はる美 2012.「17世紀イングランド北部における法廷と地域秩序──国教忌避

者訴追をめぐって」『史学雑誌』121-10
近藤和彦 2004.「「イギリス革命」の変貌」『思想』964
近藤和彦 2013.『イギリス史10講』岩波新書
近藤和彦編 2010.『イギリス史研究入門』山川出版社
指昭博編 2007.『王はいかに受け入れられたか——政治文化のイギリス史』刀水書房
デイヴィス, ノーマン(別宮貞徳訳) 2006.『アイルズ——西の島の歴史』共同通信社
富田理恵 2008.「17世紀スコットランドにおける革命と政治社会」近藤和彦編『歴史的ヨーロッパの政治社会』山川出版社
中澤達哉 2012.「ハプスブルク家とハンガリー王冠」篠原琢・中澤達哉編『ハプスブルク帝国政治文化史——継承される正統性』
那須敬 2002.「病としての異端」石塚久郎・鈴木晃仁編『身体医文化論——感覚と欲望』慶應義塾大学出版会
バリー, J／C・ブルックス(山本正監訳) 1998.『ミドリング・ソート——中流層をとおしてみたイギリス近代』昭和堂
ポーコック, J・G・A(犬塚元監訳) 2013.『島々の発見——「新しいブリテン史」と政治思想』名古屋大学出版会
モリル, ジョン(富田理恵訳) 2004a.「17世紀革命の再考」『思想』964
モリル, ジョン(後藤はる美訳) 2004b.「ブリテンの複合君主制　1500〜1700」『思想』964
モリル, ジョン(後藤はる美訳) 2012.「17世紀——アイルランドの困難の時代」『思想』1063(「アイルランド問題」特集号)
山本正 2002.『「王国」と「植民地」——近世イギリス帝国のなかのアイルランド』思文閣出版
Braddick, Michael J., ed. 2015. *The Oxford handbook of the English Revolution*, Oxford UP [forthcoming]
Braddick, Michael J. & David L. Smith, eds 2011. *The experience of revolution in Stuart Britain and Ireland*, Cambridge UP
Prior, Charles W. A. & Glenn Burgess, eds 2011. *England's Wars of Religion, revisited*, Farnham, Ashgate
Tyacke, Nicholas, ed. 2007. *The English Revolution c.1590-1720: politics, religion and communities*, Manchester UP
Wormald, Jenny ed. 2008. *Short Oxford history of the British Isles: the seventeenth century*, Oxford UP〔西川杉子監訳(鶴島博和日本語版監修)『オックスフォードブリテン諸島の歴史　第7巻　17世紀』慶應義塾大学出版会, 近刊予定〕

後藤はる美

第7章 「女性」からみるフランス革命
政治・ジェンダー・家族

　つぎつぎに事件が起こり，まぎらわしい名前の議会や党派がいくつもでてきて覚えにくく受験生泣かせ——世界史を学ぶ際，フランス革命についてそんな印象をもったことはないだろうか。たしかにフランス革命は短いあいだに事態がめまぐるしく展開し，その過程をきちんと理解するのは難しい。だがそれはある意味，しかたがないことなのである。というのもフランス革命は，じつにさまざまなことがらにおいて，従来のあり方にとらわれない新たな可能性をあれこれ模索したからである。政治や社会の形態についてたくさんの意見がだされ，多くの試みが矢継ぎ早におこなわれた。そしてのちの世に大きな影響を与えた。

　なぜそうだったのだろうか。また実際どんなことがあったのだろうか。本章ではとりわけ，「女性」に着目してフランス革命を論じる。革命期には，女性に関してもかつて存在しなかったような新しい状況が生じた。また，女性の歴史をたどる際に必ず言及されることになる斬新な主張も登場した。だが，そうした主張はときに革命家たちによって抑圧される。啓蒙思想が育んだ新しい「科学」が，抑圧の根拠を提供したのである。しかし革命家たちの思惑をよそに，力強い女性像が革命のなかから立ちあらわれる。やがてフランス共和国のシンボルとなる女神の姿である。

　本章ではおもに，革命下における女性たちの活躍と，女性の権利や地位をめぐっておこなわれた議論，加えて，フランス共和国の女神誕生のいきさつを取り上げる。そしてそのような側面の紹介をとおして，フランス革命の特質を明らかにしてみよう。

フランスの刷新をめざして

　1790年11月，ひとりのイギリス人がフランス革命についてのコメントを出版した。西欧保守主義の始祖といわれるエドマンド・バークの『フランス革命についての省察』である。このときフランス革命はまだ初期の段階にあったが，1789年に生じたさまざまな事件は，ヨーロッパの人びとにとってすで

に十分衝撃的であった。著作のなかでバークは，イギリス17世紀の名誉革命とフランスでのできごとを比較し，両者がいかに異なっているかを論じている。彼によれば，名誉革命はイギリス古来の国政のあり方を守るためにおこなわれた。なぜならそれこそが，「我々の法と自由の唯一の保障」だからである。対してフランスは，「自分らが一度も文明社会へ編入された経験がないかのように振舞う道を進んで選び，すべてを新規蒔直しでおっ始めた」。「それは元手なしに商売を始めるに似た手口だった」[バーク 2000：上 61-69]。

　保守主義者のバークは，あきれ驚くといった調子でフランスのやり方を批判している。「事物の古い枠組は，それが古いというだけで破壊の充全な動機となる」。「彼らは……およそ永続性を生み出す事物はすべて悪であると考え……一切の既成のものを相手に，容赦なく戦闘を交える」というように[同 161]。バークに指摘されたとおり，フランス革命は実際，それまでの国家や社会のあり方を覆して，新たに一から建設しようとした大がかりな試みだった。「既成のもの」との断絶こそがフランス革命の際立った特徴である。

　とはいえフランスの場合も，革命の開始時点では「古来」が少しだけ顔をだす。というのも革命はそもそも，国庫の危機に直面した王権が，思い切った財政改革の必要を訴えたことに端を発するからである[河野 1989：36-39]。長らく免税などの特権を与えられてきた人びとはこの改革に抵抗し，全国三部会の開催を要求して，そこでの議論に結論を委ねたいと主張した。こうして，1614年に開かれて以来ずっと召集されないままであったフランス古来の身分制議会が復活する。けれども，その後事態は急速に変化した。そして，開会した全国三部会が2カ月後「憲法制定国民議会」に姿を変えたとき，「古来」は一挙に吹っ飛んでしまった。

　なぜフランスの状況はこのように進展したのであろうか。現在の革命史研究は，全国三部会召集のニュースが異常なまでの熱気と興奮を呼びさまし，かつてないような政治的盛上りをフランス全土にもたらしたことを明らかにしている。たとえばのちの革命家のひとりは，所用で出かけていたアメリカからニュースを聞いて急ぎ帰国した際，フランスを発った6カ月前と比べて，人びとの様子が「見分けがつかないほどに変わっていた」と記している[柴田 2012：166]。フランス中が全国三部会に向けて準備を始めたのであり，そのなかから前例のない革命的状況がつくりだされていった。とりわけ敏感に反応したのは，窮乏して先のみえないフランス王国で閉塞感を感じ，変化を待望

していた若者たちである。全国三部会が開催されたとき，ミラボー40歳，ラファイエット31歳，ロベスピエールもまもなく31歳になるところであった。フランスの刷新は，まだ青年といえる男性たちの手によっておこなわれることになる。

　憲法制定国民議会の成立後，国家の諸制度を新しくつくりだす作業が開始された。とはいえ革命家たちも，徒手空拳（としゅくうけん）でこの大仕事に乗り出したわけではない。彼らが頼りにしたのは18世紀の啓蒙思想である。名誉革命とフランス革命を隔てる1世紀のあいだに，伝統や慣習にとらわれることなく，人間の理性に照らして物事は本来どうあるべきかを考察するという新たな思考様式が展開していた。ジャン゠ジャック・ルソーの『人間不平等起源論』や『社会契約論』などが，革命家たちの教科書となった。彼らはまた王政を飛び越し，古典古代の政治思想からも学ぼうとしてローマ共和政時代のエピソードを好んで参照した。革命が断ち切ろうとした「既成のもの」とは，それゆえじつはそれまでの過去すべてというわけではなく，フランスの王政時代を意味する。「絶対王政」の名のもとで，特権をもつ身分や地域の存在が社会を分断していた王国のあり方に批判が向けられたのである。革命家たちは王政時代のフランスを「アンシャン・レジーム」(旧体制)と名づけた［二宮 2011 : 208］。そしてその一掃をはかるとともに，合理的で画一的な国家の仕組みをつくりだそうとした。

　1789年にはまた，ふだんは政治にかかわることもないようなおおぜいの下層の人びとが積極的に行動した。7月14日のバスティーユ襲撃や10月5日～6日のヴェルサイユ行進は，パリの民衆が，さらには民衆の女たちが起こしたものである。ともに革命を大きく前進させる結果をもたらしたが，これらの事件は「ほぼ同時代の江戸城に，江戸の町人の群れが乱入して，政治に介入するようなものだった」［柴田 2012 : 224］と聞けば，その迫力を実感できるのではないだろうか。下層の人びとが大挙して行動にで，政局を左右するのも未曾有の新しい現象であり，革命期にはその後もたびたび生じることになる。

過去を一掃する

　新しい憲法は1791年9月にできあがった。フランス全土がほぼ面積の等しい83の県に分けられ，行政，徴税，裁判などに均一な制度が導入された。王権の支えとなって特権を享受していたカトリック教会も改革の対象となり，

教会財産は国有化されて，聖職者の市民化がはかられた。そして国民主権の原理のもとに，新しいフランス王国が誕生した。フランス史上はじめての立憲王政が成立したのである［柴田 2007: 117-129］。

けれども，こうした変化を容認できない人びとがいた。国外逃亡をはかった国王一家の企ては失敗してしまったが（1791年6月のヴァレンヌ事件），亡命に成功した貴族たちは国外から不穏な動きを示し，王妃の実家オーストリアも介入の気配をみせる。1792年4月，ついに戦争が始まるが，備えのなかったフランスはたちまち危機に陥ってしまう。国を守るためには民衆の協力が不可欠となり，彼らの要求に応えるなかで革命はどんどん急進化していった。国民の信頼を失った国王は失墜し，立憲王政はあえなく潰えた。新たに召集された国民公会によって，1792年9月には共和政が樹立され，憲法を制定する作業がまた始められる［河野 1989: 294-298］。そしてこうした急進化の過程で，過去の一掃はより大規模に，徹底的に進められることとなった。

たとえば時間を一から始めるために，それまでのグレゴリウス暦にかわる新たな暦（共和暦あるいは革命暦）が導入された。第1年目は共和政誕生の1792年9月からである。ひと月を30日として一年を12の月に分けるが，各月には自然にちなんだ名前（霧，雪，花，ブドウなど）がつけられ（余りの5〜6日は「特別日」），10日に一度の休日が設けられた［河野 1989: 461-467］。この暦は1793年11月から10年ほどのあいだ，実際に使われたのである（ナポレオンによって廃止された）。また長らく王権と一体であったキリスト教そのものにも疑問が向けられ，これに変わる市民宗教があれこれ模索されている。パリのノートルダム（「われらの貴婦人」＝聖母を意味する）聖堂は，「理性の神殿」に変身した。また天上から人びとを見守るのも，「神」でなく「最高存在」になったりした。教会から聖人像や聖遺物が撤去されることもあった。

空間の刷新もはかられた。王政やカトリックを想起させるような地名は，山河や都市，街区や街路，広場にいたるまでみな変えられた。どの市町村でもそうした名前が多かったから，フランス中で大がかりな地名変更がおこなわれたことになる。新たな名前の候補には，「自由」や「平等」など革命期に好まれたことばのほか，革命の殉教者として称えられた同時代人や，ローマ時代の英雄たちが採用された。なかには簡単な変更もあった。たとえば今日世界遺産として名高いフランス西部のモン・サン・ミシェルは，もとは大天使ミカエルの名を冠した修道院だったが，ただのミカエル山（モン・ミシェ

ル)になり，牢獄として使われるようになった[竹中 2013:94-109]。

「過去の一掃」は，人びとの信仰から日常生活にいたるまで幅広くおよんだ。人名さえ変えられ，ルロワという姓の持ち主(普通名詞にすると「国王」の意味)はたとえば，いつのまにかラロワ(普通名詞では「法律」の意味)と名乗るようになっていた。また「友愛」を実現するかのように，「ムッシュー」「マダム」が「シトワイヤン」(市民)，「シトワイエンヌ」(女市民)に，「あなた」(ヴー)が「君」(チュ)に置き換えられた。トランプからはキングやクイーンが追放され，ルソーやヴォルテールなど啓蒙思想家の肖像や，革命を象徴する女神像などが絵札を飾るようになった。

こうした変更の大部分は革命のピークを過ぎると下火になっていき，ナポレオンの時代には大部分がもとに戻される。だが長く続いたものもある。度量衡(どとう)制度がそうだった。王政期のフランスで用いられていた重さや長さの単位は，複雑なうえ地域差もあったため，それらをすべて廃棄して，科学的知識に基づく新しい単位が決められたのである[河野 1989:443-449]。まずは，北極から赤道までの長さの1000万分の1が1メートルと規定された。地球の子午線の長さに関して最新のデータを得るため，実際に測量もおこなわれている。1メートルの1000倍が1キロメートル，10分の1が1デシメートル，100分の1が1センチメートル，1000分の1が1ミリメートルである。そして1立方デシメートルの水の容量が1リットル，1リットルの水の重さが1キログラムというように，当時としては斬新な十進法に基づき，体系的に単位が定められた。この制度は，合理性や利便性ゆえにその後世界中に広がることになるが，もとはといえばフランス革命の怒濤のようなエネルギーから生み出された，刷新の試みのひとつだったのである。

このようにフランス革命は，徹底した過去の一掃と刷新をめざして数え切れないほどの新しい経験を人びとにもたらした。それは強烈な思い出となって，とりわけパリ民衆の心に色濃く焼きついていった。そして血湧き肉躍る体験として語り継がれ，世代を超えて長く継承された。19世紀のフランスにおいて政変が何度も生じる理由のひとつがここにある。政治的危機が生じると，革命の鮮烈な記憶が蘇り，人びとを行動に駆り立てるのである。復古王政を終わらせた1830年の七月革命のときも，七月王政を終わらせた1848年の二月革命のときも，第二帝政崩壊に続く1871年のパリ・コミューン蜂起のときもそうだった。パリの民衆は「すべてを変えよう。また一から始めよう」

と考え，武器を手にして立ち上がったのである。

行動する女性たち

　フランス革命では女性たちも活躍した。たとえば有名なヴェルサイユ行進事件は，1789年10月5日の朝，食糧の不足に苛立ちを感じた民衆の女性たちが，パリ市庁舎前に集まったことから始まる。陳情に行こうと彼女たちはヴェルサイユに向けて行進を始めた。参加した群衆の数は6000〜7000人ともいわれる。その後を2万人の国民衛兵が追いかけた。一行はおりからの雨のなか，ずぶぬれになってヴェルサイユに到着し，議会と国王に対してパリへの食糧供給を訴えた。

　食糧不足の際，民衆の女性たちが立ち上がることは革命以前にもあった。それは台所を預かる女性ならばこその，せっぱ詰まった行動である。革命期の特徴はというと，食糧蜂起にも政治性が濃厚にあらわれる点である。たとえば10月5日，ヴェルサイユで一夜を過ごしたパリの民衆は，翌6日に宮殿警備兵たちと小競合いを起こしたのち，国王がパリにくるよう強く要求した。そして彼らは実際に国王一家を連行し，意気揚々と引き揚げてきたのである［柴田 2007：114-117］。国王はこれ以降ずっとパリにとどまることになり，国民議会もすぐにパリへ移転したから，今後革命はまさにパリを舞台に展開していく。女性たちの力が革命の場を大きく変えたのである。

　女性たちはその後も，かつては知らなかった新しい体験をかさねた。たとえば議会の傍聴がそうである。国民議会の時代には，着飾った貴族やブルジョワの女性たちが姿をあらわし，議論に静かに耳を傾け宝石を寄贈したりした。だが国民公会になると，民衆の女性たちが傍聴席に陣取り，編み物片手にときには激しいヤジを飛ばして議員たちを叱咤激励するようになる（図1）。街角に出てみればそこもまた刺激に溢れていた。あちこちにパンフレットや新聞を声高に読み上げる者がいたから，読み書きに不自由を覚える民衆の女性たちもさまざまな知識を仕入れ，近隣の人びとと情報を交換することができた。毎日のように繰り返されたそうしたことがみな，政治教育の格好の機会になった。女たちはときに集団で議会や当局に陳情や請願に行きもした。

　また彼女たちは，革命期につくられた各種の政治クラブに出席したり，傍聴に出かけたりすることもあった。それどころか女性だけのクラブもつくられた。その数は全国で60ほどにものぼったという。規模はさまざまだったが，

図1　トリコトゥーズ(1793年，パリ，カルナヴァレ博物館蔵)　編み物をしながら国民公会を傍聴する女たち。「金で雇われジャコバン派を支持しにくる」と揶揄されている。

実際に活動したのはどこでもたいてい数人から数十人程度である。活動の内容も，法令の朗読，献金，衣料品や軍事用品の収集や製作といった地味な仕事がほとんどだった。それでも女性たちが定期的に会合し，法律を知り，状況について語り合い，自分たちのクラブで何に取り組むか話し合うこと自体，かつては想像さえできなかった斬新な体験であった。

　もっと積極的に活動をおこなった女性たちもいる。たとえば1793年5月にパリでつくられた「革命共和主義女性協会」は，政治的意識の高い民衆の女性たちが集まったクラブである。その中心人物のひとりは，数百人の女性を代表し，女性の武器使用を認めてほしいと議会に請願しに行っている。彼女たちは「自然が私たちに与えた権利」，あるいは「人民の権利」として，女性も政治にかかわることができると主張した。また「権利の宣言は男女両性に共通」していると述べた女性たちもいた[天野 2005:15-16, 23]。

　けれども女性たちは革命下にあって，実際に政治的権利をもつこと，つまり選挙権を行使することはできなかった。国民主権を掲げたフランス革命であったが，女性には選挙権を与えなかった。選挙権は1791年憲法においては，一定額の納税をおこなう成人男性だけがもつことができた。革命が急進化した時期の1793年憲法においては，納税の規程が廃棄されて男子普通選挙制が実現した。それでも女性には選挙権は与えられなかった。

　そうしたなかで，女性の政治的権利を堂々と主張する者も登場した。この

点で有名なのは,「女性および女性市民の権利宣言」(以下「女性の権利宣言」と略記)を掲載した『女性の諸権利』という小冊子を1791年に発表したオランプ・ド・グージュという女性である。南フランスの生まれで,夫を早くに亡くした後は,自ら人生を切り開き,劇作家として活躍した。政治に関心が強く,黒人奴隷制の批判者としても知られている。

「女性の権利宣言」は,有名な「人権宣言」のパロディのかたちで書かれている。「人は自由かつ権利において平等である」という文章の主語が「オム(homme)＝人／男」である点を問題にし,そこを「ファム(femme)＝女性」と読み替えているのである。めざすところは,「すべての女性市民および男性市民は,法律の前に平等であるから,その能力にしたがって,かつ,その徳行と才能以外の差別なしに,等しく,すべての位階,地位,および公職に就くことができる」(第6条)ということである。「前文」にも「母親・娘・姉妹たち,国民の女性代表者たちは,国民議会の構成員となることを要求する」という一文が掲げられている。

グージュはしかしことばを替えて人権宣言のすべてをパロディにしたのではなく,独自の条文も創作している。たとえば,「女性は,処刑台にのぼる権利をもつ。同時に,女性は……演壇にのぼる権利をもたなければならない」(第10条)というのは,意表をつく強烈な言回しで男女の立場の不平等を指摘する。さらに,「すべての女性市民は……自由に自分が貴方の子の母親であると言うことができる」(第11条)というのは,表現の自由の表明にかさねて,ありがちな男性の性的身勝手を告発する一文でもあった。グージュは「誰がおまえに女性を虐げる絶対的権力を与えたのか。言ってみよ」(前書き)と男性に迫る一方で,「女性よ,目覚めよ」(後書き)とも訴えている[ブラン 2010：357, 417-422]。たんに男女の政治的平等を求めるだけにとどまらず,男性が女性を支配している社会の状況もふまえて女性の自覚を促しているのである。「女性の権利宣言」はこのように,女性の社会的解放をも視野に入れている点で,かつて前例のない画期的な主張であった。

女性と政治的権利

グージュは『女性の諸権利』の冒頭に,王妃マリ・アントワネットへの献上文を掲げている。「高貴な環境に育ったプリンセス」にして,諸外国の君主にも影響力を行使しうる「王妃」という地位にある女性だからこそ,女性

の権利宣言を実効あるものにできる——グージュはそう考えたのだった。この献辞は彼女が王妃に好意をもっていることを示していた。グージュはじつは革命の急進化には反対で，ジャコバン派と敵対し，そのためにやがて窮地に追い込まれることになる。がそれはさておき，王妃は力をもつことができるというのは，王政下においては事実であった。

　フランスの王政は，女性による王位の継承を認めていなかった。フランク王国時代に定められたという王国の基本法サリカ法典がそれを禁じており，フランスはサリカ法典にずっと忠実だったからである。イギリスや北欧やロシアなどで女性が王位に就くことがあったのとは異なり，フランスにはひとりの「女王」もでなかったのはそのためである。けれどもフランスにおいても，王妃であればそれなりの力をもつことが可能であった。まずは夫である国王に圧力をかけることができた。気の弱い夫を好きなように操っている，とマリ・アントワネットが中傷されたのは，それゆえにである。さらに王妃は，夫が死去したとき後継ぎとなるわが子（男子）が成人に達していなければ，自ら摂政となって政治の実権を握ることができた。たとえばルイ13世とルイ14世は，母后を摂政とする幼少期を実際に過ごしている。

　ところが立憲王政をめざした1791年憲法は，王妃や王女など女性を摂政から排除した。国王が18歳以下で即位する場合，摂政は近しい男性王族から指名され，適任者がいなければ選挙によりふさわしい男性を選出すると規定したのである。この法案が議会で審議された際，摂政を「性別にかかわりなく王族のみから」選ぶべきだとする意見が，最右派の議員からだされたことは興味深い。というのも旧体制を断固として支持する立場からすれば，性別よりも身分のほうが重要であったことを示しているからである。この点は，フランス西部で生じた大規模な反革命反乱に際しても確認することができる。なぜなら反革命派は，少なくとも当初は，作戦を決めるための委員会に貴族の女性たちの出席を認めることがあったからである。身分制や絶対王政を守ろうとする立場の人びとは，貴族であることを男女の差より重んじた。身分制を廃した革命のほうが，性による差にこだわったわけである。

　絶対王政や身分制はそもそも，本質的に女性を政治から排除することのできない政体であった。王家や王族においては，世継ぎの男子が生まれ育つかどうかが大問題であり，妃の出産能力がまずは問われる。王位が無事に継承されたとしても，その魅力で国王を虜にしてしまうような女性が政治に介入

することもあった。たとえばルイ15世の寵姫,ポンパドゥール夫人がそうである。絶対王政とはこのように,王国の中枢という肝心かなめの点に,きわめて偶然的で不安定な要素がしばしば女性の影をともない,出現する可能性を否定できない体制であった。革命はそうした不都合を取り除き,合理的で安定した統治機構を整えようとした。たとえば立憲王政では,国王の取巻きが政治を好き勝手に牛耳るような事態はもう生じない。憲法の枠が課される限り,国王の恣意に振り回されることの少ない国家運営をおこなうことができるからである。そしてそのように方向が定められるなかで,宮廷の女性たちは権力の座から遠ざけられた。

　政治から退けられたのは宮廷の女性たちだけではなかった。先にみたように,革命が掲げた国民主権の原理のもとで,女性にはいっさい選挙権が与えられなかった。国民議会においても国民公会においても,女性の選挙権は問題にもされないまま終わっている。もっとも革命家のなかには,女性も権利をもつべきだと考えた人物がいた。啓蒙思想家で,立法議会と国民公会の議員であったコンドルセがそうである。彼は女性も人間であるから,差別される理由は結局のところ何もないと主張している[ペロー／デュビィ 1996: 77]。

　しかしながらコンドルセは例外的な存在である。革命はむしろ進展するにつれて,女性から政治的な権利を奪っていった。たとえば1793年秋に,女性だけの政治クラブをつくることは禁止された。その直接のきっかけとなったのは,パリの「革命共和主義女性協会」と市場の物売り女たちとのあいだに生じた抗争である。前者が後者に,革命を象徴する三色の記章をつけるよう強要したことが原因といわれるが,ともあれそうした女性たちの争いを口実にして,国民公会は10月30日に女性の政治クラブを禁止し,全国すべての女性のクラブを解散する法令を可決したのである。おりしも革命は,ジャコバン独裁の時期にはいっており,民衆の政治的な運動に対して上から統制がかけられ始めた頃であった[柴田 2007: 182-183]。ところが,革命独裁体制が崩壊した1794年7月以降になっても,女性の政治からの締出しは撤回されるどころか強化されていく。そして,1795年5月に生じた革命期最後の民衆蜂起に多数の女性が加わっていた事実が明らかになると,女性は国民公会へ傍聴にくることも,政治クラブに出席することも,街頭で集団をつくることもすべて禁止されてしまった[天野 2005: 14]。1789年から始まった女性たちの政治の季節は,こうして終わりを告げるのである。

ジェンダーの壁が築かれる

　それにしても，どんな理由で女性を政治から排除するというのであろうか。革命家たちの主張をみてみよう。1793年10月30日に女性の政治クラブが解散されるにあたって，国民公会では3つの理由が示されている。1つ目は女性の能力について。「一般に女性は，高度な思考や真剣な熟慮に関してはあまり能力をもたない」。2つ目は女性の「本分」に関してで，自然は女性に家庭での「私的な務め」をはたすよう定めており，この務めをはたしてさえいれば，十分に革命に貢献することになる，というものである。そして3つ目は，今日男性の政治的教育さえ不十分であるのに，女性が政治にかかわるのは危険である，とする状況論であった。討議の際，ひとりの議員が発言を求め，女性も人間である限り平和的に集う権利をもつのではないかと反論した。だがこの意見を支持する者はなかった。結局，危険性のあるものは排除すべきということになって，女性の政治クラブは禁止されてしまった [天野 2005: 24-25]。

　こうした経緯を知ると，なあんだ，革命家といえども保守的な部分があったのだといいたくなる。男より能力の劣る女は家で家事・子育てをしていろ，とは。結局は彼らも，古くからある女性差別の考え方にとらわれていたのだろう——そんなふうに考えたくなる。だがそうではない。革命家たちの主張の背景には，女性は「本来の」持ち場に帰るべきだという18世紀の新しい考え方があった。

　というのも，たとえば当時のフランスの都市部においては，多くの女性が自分の手で子どもを育てていなかったからである。18世紀末のパリでは，1年間に生まれる2万1000人の赤ん坊のうち，実の母親に授乳される子は1000人に満たなかったという [藤田 1994:267]。裕福な家で住込みの乳母に育てられる一部を除くと，大部分は近郊の農村に里子にだされ，乳離れするまで預けられた。農村の女性たちが，自分の子どもを乳離れさせた直後に，ときには我が子と一緒に育てるのである。乳飲み子を手放した都市民衆の女性たちは働いて賃金をもらうことができ，農婦たちもまた，赤ん坊を引き受けることで現金収入を得る。そうした経済的事情が里子制度を普及させたのである。だがそれだけの理由ではない。たとえばカトリック教会もまた，婚姻外の性的関係を戒める立場から，乳飲み子をもつ女性に対して授乳より夫婦の交わりのほうを優先させるよう説く傾向があった。また18世紀には，都市よりも

空気のきれいな農村のほうが,乳児が育つにふさわしいという考え方も広がった。

そもそも社会の模範となる上流階級の女性からして,歴史をとおし長らく母乳で子育てなどしていなかった。授乳は動物的な行為で高貴の女性にふさわしくないと考えられていたし,豪奢(ごうしゃ)に飾り立てたドレスは,数時間おきの授乳などにはまったく不向きであった。乳を与えたのは乳母である。その習慣は18世紀になるとより下層の女性たちにまで広がった。ただし乳母を家に雇い入れるほどの金銭的余裕がない人びとは,生後まもない赤ん坊のほうを里親へ,つまり農村に住む乳母のもとへ送り出した。里子にだされた場合,子どもの死亡率は高く,3分の1から半分あるいはそれ以上にもおよぶことがあったというが,実の母がどんなに細心の注意をはらって育てても大きく死亡率を下げることはできなかった時代である。パリやリヨンなどフランスのいくつかの都市では,18世紀後半になると里子制度がすっかり定着して,あたりまえのことになっていた。

そうした風習を厳しく批判したのが,啓蒙思想家や18世紀の科学者たちである。たとえばルソーは,教育論の古典として名高い『エミール』の冒頭で,母乳を与えることは母親の「第一の義務」だと述べ[ルソー 1962:上 35],母親は子どもを自分で育てるべきであると強く主張している。彼はまた,女性は妻となって男性に依存して生きるのであるから,早くから束縛に慣れさせることが必要で,「女性の教育はすべて男性に関連させて考えられなければならない」とも論じている[ルソー 1962:下 21]。他方で,この時期から産科学や婦人科学に本格的に着手し始めた医学者たちは,女性の体が妊娠や出産に適した構造になっているとわかると,女性はそもそも母親になるために存在していると考えるようになった。彼らはさらに,女性の気質や能力もそれによって根本的に規定されていると推察した。たとえばルーセルという生理学者は,女性は優しく愛情に満ちているが,感情的であり,抽象的な頭脳労働や精神集中には適さないと述べている[クニビレール／フーケ 1994:200]。高度な精神的労働は「母性」と両立しないというのである。

それゆえ1793年10月,女性の政治クラブを解散させた際に革命家たちが持ち出した議論は,18世紀の思想や「科学」に従ったものであることがわかる。彼らはこう考えたのである。女性はもともと自然によって,家庭の中で夫や子どもの世話をしながら生きるように定められている。ところがアンシャ

ン・レジームのもとでは，着飾って社交界に君臨する王侯貴族の女性たちが，子育ては乳母などに任せきりでわかりもしない政治に口出ししていた。これは社会にとってはもちろん，当の女性たちにとっても大変不幸なことであったと。革命家たちは，女性を「本来の」姿へ立ち返らせようとしたのである。

　女性を男性より劣った者とみる思考は，たしかに古くからさまざまなかたちで存在していた。たとえば旧約聖書において，女性の始祖イヴが男性の始祖アダムの肋骨(ろっこつ)からつくられたとする記述からもうかがえるように。けれども「自然」や「科学」を根拠にして，家庭という「私的領域」が女性の本分であるとの「証明」がなされたのは，18世紀から19世紀にかけての時代である。生物学的に異なる男女は能力も社会的役割も大きく異なる，という性別役割分担論に基づくジェンダーの考え方が確立されたのはこのときであった。だからこそその考え方は近代社会の人びとの意識に深く浸透し，世界中に広がり，20世紀においてもあるいは今日にいたるまで，大きな影響力をもち続けることになる。

家族のなかの女性

　1793年の秋，王妃マリ・アントワネット，オランプ・ド・グージュ，さらにはジロンド派とつながりのあったロラン夫人があいついでギロチンにかけられた。いずれも，女性でありながら政治にかかわったという理由で断罪されたわけではなかったが，女性にとって厳しい時代がやってきた。この頃パリ市の当局もまた，政治にかかわろうとするのは「自然に反した女」であるとして，以後は女性の代表団を受けつけないと決定している。

　女性はこうして「私的領域」に追いやられていくことになるが，その「私的領域」，つまり「家庭」や「家族」に関しても，革命期には大きな変化があった。1791年から94年にかけて，民事的な取決めに関しては個人の平等の原理を貫いた法制度改革がおこなわれている。相続における兄弟姉妹の平等や，親権における父母同権が定められた。民法上では女性は差別されることなく男女平等が実現したのである。ルソーが女性の「束縛」を語っていたことを思い起こすならば，革命家たちは彼らが師とあおいだ人物よりも，家庭内の平等に対して前向きであったといえよう。

　結婚は，王政下においてはカトリック教会によって神による恩寵(おんちょう)のひとつと位置づけられていた。離婚は想定されておらず，よほどの理由でもない限

図3　革命期の家族(パリ,カルナヴァレ博物館蔵)　郊外へ飲食に出かけるところである。ここには親密な家族のかたちが描かれている。

図2　最高存在のもとでの結婚(1792年,フランス国立図書館蔵)　神にかわり「最高存在」が見守り,司祭のかわりに公務員が立ち会う革命期の「市民的結婚」。

り別離は認められなかった。だが革命は,結婚も双方の合意にのみ基づく個人同士の契約であるとして(図2),解消できると宣言した。1792年9月20日の法令によれば,離婚は「相互の合意」によって成立するだけでなく,配偶者の一方が「気質あるいは性格の不一致」を申し立てることによっても可能であるとしている[河野 1989:359-362]。これがどれほど画期的な法令であったかは,その後の歴史をたどるとわかる。すなわち離婚は,革命の退潮期になると家族の安定を脅かすものとして危険視されるようになり,1804年のナポレオン民法典では非常に困難になって,王政復古期にはとうとう禁止されてしまう。離婚がともあれ再び可能になるのは1884年のことであり,合意による離婚が認められたのはその90年後の1975年。そして21世紀にはいってようやく,さらなる改革がおこなわれるという具合なのであるから。

　革命期に離婚が承認されたのを歓迎したのは,とりわけ女性たちであった。一方からの申し立てにより成立した離婚についていうと,3分の2は妻からの申請である。聞き覚えたばかりの新しいことばで離婚を求める女性もいて,夫の「専制」を非難したり,妻は「奴隷」ではないと述べたりしている。夫に棄てられ,実際にはとうに破綻していた結婚生活にようやく終止符を打つ

ことのできた女性も多かった。1793年からの10年ほどのあいだに、パリでの離婚は1万2000件を数えており、結婚数に対する割合でいうと、22.6％になる。これは例外的に高い数字で、離婚が多かった都市部でも他では1割程度、ルアンで12.6％、リヨンで9.2％である[Desan 2004:124]。ともあれ、ときには妻側からの申請だけで新しく人生をやり直すことができる、というのは、カトリックの結婚観に支配されていた時代には想像もできなかった新たな体験であった。不幸な結婚生活を送っていた女性たちにとって、どれほど大きな励みになったことであろう。

フランス革命期は、家族のあり方が大きく変わる時代でもある(図3)。17世紀には、ひとりの家長が妻子と召使いを含めた家全体を統括するという家族(伝統家族)のイメージが強かった。だが18世紀後半になると、啓蒙思想の男女役割分担論をふまえて、愛情で結びついた夫婦が子ども中心に親密な関係を築く家族(近代家族)のかたちがみられるようになる[姫岡 2008]。革命期にはさらに斬新な法制度改革がおこなわれたのであるから、家族のイメージも変化したことであろう。近年の研究は、革命期の「民主主義」ということばが、個人単位でなく家族単位でとらえられていた可能性を検討している。たとえば、役割は異なるが対等である夫と妻とのあいだに信頼関係が築かれ、家族の意志を代表して夫が一票を投じるというように。革命家たちはあるいは、夫婦がそれぞれの「本分」に従い、子どもを里子にだすこともなく、協力して幸福な家庭をつくりあげる姿を思い描いていたのかもしれない。革命期の「私的領域」は今後のさらなる研究課題である。

とはいえ家族にかかわる新しい体験は、長くは続かなかった。ナポレオンのもとで編纂されたフランス民法典は離婚を困難にしたのみならず、「夫は妻を保護しなければならず、妻は夫に従わなければならない」と規定して、家庭内での対等な関係を否定したからである。妻の不義密通は有罪とされたのに、夫のそれは愛人を家に連れ込まない限り問題にされなかった。そのうえ、あたかもオランプ・ド・グージュの訴えに対する冷たい回答であるかのように、婚姻外の関係から生まれた子どもが、父親を探す権利も否定されたのである[石井 2007:124]。

闘う女神の誕生

以上、フランス革命の特質を「女性」という観点を中心に考察してきた。

大がかりな「刷新」のなかで女性たちもさまざまな経験をかさね，ユニークな主張を展開するオランプ・ド・グージュや，めだった行動を起こす革命共和主義女性協会のメンバーも登場したりした。ところがそれが革命家たちの敵意を招き，女性は「私的領域」に追いやられてしまう。けれども革命期の女性は結局，「私的領域」に閉じこもることはなかった。革命そのものがそれを許さなかったのである。最後にこの点をみていこう。なぜそうだったのであろうか。

　第１に，革命のイメージの問題がある。革命期の寓意画には当初からたくさんの女神像が用いられた。人びとの上に立つ国王のイメージをはらいのけようとして，男性像が意識的に避けられたからであったが，自由，平等，友愛，正義，理性，共和国などのことばが，フランス語では多く女性名詞であったことも貢献している。女神たちはしばしば，ときにはむきだしの乳房をみせる半裸の美女として描かれた。革命期には，そうした女神像があちこちで見出される。のちにはそれが女性の政治的行動を促すのではないかと懸念され，男性像の復活さえ検討されたほどであったが，流れを変えるにはいたらなかった。フランス革命は，自らを女性の姿で表徴することが多かったのである[アギュロン 1989;Landes 2001]。

　２つ目に，革命が戦争に突入し反乱も各地で勃発するにいたって，フランス全土が危機的な状況におかれるようになった点をあげることができる。老若男女を問わず革命の防衛に立ち上がれ——革命期の議会は人びとにこう呼びかけた[河野 1989:390-393]。そして，誰もが断固たる勇気を示すよう求めた。女性も例外ではない。たとえば国民公会が「共和国の英雄」だと公認したひとりの女性を紹介してみよう。敵の侵略を受けた地域において，幼い子どもたちを守ったとされる若い母親である。彼女は火薬樽の上に座り，戸口に姿をあらわした敵にピストルを突きつけ，踏み込んでくるなら家もろとも爆発させると豪語した。敵はその度胸に驚きたじろぎ，退散していったという[天野 2005:33-36]。

　国民公会は，この女性が家や子どもを守った立派な母であるという点を称えている。しかしながら，逃げ隠れしたり命乞いして守ったのであるなら「英雄」になることはできない。敵と対峙し，断固として引かぬその大胆さゆえに賞賛されたのである。このとき彼女は文字通り「男勝り」であり，「優しく弱い性」としての女性のイメージからは大きくかけ離れている。な

図4 「共和国」の寓意像(1792年，L・S・ボワゾ作) 頭上にはフランスのシンボルであるガリアの雄鶏，胸元には平等をあらわす水準器。手には棍棒が握られている。

ぜそうなったかといえば，敵の侵入を受けた我が家は，「私的領域」どころかもはや戦場だからである。戦場では雄々しく戦わなくてはならない。それゆえこの女性は立ち上がり，敵を倒しもすれば，「私に続け，敵を討て」と子どもたちを鼓舞することもできよう。そうなれば彼女は，のちにドラクロワの絵によって有名になる「民衆を率いる自由の女神」そのものである。あとほんの一歩で，彼女は人びとの先頭に立つ指導者にもなりえる。

戦争と反乱という脅威のもと，「私的領域」と「公的領域」の区別がつかなくなるような状況のなかから勇ましい女性像が生み出されたのである。そしてそうした女性像がさまざまな女神像と混じりかさなり合ううちに，革命のシンボルとなる女性のイメージがつくりあげられていった。現在もよく用いられるフランス共和国の象徴，マリアンヌがそうである(図4)。彼女は，豊かな胸で国民を養いもすれば，人びとを率いて雄々しく闘いもする。革命期の刷新と混沌のなかから誕生した，たくましく勇敢な女性，フランス共和国の守護女神マリアンヌ――その力強い姿には，革命期にいくつもの新しい体験をした女性たちの記憶もまた，とどめられているように思われる。

以上述べてきたことの多くは，1970年代から取り組まれてきた革命の女性史研究の成果である。フランス革命を「女性」という視点から検証するとい

う発想は，それ以前には存在しなかった。1970年代から，ジェンダーの枠組みに疑問を呈する問題意識が新たな見方を開拓し，そこから新しい研究成果が生み出されたのである。歴史学とはこのように，絶えざる問いかけによってとどめなく進展していく学問である。だから，あなたがまた別の問題意識をもって史料に向き合えば，フランス革命のいまだ知られていない試みや，革命期を生きた人びととの新しい体験と，出会うことになるかもしれない。

参考文献

アギュロン，モーリス(阿河雄二郎・加藤克夫・上垣豊・長倉敏訳) 1989.『フランス共和国の肖像──闘うマリアンヌ1789-1880』ミネルヴァ書房

天野知恵子 2005.「フランス革命と女性」若尾祐司・栖原彌生・垂水節子編『革命と性文化』山川出版社

石井三記編 2007.『コード・シヴィルの200年──法制史と民法からのまなざし』創文社

井上洋子ほか 1998.『ジェンダーの西洋史』法律文化社

河野健二編 1989.『資料　フランス革命』岩波書店

クニビレール，イヴォンヌ／カトリーヌ・フーケ(中嶋公子・宮本由美ほか訳) 1994.『母親の社会史──中世から現代まで』筑摩書房

柴田三千雄 2007.『フランス革命』岩波現代文庫

柴田三千雄 2012.『フランス革命はなぜおこったか──革命史再考』山川出版社

竹中幸史 2013.『図説　フランス革命史』河出書房新社

辻村みよ子・金城清子 1992.『人間の歴史を考える8　女性の権利の歴史』岩波書店

二宮宏之 2011.『二宮宏之著作集3──ソシアビリテと権力の社会史』岩波書店

バーク，エドマンド(中野好之訳) 2000.『フランス革命についての省察』(上・下)岩波文庫

ハント，リン(西川長夫・平野千果子・天野知恵子訳) 1999.『フランス革命と家族ロマンス』平凡社

姫岡とし子 2008.『ヨーロッパの家族史』山川出版社

藤田苑子 1994.『フランソワとマルグリット──18世紀フランスの未婚の母と子どもたち』同文舘出版

ブラン，オリヴィエ(辻村みよ子監訳) 2010.『オランプ・ドゥ・グージュ──フランス革命と女性の権利宣言』信山社

フランドラン，J・L(森田伸子・小林亜子訳) 1993.『フランスの家族──アンシャン・レジーム下の親族・家・性』勁草書房

ペロー，ミシェル／ジョルジュ・デュビィ監修(杉村和子・志賀亮一監訳) 1996.『女の歴史Ⅳ　19世紀 1』藤原書店

三成美保・姫岡とし子・小浜正子編 2014.『歴史を読み替える——ジェンダーから見た世界史』大月書店

山﨑耕一・松浦義弘編 2013.『フランス革命史の現在』山川出版社

ルソー，ジャン゠ジャック（今野一雄訳）1962.『エミール』（上・中・下）岩波文庫

Desan, Suzanne 2004. *The family on trial in revolutionary France*, University of California Press

Landes, Joan B. 2001. *Visualizing the nation: gender, representation, and revolution in eighteenth-century France*, Cornell UP

http://ahrf.revues.org/（フランス革命史研究の専門学術誌 *Annales historiques de la Révolution française* のウェブサイト）

天野知恵子

第8章 帝国・科学・アソシエーション
「動物学帝国」という空間

　人類は自然環境とどのように関係してきたかという観点から，ヨーロッパの歴史を眺めると，19世紀は「気候順化」の世紀だったといえる。気候順化とは，他地域から動物や植物を導入し，それを栽培したり繁殖させたりする試み，およびその実現をめざした科学的理論と実践のことであり，ヨーロッパの外においても積極的に取り組まれた。アイルランドに移植されたジャガイモや，ジャマイカに持ち込まれたパンノキのように，そうした試みは19世紀以前からおこなわれてきたが，19世紀には「気候順化」ということばによって，その理論化と組織化がめざされたのだった。オーストラリアに持ち込まれたヒツジやウサギのように，その土地の景観，産業，生活のすべてを大きく変えてしまうこともあった。

　本章は，とくに動物の気候順化に着目し，「帝国」「科学」「アソシエーション」という3つのキーワードによって，気候順化の歴史的展開を読み解いていく。また，その作業を通じて，歴史学にとって「空間」とは何か，改めて考えてみよう。

帝国史の空間論的転回

　空間とは何だろうか。対照的な2つのとらえ方を設定してみよう。ひとつは，河川や山脈などの自然の障害物や，人為的に引かれた境界線によって閉ざされた領域を，空間とみなすとらえ方である。たとえば，そうした領域に対して排他的な権利を有する主権国家は，この意味での空間を政治的に実体化した存在である。そして，この空間は，そこで展開するさまざまな事象と，それを経験する歴史的主体に先行して存在すると想定される。一方，何かが移動する舞台を空間とみなすとらえ方もある。空間は，それを舞台に人やモノやサービス，有形無形のものが往き交い，それを経験し認識する歴史的主体があるからこそ，空間としての広がりと意味をもつ。この後者の見方を，19世紀から20世紀初頭の帝国主義の時代に適用すると，何がみえてくるだろ

うか。当時の世界を，イギリス帝国やフランス帝国といった主権国家の統治下にある，いくつもの地政学的空間に分節化するだけではなく，そのような複数の領域を越境し，移動する「何か」の軌跡を追ってみる。その軌跡が幾重にも交差する領域を，ひとつの広がりをもった空間としてとらえることはできないだろうか。

　この問いに答えるため，まず，移動する「何か」を設定する必要がある。ここで取り上げるのは，「気候順化」(acclimatization)というテーマである。今日，気候順化とは，高地における心肺機能の順応などいくつかの意味をもつが，限定された特定の文脈のなかでしか用いられることはない。しかし，もともとは，外来種の動植物を導入し，栽培したり繁殖させたりするという意味で幅広く用いられていた。さらに，19世紀には，動植物を資源としてとらえ，その地理的分布を人為的に操作することをめざす科学でもあった。自然の管理・馴致という可能性に挑戦し，さまざまな困難を乗り越え，最終的には目標を実現させるという，人間中心的・楽観的・進歩主義的な19世紀ヨーロッパの自然観と科学観を体現したのである。この気候順化がもたらした，人・資源・知識の移動を追っていくと，イギリス帝国やフランス帝国とはまた異なる位相をもつ空間があらわれてくる。とくに，動物の気候順化の歴史的展開をたどると，それが世界規模のダイナミズムをもっていたことに気づかされる。動物の輸送や繁殖に携わった人びとの活動が，「動物学帝国」(zoological empire)という「アソシエーショナル」な空間を浮彫りにするのである。

　ここで「アソシエーション」[小関 2000]ということばを用いる意図は，気候順化の科学的命題と戦略的志向に惹きつけられた人びとが，直接的・間接的に触発し合うことで，この「動物学帝国」が展開したことを強調するためである。そうした人びとの結びつきは，必ずしも特定の拠点を中心とする継続的・発展的なつながりだけではなかった。多くの場合，パーソナルで一時的なつながりだった。しかし，それを「動物学帝国」という総体としてみた場合，そこに大きな欲望が投影され，多くの資源が投入されることで，人間と自然との関係が不可逆的な変化を遂げたことがわかるだろう。個々の気候順化の試みの，相互の関連性に注意しなくてはならない。その点でも，気候順化がどのようにして「アソシエーショナル」な空間を切り開いたのかを，可能な限り包括的に考察することが重要である。

ツンドラのキリン

　それでは本論にはいろう。

　動植物を本来の生息地とは異なる自然環境のもとで繁殖させる営みは，有史以前からおこなわれてきた。その営みを「気候順化」ということばを用いて理論化しようと試みたのは，啓蒙時代後期フランスの自然史（自然誌）学者である。最初の用例は，王立植物園のルイ・ドヴァントンが，カスティーリャ原産のメリノ羊を繁殖させようとしたことに関係する。ヒツジの家畜化と品種改良は先史時代からおこなわれてきたが，13世紀頃，カスティーリャにおいて上質羊毛を産するメリノ羊が誕生した。王権はメスタと呼ばれる牧畜組合業者に種々の特権を与えることで，メリノ羊の飼育を奨励し，羊毛輸出は中近世カスティーリャの経済を支えることになった（図1）[立石 1984]。18世紀後半になっても，スペインは羊毛生産の優位性を守るため，メリノ羊の輸出を制限していた。そのため，近隣諸国は，なんらかの手段でわずかに入手することのできたメリノ羊をもとに繁殖を試みた。したがって，ドヴァントンの実験に経済的利害が絡んでいるのは明らかだが，それだけが気候順化を推進したのではない。ドヴァントンはメリノ羊だけでなく，バクやシマウマといったエキゾチックな動物の気候順化を夢みていた[Osborne 2000:137-138]。

　一方，海外植民地の気候環境に対するヨーロッパ人の順応性を議論するときにも，気候順化ということばが用いられるようになった。植民地化の進展により，熱帯・亜熱帯地域における入植者の健康維持が，医学的関心の対象と政策課題になったからである。1835年刊行の『アカデミー・フランセーズ辞典』（第6版）には，acclimaterという動詞が，「それまで経験したことのない気候と気温に順応する」という意味で登録された。このことばは，イギリスでもacclimateあるいは，acclimatizeと置き換えられ，しだいに幅広く使われるようになった[OED:'acclimate', 'acclimatize', 'acclimatization']。環境適応性に関連する個々の事象が，相互に関連するものとしてとらえられ，「気候順化」という科学知の準拠枠をつくりだしたのである[Osborne 2000:137]。

　この準拠枠を支えたのは，つぎのような問いだった。生物は本来の生息地とは異なる自然環境のもとで生存できるのだろうか，可能だとすれば，どのように，どの程度可能なのだろうか。当時の人びとには，2つの考え方が用意されていた。ひとつは，進化論者ラマルクの「環境決定論」である。「用不用説」や「獲得形質の遺伝」で知られるように，ラマルクは環境によって

図1 ムリーリョ『善き羊飼い』(1660年頃，プラド美術館蔵) 善き羊飼いとはイエスの象徴的な呼称。ここに描かれている羊は，メリノ羊がモデルになったといわれている。

種は変容すると考えた。彼の議論を敷衍するならば，サバンナにおいて生息環境に適応するために首を長くしたキリンは，かりにツンドラに運ばれたとすると，そこで新たな気候環境に適応するための形質を獲得し，その形質は次世代のキリンへと受け継がれ，やがてツンドラでも生存可能なキリンが誕生することになる。

しかし，ラマルクの進化論は，種の不変を信じるキュビエによって激しく批判された。思弁的考察に傾倒するラマルクに対し，キュビエは解剖学的所見を重視した。そして，種の形態的構造と生理的機能はその生息環境に完全に適合するようにつくられており，かりに環境が変わるとすれば，その種は変化に適応できずに絶滅するだけだと考えた。種の「同一不変論」である。キュビエは，1799年，ドヴァントンを継いでコレージュ・ド・フランスの自然史教授となり，その3年後には，パリにある国立自然史博物館の比較解剖学教授となった。博物館を活用して数多くの解剖をおこなったキュビエは，18世紀にリンネが考案した分類命名法を発展させ，1817年に『動物界』を出版した。これにより動物学者としての名声を確立したキュビエは，同じ自然史博物館のラマルクや，ラマルクに賛同するエティレンヌ・ジョフロワ・サンティレールといった論敵を破ることにより，その名声を揺るぎないものにした[Outram 1984]。

このような情況のもと，気候順化を科学研究の主題として理論化したのが，

エティレンヌの子，イシドール・ジョフロワ・サンティレールである。イシドールは，キュビエらの反進化論者を警戒しつつ，動物には潜在的な適応能力があるという「限定変移説」を唱えた。それは，通常は気候環境の変化が起こらないため，動物はこの潜在能力を発揮する必要はないが，人為的に介入することで，その能力を一定限度まで引き出すことができるという考えである。国立自然史博物館のメナジュリ(動物園)において，リャマ(ラマ)，エジプトガン，アジアノロバなどの気候順化実験がおこなわれ，つぎのような気候順化の成功基準が設定された。人為的な保護なしに生存可能であることと，繁殖力を保持することである。

さらに，イシドールは，フランス国内だけでなく，植民地化の進むアルジェリアにおいても同様の試みが可能だと考えた。気候順化の理論と実践が結びついたことで，国内外の動物を資源化し，有効に活用するという科学的プロジェクトが現実味をもって語られるようになったのである。こうして，1854年，ジョフロワ・サンティレールが会長となり，パリに気候順化協会(Société zoologique d'acclimatatio)が設置された。1860年には，気候順化園がその附属施設として開園した。開園を宣言したのは，ナポレオン3世である。第二帝政期に海外植民地は大きく拡大する一方，アルジェリアにはパリ協会の地方支部がおかれた。気候順化の広大な実験場が用意されたのである[Osborne 1994：98-129]。

ジェントルマン科学者とロンドン動物学協会

パリ気候順化協会の展開については後述するとして，フランスと比較した同時期のイギリスはどういう状況にあっただろうか。フランスでは，国家が科学振興の中心的役割を担い，国立機関において専門的研究に従事する機会が科学者に与えられた。一方，イギリスでは民間非営利の科学団体が重要な役割を担った。1660年に発足した王立協会がよく知られているが，19世紀には，科学の専門分化に応じてそれぞれの分野を担う団体があいついで発足した。これらの団体は，設立王許状により法人格を獲得し，研究資源の収集，研究会議の運営，学術誌の発行などを通じて，科学の制度化を牽引した。今日ではチャリティ(公益法人)に認定されている。チャリティのプレゼンスは科学の制度化という局面に限定されない。イギリス社会の諸領域に通底するものだった[近藤 2007；金澤 2008]。

もうひとつ，イギリス科学の特徴は，ジェントルマン科学者(gentleman of science)の影響力である[大野 1998]。ジェントルマン科学者とは，不労所得による経済的安定を確保したうえで，研究に従事する科学者のことである。経済的利害に左右されずに真理を探究することができるという点，そして，枝葉末節に拘泥せずに，大局的な視点をもつことができるという点において，ジェントルマン科学者は「専門職業人としての科学者」(vocational scientist)よりも優れているという理念が存在した。この頃の造語である科学者(scientists)ということば自体，専門職業化の進展に対する批判の文脈で，1834年に生まれた語である[OED:'scientist']。

　こうしたイギリスにおける科学の特徴は，気候順化の理論と実践において明らかである。1826年，元シンガポール行政長官のT・S・ラッフルズは，王立協会会長ハンフリ・デイヴィとともに，ロンドン動物学協会(Zoological Society of London)を発足させた。パリの国立自然史博物館に匹敵する施設を建設することが，ラッフルズの目標だった。こうして動物学協会は動物園と博物館を設置したが，管理運営の主導権を握ったのは，専門職業人としての動物学者ではなく，地主貴族と一握りのエリート動物学者だった。地主貴族は原則として大規模な土地を所有し，そこにカントリ・ハウスと呼ばれる邸宅を構えた。そのなかには，家畜の品種改良，狩猟動物の繁殖，鑑賞動物の収集などに傾倒し，所有地内に私設メナジュリを建設する者がいた。彼らはコレクションを拡大するのに役立つような，実用的・装飾的動物学(useful and ornamental zoology)の振興を動物学協会に求めた。

　ロンドン動物園と私設メナジュリのあいだでは，頻繁に種畜の交換がおこなわれ，動物学協会をハブとする気候順化ネットワークが形成された。その成果を体現したのが，1831年に動物学協会会長に就任した第13代ダービ伯(就任時はスタンリ卿)である。イングランド北西部のノーズリーに大規模なメナジュリを所有するダービ伯は，家禽(かきん)，猟鳥，アンテロープ(羚羊(レイヨウ))の収集にのめり込んだ。1851年，ダービ伯が死去し，ノーズリーの飼養群が競売にかけられたときには，競売品カタログに1600頭(家禽は除く)が掲載され，そのほとんどが「ノーズリー産」と記載された。同時代の観点からみれば，これは気候順化の大きな成功例である。しかし，この成果が気候順化の理論化を促すことはなかった。地主貴族たちは，繁殖実験から得られる形態学的・生理学的知見に関心をもたなかったのである[Ito 2014: 141-142]。

気候順化の理論に潜む，ある政治的含意にも注意する必要がある。気候順化の前提となる「環境決定論」を応用すれば，産業革命などによる社会環境の変動を根拠として，既存の身分制秩序に挑むことが正当化される。選挙法改正(1832年)前後の政治運動の盛上りを考えてみると，「環境決定論」が危険視されたことを理解しやすいだろう。実際に，ラマルクの進化論は，地主貴族主導の政治体制に挑もうとするロンドンの急進主義者によって支持された。ラマルク派の動物学者ロバート・グラントは，動物学協会の改革を求めて地主貴族と対立した結果，協会内の主導権争いに敗れ，動物学協会から事実上，追放された。その後，動物学協会において圧倒的な地位を獲得した動物学者は，イギリスのキュビエと称され，反進化論者としても知られるリチャード・オーウェンだった。地主貴族の支援を受けたオーウェンは，のちに自然史博物館初代館長に就任するなど，グラントとは対照的な輝かしいキャリアを築いた。革命を経験したフランスとは異なり，イギリスでは，少なくとも19世紀半ばまでは，「環境決定論」が社会に幅広く受け入れられる素地が整っていなかったのである[Anderson 1992]。

動物学帝国の欲望

やがてイギリスでも，フランスとは異なる意味で気候順化ということばを用い，それを組織的に実行しようという試みが始まった。その契機は，1851年，アルバート公の動物学協会会長就任によって訪れた。アルバート公が科学と産業の振興に熱心だったことはよく知られている。そのアルバート公を通じて，ヴィクトリア女王がニジキジの種畜収集を動物学協会に依頼した。ニジキジは，ヒマラヤに生息するキジの一種で，とくに青色に輝くオスの羽根が非常に美しいことと，飼養と繁殖が困難であることから，猟鳥収集家にとって垂涎の的だった。

ヴィクトリア女王の依頼を受けて計画を立案したのは，鳥類学者で動物学協会幹事のデイヴィッド・ミチェルだった。ミチェルは，ニジキジだけでなく，ヒマラヤ産の猟鳥全種をロンドン動物園において繁殖させ，将来的にはスコットランド高地に気候順化させることをめざした。ここで気候順化は，異なる自然環境に順応させることではなく，同一の気候条件下にある地域から動物を輸入し，それを繁殖させ，最終的には野生化させるという意味に変容した。これは，動物を資源とみなし，イギリス帝国内の動物相を人為的に

操作することを目標とする非常に野心的な計画だった。比喩的な表現を用いれば，ミチェルの野心は，イギリス帝国を礎とした「動物学帝国」の建設だったのである[Ito 2014：143-144]。

　ミチェルがこのように野心的な計画を立案したのは，動物園を拠点とした動物学研究が求められたからである。前述のとおり，動物学協会は任意団体であり，国庫からの財政支援は受けていなかった。そこで，ミチェルは動物園入場料を安定した財源とするため，動物園の商業化を促進したが，このことは，動物学協会の科学団体としての機能を弱体化させてしまった。そのため，動物園における科学とは何かを再定義する必要が生じたのである。もうひとつの背景は，ヒマラヤの気候環境や生物分布に関する研究の蓄積である。グルカ戦争（1814～16年）の勝利によって，ヒマラヤ高地への橋頭堡（きょうとうほ）を得た東インド会社は，ヒル・ステイションと呼ばれる駐屯地を築いていった。冷涼な気候下にあるヒル・ステイションは，軍事的機能だけでなく，避暑地としての役割もはたした。こうしてヒマラヤは，動植物学のフロンティアになった。ダーウィンの友人でのちにキューガーデンの園長となるジョセフ・フッカーは，1847年から49年にかけて，ヒマラヤ東部・中央部を探検した。約7000点の標本を持ち帰ったフッカーは，『シッキム・ヒマラヤのツツジ』を出版し，園芸家のあいだにツツジ・ブームを生み出した[川島 1999]。

　ヒマラヤは動植物学者にとってだけでなく，遊猟家（sportsman）にとっても，魅惑的なフロンティアだった。標的を探索するのが困難な岩場での狩猟は高度な技術と忍耐力が必要とされ，平地での「猛獣狩り」とは異なる魅力があるとされた。彼らが出版した紀行文も，ヒマラヤの動物に関する貴重な情報源となった。

　したがって，1856年にミチェルが気候順化プロジェクトを立案したときには，彼のもとにはヒマラヤの気候条件と動物分布に関する相当量の情報が集積されていたと考えられる。それに基づき，ミチェルはインド総督チャールズ・カニングに野鳥収集を依頼し，計画を実行に移した。ミチェルの依頼を受けて，カニングはダージリンなど，6カ所のヒル・ステイションに猟鳥を収集するよう指示をだした。東インド会社の軍人や官吏が野鳥の収集に協力するというのは，一見奇妙にみえるかもしれないが，実際はそうではない。彼らのなかには，余暇を利用して遊猟を楽しむ者や，動植物の標本収集にいそしむ者がいた。たとえば，そうした官吏のひとりは，ネルソン提督による

図2　東インド会社による猟鳥収集の結果報告
（ロンドン動物学協会蔵）　カルカッタに到着した446羽のうち，89羽が死亡し，261羽がロンドンに送られたと記述されている。

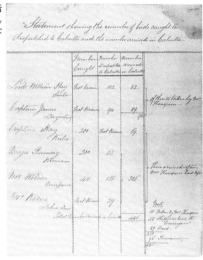

トラファルガー開戦時の有名な信号文を模して，「祖国は植民地における各員が我々のロンドン動物学協会に貢献することを期待する」と述べた。ミチェルは，こうした「戦意」溢（あふ）れる協力者を動員するために，東インド会社の組織的なイニシアティヴを必要とした。そこでアルバート公の権威を用いることにより，東インド会社の全面的な支援を得たのである。前例のない大規模で組織的な野鳥収集がヒマラヤ各地でおこなわれることになった[Ito 2014: 152-158]。

　しかし，気候順化プロジェクトの結果は，惨憺（さんたん）たるものだった。捕獲された野鳥の大半が，各地のヒル・ステイションからカルカッタ（現コルカタ）へ輸送される途中で死んでしまったからである。生き残った野鳥の大半も，ロンドンに向かう航海の途中で死んでしまった（図2）。ヴィクトリア女王がいちばんほしがったニジキジについては，オス1羽が到着しただけである。「残念ながらキジはほとんど全滅です」の文言に始まる，現場責任者からミチェルに送られた報告書は，悲痛に満ちている。しかし，ミチェルは楽観的な態度を崩さなかった。少なくとも数種類の猟鳥については，種畜を継続的に入手する見通しが得られたからである。ミチェルは翌年度のプロジェクトを立案し，アルバート公を中心とする動物学協会の会員の支持を得ることに成功した。

　このように動物学協会の気候順化プロジェクトは，従来の地主貴族を後援

者とする実用的・装飾的動物学を，大きく変容させる力を秘めていた。それは，動物学協会を中心とする情報収集のネットワーク，東インド会社という植民地統治機構の人的資源，そして王室の権威を戦略的に活用することによって，イギリス帝国を舞台に「動物学帝国」を築く力だった。しかし，それが実現されることはなかった。1857年のインド大反乱勃発(ぼっぱつ)という状況がプロジェクトの継続を許さなかったためである。ミチェルの個人的選択も影響した。1859年，ミチェルはパリの気候順化園から初代園長として引き抜かれ，ロンドン動物学協会幹事を辞した。イギリス帝国は，気候順化に対する期待と欲望を増幅させる舞台装置ではあっても，その成功を約束するものではなかった。それでは，フランス帝国の場合はどうだろうか。ここで議論をパリの気候順化協会に戻すとしよう。

フランス帝国の気候順化ネットワーク

　ロンドン動物学協会の構築した気候順化ネットワークは，ヒマラヤ産猟鳥の導入を目的としたアドホックなものであり，協会幹事ミチェルの個人的手腕に依拠した。フランスでは対照的に，地方都市や海外植民地にも協会・支部が誕生し，パリの気候順化協会とのあいだに組織的なネットワークが構築された。具体的には，パリ協会が種畜とノウハウを，地方協会が資金と実験結果のデータを提供するという関係である。たとえば，ロレーヌ地方のナンシーでは，地元産業界の支援を受けて，リャマやアンゴラの気候順化が試みられた。コブデン・シュヴァリエ条約(1860年)により，イギリス工業製品に対する関税が引き下げられたため，ナンシーの基幹産業である繊維産業は大打撃を受けた。そのため，新たな羊毛生産に期待が寄せられたのである。

　リャマの気候順化は，ドヴァントンの時代からの夢であり，パリ協会もこれに協力した。3頭のリャマが有償で提供され，さらに，ナポレオン3世からは2頭が寄贈された。実験当初，繁殖は成功するかのようにみえた。1862年のロンドン博覧会には羊毛の見本が送られ，商品化可能との品質評価を受けた。しかし，その後，感染力の高い疥癬(かいせん)に罹患(りかん)したリャマが送られてきたため，飼養群は全滅してしまった。ナンシー協会は，馬肉生産に起死回生の望みを託したが，1870～71年の普仏(独仏)戦争の結果，アルザス・ロレーヌ割譲により，協会は解散に追い込まれた。

　一方，アルプス山脈の麓(ふもと)に位置するグルノーブルでも，羊毛生産に関心が

向けられた。グルノーブル協会は，リャマではなく，ヤクの気候順化に取り組んだ。チベットやヒマラヤなどの山岳地帯に生息するヤクは，カシミヤに匹敵する高級羊毛を産するだけでなく，荷役用，乳用，食肉用，皮革用と，いくつもの役割をこなすことができた。したがって，ヒマラヤと同じような気候環境下にあるアルプスにおいて，もっとも生産性の高い経済動物だと判断されたのである。しかし，実際に牧畜が開始されると予想以上に飼料などの費用がかかり，生乳の生産量がしだいに低下することがわかった。結局，ヤクの気候順化は成功せず，普仏戦争後，グルノーブル協会も解散してしまった[Osborne 1994：130-144]。

これらの地方協会は，パリ気候順化協会を介してアルジェリア支部ともつながっていた。19世紀初頭，アルジェリアはオスマン帝国下にあったが，1830年，復古王政末期のフランスに侵攻された。1834年，七月王政下のフランスはアルジェリア併合を宣言し，ヨーロッパ人による植民活動が進んだ。1848年革命によって成立した共和政府は，アルジェリアを3つの準海外県に分割し，民政を敷いた。しかし，1852年，ナポレオン3世は軍政を導入し，陸軍省管轄のアルジェリア担当長官が独立したアルジェリア担当相に昇格した。このようにフランス本国の政治体制がめまぐるしく変化するなかで，1860年代までは，一貫した植民地政策がとられることはなかった[工藤 2013]。パリ協会は，そうした政治的空白を利用し，アルジェリアに地方支部を設け，気候順化プロジェクトを推進したのである。

具体的には，アルジェリアにおける気候順化に特化した常設委員会が協会内部に設置された。委員には，イシドール・ジョフロワ・サンティレールの子で，イシドールの死後，パリの気候順化園長に就任したアルベールのほか，陸軍省でアルジェリア担当長官を務めたオイゲン・ドマが加わった。彼らの目的は，アルジェリアの平和的・効率的な統治と自然資源活用のための情報収集をおこない，具体的な気候順化プロジェクトを提言し，支援することだった。軍用動物と家畜の専門家であるアントワン・リシャール・ド・カンタルが，委員長として精力的に活動した。ド・カンタルは，軍馬の品種改良のために，イギリス産競走馬ではなく，アフリカ産馬を用いるよう唱え，乳牛の畜産においては，海外産の品種と現地の品種を交配させずに，海外産のものをそのまま繁殖させたほうがよいと提案した。アルジェリア側では，アルジェ植物園長に就任したオーギュスト・アルディが，気候順化の強力な推進

者となった。植物園はすでに1832年に設立されていたが,アルディが42年に園長に就任すると,動物の気候順化実験がおこなわれるようになった。現在でもアルジェ植物園には,小さな動物園が附設されている[Osborne 1994:144-171]。

「植民地化とは気候順化のなせる業といえるだろう」。これはアルディのことばだが,気候順化とフランス帝国との関係を正確に表現している。とくに,前述のイギリス帝国の事例と比較すると,それが明らかになる。イギリスの場合は,アドホックに形成された気候順化のネットワークが,東インド会社という既存の植民地統治機構を活用するかたちで展開され,遊猟用・観賞用の動物を求めるジェントルマンの利害にそって運用された。1862年,連合王国気候順化協会が結成されたが,これはパリの協会とは異なり,気候順化に関心を寄せるジェントルマンたちの社交クラブのようなもので,独自の飼養施設はもたなかった。おもな活動は,イギリス帝国の情報ネットワークを活用し,気候順化に関する情報を交換することであり,実質的な活動期間も2年程度と短かった[Lever 1992]。一方,フランスの場合は,政体のめまぐるしい変化によって生じたアルジェリア統治機構の間隙をぬうかたちで,パリ協会主導の気候順化が展開した。だからこそ,気候順化と植民地化とが,あたかも一体化した政策課題であるかのように語られたのである。したがって,気候順化の対象となったのは,遊猟用・観賞用の動物ではなく,富国強兵に資する家畜が中心だった。

この実用性への傾斜は,理論的関心の減退と裏表の関係にあった。ナンシーやグルノーブルの事例からわかるとおり,地方協会は「限定変移説」を確認するために気候順化に取り組んだのではなかった。それを検証するためには,数世代にわたる実験をおこなわなければならず,とても採算がとれないからである。地方協会が求めたのは,あくまで気候順化の結果であり,その過程で得られる理論的考察ではなかった。

一方,自然環境が生物にもたらす効果を検証するという,気候順化の学問的前提も崩れていった。植民地の疾病については,第4四半世紀に登場した細菌学や疫学によって説明が可能になり,熱帯医学(tropical medicine)という新しい学知が形成された。「人種」の多様性や優劣を説明するのは,新興学問の人類学であるとみなされるようになった。さらに,積極的な植民地拡張に乗り出したフランス政府が経済政策を転換したことや,アルジェリアに

農学協会や気候学協会といった専門団体があらわれたことにより，パリの気候順化協会の影響力は著しく低下した。帝国主義の全盛期を迎えたフランスにおいて，アルジェリアの気候順化に関する常設委員会は，その役割を終え，解散したのである。パリ気候順化園もロンドン動物園と同じように，教育娯楽施設として再編されることになった。

　こうして，フランス帝国と「動物学帝国」との蜜月が終わった。組織的な気候順化の試みは，ほとんど失敗に終わった。しかし，「動物学帝国」はここで終焉(しゅうえん)するのではない。ヨーロッパの外側から眺めてみると，その様相は大きく異なるのである。

気候順化の世界的展開

　ここで再びメリノ羊の話をしよう。前述のとおり，カスティーリャ原産のメリノ羊は上質な羊毛を産するため，ヨーロッパ各国は，これを入手し，繁殖させようと試みた。ドヴァントンの後半生はメリノ羊のフランス導入に費やされた。イギリスではジョセフ・バンクスが王室所有のメリノ羊を繁殖させようと試みた。しかし，ヨーロッパでメリノ羊の繁殖と羊毛生産にもっとも成功したのはザクセン公国だった。ザクセンでは，他の品種と交配していないカスティーリャ産の血統が維持されており，数世代にわたる繁殖の結果，ザクセンの気候風土にあったメリノ羊が誕生した。なかでも，「選帝侯」種と呼ばれる品種が高く評価された。ナポレオン戦争によりスペイン羊毛産業が大打撃を受けると，このザクセン産羊毛が台頭した。1825年には，イギリスに輸入された羊毛のうち，3分の2がザクセン産だった。しかし，ザクセン産羊毛の圧倒的優位は「百日天下」に終わった。オーストラリア産羊毛がヨーロッパ市場を席巻(せっけん)するようになったからである。

　メリノ羊は，18世紀末から19世紀初頭にかけて，ニューサウスウェールズに導入された。1795年，フランス革命軍がオランダを占領したことを受けて，イギリスはオランダ東インド会社が所有するケープ植民地を占領した。これによりオランダ人が現地で飼養していたメリノ羊が手放され，イギリス系入植者たちの手に渡ったのである。オーストラリア羊毛産業の先駆者といわれるジョン・マッカーサーは，そのうちのひとりだった。マッカーサーは，さらにイギリス王室所有の飼養群からメリノ羊を購入する一方，ニューサウスウェールズに5000エーカーにおよぶ肥沃(ひよく)な牧草地を獲得した。1824年には，

オーストラリア農業組合を結成し,イギリス議会の承認を得てさらに広大な牧草地を入手した。一方,ザクセンやフランスなどから,さまざまなメリノ羊を導入し,それらを交配させることで,オーストラリアの自然環境に適した品種を生み出そうという,ほかの入植者たちの試みも続けられた。その結果,長距離輸送に耐えられる品質の羊毛が生産可能となり,牧羊業が飛躍的に拡大した。19世紀半ばには,飼養個体数が1200万に増え,イギリスの羊毛輸入の半分をオーストラリア産が占めるようになっていた。オーストラリアは,ヨーロッパ羊毛市場に対する,最大の供給国へと成長したのである[Parsonson 1998:47-54]。

　しかし,1850年代のゴールドラッシュによって,人口増加とともに大土地所有が困難になると,従来の牧羊形態では利益を見込めなくなってしまった。新しい経済動物の導入が必要になったのである。このような情況のもとで,1861年,メルボルンにヴィクトリア気候順化協会が誕生した。ヴィクトリア協会は,パリ協会の協力を得て,リャマやアルパカの気候順化に取り組んだが,いずれも失敗に終わった。

　なお,ヴィクトリア協会の活動は,家畜などの経済動物の気候順化に限定されたものではなかった。とくに,オーストラリアにおける気候順化運動の特徴として,ノスタルジアがあげられる。気候順化の推進者は,彼らの目には奇妙に映るオーストラリアの自然をヨーロッパの自然につくりかえようとした。たとえば,アイルランド系移民のジェイムズ・マーティンは『オーストラリア素描』(1838年)において,つぎのようにオーストラリアの風景を酷評している。「鳴かない鳥。黒い白鳥と白い鷲(わし)。蜂なのに針がない。哺乳類(ほにゅうるい)なのに袋がついている。産卵する哺乳類さえいる。丘を登ると暑くなり,谷を下ると寒くなる。そして,赤いブラックベリーが実る」。誇張表現だが,ヒバリやツグミの気候順化を試みた移民たちからは,共感をもって受け入れられたことだろう。さらに,オーストラリアにはイギリス式の遊猟が持ち込まれ,シカ,キジ,ウズラなどの猟獣・猟鳥の気候順化が試みられた[Dunlap 1997:305-307]。

　ノスタルジアの表現としての気候順化は,アメリカにおいても大きな痕跡を残すことになった。ニューヨークにあるアメリカ気候順化協会のユージーン・シーフェリンは,シェイクスピアの作品に登場する鳥種すべてを,アメリカで繁殖させることをめざし,1890年代初頭,セントラル・パークにイギ

リスから入手したホシムクドリを放した。ホシムクドリはそもそも北米大陸には存在しなかったが，現在ではアメリカ合衆国内に約2億羽のホシムクドリが生息すると推定されている。野生化し，アメリカの日常風景に溶け込んでしまったのである[Ritvo 2012:407]。

一方，インドの場合は，気候順化ネットワークとの接続が動物学の制度化をもたらした。これまでみてきたように，気候順化のネットワークは必ずしも発展的持続性があるわけではなかった。ひとつひとつは短命な，いくつものプロジェクトによって維持されていた。しかし，総体としてみると，それは，柔軟性と重層性をもっていたともいえる。そうしたネットワークのハブになったのが，カルカッタの大商人，ラジェンドロ・マリックだった。幼くして父親を亡くしたマリックは，アイルランド人の後見人のもとで教育を受け，その影響もあり，自然史に関心をもった。成人後はマーブル・パレスと呼ばれる豪奢な邸宅の隣に動物園を開いた。マリックは，ミチェルが計画したヒマラヤ産猟鳥の気候順化プロジェクトにも協力し，100羽以上の猟鳥を提供した。その後も，ヨーロッパやオーストラリアの協会と積極的に動物を交換し，動物園を発展させた。あるイギリス人訪問者は，「動物園には，〔アフリカの〕ダチョウや〔オーストラリアの〕エミュから，中国のオシドリや〔ニューギニアの〕ゴクラクチョウまで，ありとあらゆる土地の鳥類が飼育されていた」と記録している。

さらに，マリックはカルカッタ動物園(1874年開園)の設立にも寄与した。この頃には，専門的訓練を受けたインド人がしだいに動物学研究に従事するようになり，専門職におけるインド人登用の道が徐々に開けていった。ナショナリズムの隆盛とともに，彼らは「インドについての動物学」だけではなく，「インドにおける動物学」の構築をめざすようになる。マリックの動物園は，イギリス帝国の周縁に位置するたんなる動物の供給源ではなかった。「動物学帝国」の展開を促す，大きな動力源だったのである[Ito 2014:170-171]。

動物学帝国の遺産

フランスとイギリスにおいて気候順化が求心力をもったのは，つまり，動物の地理分布を人為的に操作し，理想の畜産や景観を実現できるという夢にリアリティがあったのは，1860年代までだった。この頃，イギリス科学振興協会において気候順化委員会が結成されたが，その委員のひとりである英国

博物館のジョン・エドワード・グレイは，1864年の科学振興協会全国大会で，つぎのように気候順化を否定した。「いわゆる気候順化などというものは実現不可能である。対象となる動物の習性が正しく理解されていれば，そのような提案などでてくるはずもない」。進化論者のアルフレッド・ウォレスは，『ブリタニカ百科事典』(第9版，1878年)の「気候順化」の項目を執筆した際に，「気候順化の問題はほとんど理解されていない。それを否定する論者までいる」と冒頭で説明している[Ito 2014:159-160]。この頃，フランスにおいても，気候順化が科学知の参照系として通用しなくなっていたのは，すでに論じたとおりである。

「動物学帝国」の軸足は，世紀末にかけて非ヨーロッパ圏へと移っていった。オーストラリアのヒツジやアメリカのホシムクドリのように，気候順化はそこではっきりとした痕跡を残した。同時に，あるいはやや遅れて，自然界におよぼす影響が懸念されるようになった。オーストラリアにおけるウサギの害獣化が，おそらくもっともよく知られているだろう。原因は，ヴィクトリア気候順化協会の会員が，遊猟を楽しむために，24匹のウサギを野に放ったこととされている。繁殖力の高いウサギは急激に増加し，植生に打撃を与え，土壌を浸食し，いわゆる環境破壊を引き起こした。20世紀初頭，オーストラリア政府は，ウサギの拡散を防ぐために，1800キロにおよぶフェンスを西オーストラリア州に敷設したが，どれほどの効果があったのか正確にはわからない。1950年になって，兎粘液種を用いた生物学的駆除により，大幅に生息数を減らすことに成功した。しかし，その後，宿主を殺してしまわないようにウィルスが弱毒化して適応したため，この方法は以前ほど有効ではなくなっている[Dunlap 1997:312-315]。

アメリカでは，1900年，マサチューセッツ州において在来植物保護協会(現ニューイングランド野生植物協会)が，「在来種」の保護を目的とした合衆国最古の協会として誕生した。これは，気候順化のために導入された動植物が「外来種」と認定され，場合によっては駆除の対象となったことを示している。なお，アメリカは1882年に中国人排斥法を，1924年には「排日移民法」の名称でも知られる，より包括的な移民法を制定した。移民排斥論者は，「生まれながらのアメリカ人」を基盤とするナショナル・アイデンティティの構築をめざした。つまり，アメリカが帝国であることに由来する人種的・文化的混交が，アメリカ人とは何か，アメリカのアメリカらしさとは何かと

第8章　帝国・科学・アソシエーション

いう問題を突きつけたのである。

　在来種保護運動も同じように，アメリカの自然を侵略的外来種(invasive species)から守るという，いわば「ナチュラル・アイデンティティ」の発露だった。それは，文明によって絶えず手を入れられてきたヨーロッパの自然とは異なる「手つかずの自然」があるという自負，そして「手つかずの自然」こそ本来の自然の姿であり普遍的価値をもつという環境思想を，アメリカが育んでいくことにつながっていく。このような意味において，世紀転換期のアメリカ帝国と「動物学帝国」は，合せ鏡のように重なり合った[Ritvo 2012:412]。同時期のオーストラリアでも，白豪主義の法制化と外来種駆除運動とが並行した[藤川 2004:106-118]。

　結局，前世紀に崩壊した欧米の植民地帝国が多くの負の遺産を残したように，「動物学帝国」は環境破壊をもたらしたといえるのだろうか。そう簡単には論じることができない事例を，最後に紹介しよう。中国にシフゾウというシカ科の動物がいる。角がシカ，首がラクダ，蹄がウシ，尾がロバに似ているが，そのいずれとも違うということから四不像と名づけられた。『封神演義』において太公望が騎乗する霊獣のモデルとなった動物である。19世紀には，すでに野生において絶滅しており，皇帝の狩猟場である南苑においてのみ生息していた。

　このシフゾウがヨーロッパにおいて知られたのは，1860年代，北京在住のフランス人宣教師アルマン・ダヴィドの「発見」を通じてである。その後，南苑の飼養群は，義和団の乱(1900年)による混乱のなかで全滅してしまった。しかし，英・仏・独の私設メナジュリでは，ひそかに運び出されたシフゾウが飼養されていた。そこで，ロンドン動物学協会会長の第11代ベドフォード公爵が，これらの私設メナジュリから18頭のシフゾウを集め，自身のメナジュリにおいて繁殖を試みたのである。初期には近親交配による繁殖力の低下がみられたが，第二次世界大戦後は生息数が増加し，北京動物園など世界各地の動物園でも飼育されるようになった。現在，江蘇省塩城市のシフゾウ保護区において，野生化プロジェクトが進行中である。ベドフォード公爵によるシフゾウの繁殖は，今日，国際自然保護連合によって，種の保存の古典的事例として紹介されている。

　もともと，種の多様性や生物の地理分布という基本概念は，ウォレスなどの気候順化研究者が19世紀末に準備したものである(図3)。気候順化も環境

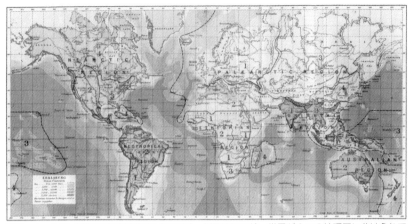

図3 ウォレス『動物の地理的分布』(1876年) 折込みの口絵。世界が6つの地理区に分けられている。現在では8つの生物地理区がある。環境保護において重要な概念。

保護も，自然に対して「最適」な人為的介入を志向する点は同じである。「最適」の意味するところは，大きく変わった。私たちは今，「動物学帝国」のポストコロニアルを生きている。

　本章は，最初に2つの空間のとらえ方を提示した。ひとつは，境界線を設定し，領域を確定するとらえ方。もうひとつは，移動する「何か」を追い，それが広がる舞台に着目するとらえ方である。そして，後者の視点から，イギリス帝国，フランス帝国とは異なる位相をもつ，「動物学帝国」という「アソシエーショナル」な空間を探究した。この試みを振り返ってみると，空間には3つ目のとらえ方があることに気づかされる。それは，分析対象に意味を与える場，つまり，歴史叙述が生産される場としての空間である。気候順化によって人・動物・知識が移動した舞台を「動物学帝国」と設定することで，その空間的広がりと特質について体系的に記述することが可能になった。相対的に自律した空間的位相を与えることで，イギリス帝国やフランス帝国との関係を考察することができるようになった。このような方法論の有効性は，気候順化というテーマに限定されない。移民，宣教，疾病，学知など，さまざまなテーマへと応用可能だろう。そのような歴史叙述の実証性は，対象とする空間の「実態」にそくして，しっかり検証されなければならないことはいうまでもない。空間とは何かを問うことで，歴史叙述に広がり

第8章　帝国・科学・アソシエーション

と奥行きが与えられる。そのような意味においても，空間は歴史学にとって不可欠の概念なのである。

参考文献

大野誠 1998.『ジェントルマンと科学』山川出版社
金澤周作 2008.『チャリティとイギリス近代』京都学術出版会
川北稔・藤川隆男編 2005.『空間のイギリス史』山川出版社
川島昭夫 1999.『植物と市民の文化』山川出版社
工藤晶人 2013.『地中海帝国の片影——フランス領アルジェリアの19世紀』東京大学出版会
小関隆編 2000.『世紀転換期の人々——アソシエイションとシティズンシップ』人文書院
近藤和彦 2007.「チャリティとは慈善か——公益団体のイギリス史」『年報都市史研究』15
立石博高 1984.「18世紀スペインの移動牧畜業」『人文学報』(東京都立大学) 167
藤川隆男編 2004.『オーストラリアの歴史——多文化社会の歴史の可能性を探る』有斐閣
水野祥子 2006.『イギリス帝国からみる環境史——インド支配と環境保護』岩波書店
リトヴォ，ハリエット(三好みゆき訳) 2001.『階級としての動物——ヴィクトリア時代の英国人と動物たち』国文社
Anderson, Warwick 1992. 'Climates of opinion: acclimatization in nineteenth-century France and England', *Victorian Studies*, 35
Dunlap, Thomas R. 1997. 'Remaking the land: the acclimatization movement and Anglo ideas of nature', *Journal of World History*, 8
Ito, Takashi 2014. *London Zoo and the Victorians, 1828-1859*, Woodbridge, Royal Historical Society
Lever, Christopher 1992. *They dined on eland: the story of the acclimatisation societies*, London, Quiller Press
OED: *The Oxford English dictionary*, 1884/1933-　(オンライン版)
Osborne, Michael A. 1994. *Nature, the exotic and the science of French colonialism*, Indiana UP
Osborne, Michael A. 2000. 'Acclimatizing the world: a history of the paradigmatic colonial science', *Osiris*, 2nd ser. 15
Outram, Dorinda 1984. *Georges Cuvier: vocation, science and authority in post-revolutionary France*, Manchester UP
Parsonson, Ian 1998. *The Australian ark: a history of domesticated animals in Australia*, Collingwood, CSIRO Publishing

Ritvo, Harriet 2012. 'Going forth and multiplying: animal acclimatization and invasion', *Environmental History*, 17

伊東剛史

第9章 大西洋を渡ったヨーロッパ人
19世紀のヨーロッパ移民とアメリカ合衆国

「もしこのペースでアイルランドからの移民が続いたら，30年後のアメリカにはアイルランド人しかいなくなるだろう」。これは，カール・マルクスの盟友フリードリヒ・エンゲルスが1860年代の末にいったことばである。アイルランドはヨーロッパ西端の小国であり，その一方でアメリカ合衆国は北米大陸を横断する広大な国土をもっていた。アメリカがアイルランド人移民でいっぱいになるなどというのは無茶な話に思えるが，エンゲルスは冷徹な観察者である。両国のあいだに何が起こっていたのだろうか。この章ではこうした移民について考えよう。

移民は，歴史研究のテーマとしては比較的新しい。というのも，歴史学は「国民」の形成をおもな課題としてきたため，「国民共同体」からはずれていった集団である移民は，取り上げにくいテーマだったからである。だが，現在では歴史学のテーマは多様であり，またグローバル化とも関連する現象である移民の研究は，むしろ優れて今日的な意味をもつといえる。

ところで移民とは何だろうか。国内の移住は除外したとしても，国境を越えた移動がすべて移民現象というわけではない。いわゆる民族大移動や，征服・占領のような国家事業にともなう人の移動，または奴隷貿易のような人の強制的な運搬，あるいは観光や交際のための旅行は，この章でいう移民とは違う。ここでは，私人たちが，生活や労働の場を求めて自発的に国境を越えて移動することを移民(emigration)と定義しよう。良い働き口のある時期にだけ他国に渡る季節移民や，迫害を逃れるための難民も移民の一形態だが，この章で注目するのは，19世紀から20世紀初めにかけてヨーロッパ各地からアメリカ合衆国に向かった大西洋移民である。

プッシュとプル

19世紀の前半，ヨーロッパ諸国から多くの移民が合衆国に渡ったが，そのうち最大のグループがアイルランド人だった。世紀後半にもアイルランドからの大量移民は続いた。アイルランドのような小国がそれだけの人間を送り

出すことには無理があり，移民が続いた結果，出生率は変わらなかったにもかかわらず19世紀末のアイルランド人口は世紀初めより少なくなってしまった。これは当時のヨーロッパで例外的なことである。19世紀のヨーロッパ諸国は，やはり大量の人間を国外に送り出しながらも，人口は増加していた。

　なぜアイルランドはこうした「出血」移民を続けたのだろうか。一般に移民の原因について考える際には，プッシュ要因とプル要因の2つがあげられる。「条件の悪い国」からは多くの人が外に出て行こうとするだろうし（プッシュ要因），また「条件の良い国」は，多くの国から移民を引き寄せるはずである（プル要因）。19世紀のアイルランドでは，両方の要因が作用していた。先にプッシュ要因をみると，19世紀前半のアイルランドは，18世紀から長期的な人口増加が続いた結果，耕地面積当りの人口はヨーロッパで最高となっていた。このため農村では人があまり気味だったのだが，工業化・都市化が遅れており，食いぶちを求めて都市に流入したり，出稼ぎに行ったりする機会も限られていた。さらに1850年前後には，いわゆるジャガイモ飢饉によって「食えない」人間が急増し，状況はいっそう悪化していた。1840年代後半から50年代前半にかけて，人口800万程度の国から200万人以上の人間が移民することになった［Donnelly 2001:chap. 7］。この時期には，プッシュ要因がとくに強く作用していたと考えられる。

　ただし，アイルランドからの移民は，農村での生活水準が向上しつつあった19世紀後半も続いており，世紀末にはアイルランド生まれの10人に4人は国を離れることになった。この場合，プッシュ要因だけでは説明として不十分であり，プル要因（アメリカ合衆国の魅力）を考える必要がある。急速な工業化が進むと同時に広大な土地をもつ合衆国は，新規の移民に無限の機会を提供するようにみえた。また，先に渡っていた人間が残された家族に送金したり，生活ぶりを手紙で伝えたりしたことが，続く者の移民熱をかきたてた。1852～62年にかけて，合衆国移民からのアイルランドへの送金は1000万ポンド以上に達したとの記録がある。誇張を割り引いたとしても，当時のアイルランドの財政規模が年間500万ポンド程度だったことを考えると，かなりの額である。移民から送られてくる手紙は，サクセスストーリーばかりが書かれた偏ったものではあったが，事情を知らない本国の人間にとっては，「黄金の国」としてのアメリカ合衆国のイメージを形成するもとになった［明石・飯野 1997:123］。

なおアイルランド人は，アメリカ合衆国だけでなく，隣のグレートブリテンにも大量に渡っていた。この場合もプッシュ・プル両方の要因が作用していたはずである。すでにアダム・スミスは，『諸国民の富（国富論）』（1776年）において，栄養に優れるジャガイモを主食とするアイルランド人移民労働者・売春婦の壮健ぶり，美女ぶりを賞賛していた。先にあげたエンゲルスも，もしも大量のアイルランド人移民労働者がいなかったとすれば，19世紀グレートブリテンの工業化はあれほど急速には進行しなかっただろう，と述べている［エンゲルス 1990:179］。祖国で劣悪な境遇で生きてきたアイルランド人は，工業都市で低賃金での暮らしにも耐えることができた。このためアイルランド人労働者に引きずられるかたちで工業労働者の賃金が全体に下がり，資本家は設備投資に振り向ける資金を大きくすることができ，結果として工業生産が順調に拡大した。言い換えれば「アイルランド人移民労働者なくして世界の工場なし」というわけである。この解釈には異論もあるが，いずれにせよ19世紀のグレートブリテン（基本的にプロテスタントの地）に大量のアイルランド人（大半がカトリック）が移民してきたことの社会的インパクトは大きく，グレートブリテンにとっては，11世紀のノルマン征服以来の規模での異邦人の到来だったといえる。このため反アイルランド人感情や差別も少なからず引き起こされたが，リヴァプール出身のビートルズの4人のうち3人はアイルランド人を先祖としていたことも付け加えておこう。

19世紀の大西洋移民

19世紀のアイルランド移民は，人口減少をともなった点で世界史における移民現象でも際立ったケースといえる。とはいえ，アイルランド人に限らずヨーロッパ人は全体に，歴史を通じてきわめて活発に移動する人びとであった。大西洋移民とは，ヨーロッパ社会に古くから根をおろしていた移動という慣行を，大航海時代以降の状況に適合するようにアレンジした行為だったともいえる。ただし，19世紀の移民と比べると，それ以前に大西洋を渡った人間ははるかに少ない。「新大陸の発見」から1820年までのあいだに南北アメリカに渡ったヨーロッパ人は，合計しても230万人程度と計算されており，これはその後の大西洋移民はもちろん，同時期に奴隷貿易で運ばれた800万人のアフリカ系黒人と比べてもはるかに少ない［以下，移民関連の数値は Wandycz 1980；Hoerder & Moch 1996；山田・大津留・柴田・北村・藤川・国本 1998；紀平 1999；Gabaccia &

Hoerder 2011 を参照]。

　ある程度正確な統計が存在する1824〜1924年にかけて，約5200万人がヨーロッパから外部に移民した。ヨーロッパの人口は1800年から1900年にかけて約2億人から4億人強に増えていた。こうした人口増加はヨーロッパ史上前例のないものであり，当時のヨーロッパ各国にさまざまな政治・社会・経済問題を突きつけることになったのだが，じつは増加人口の一部を海外に送り出すことも対処法のひとつだったのである。移民先のうち最大のものが北米大陸であり，1824〜1924年に約3700万人のヨーロッパ人を吸収した。そのほとんどがアメリカ合衆国である。さらに1100万人のヨーロッパ人が同時期に南米大陸に向かっていた。移民は残された家族・友人にとっても小さからぬ意味をもったことを考えると，19世紀のヨーロッパに生きた人間にとって，大西洋移民はかなり身近な現象だったと推測できる。

　もちろん，19世紀の移民をひとくくりにしてしまうのは乱暴な面もある。19世紀は交通革命の時代でもあり，世紀初めと終わりでは，大西洋を渡るための条件が大きく違っていた。ここでは船舶だけでなく鉄道も重要である。19世紀の後半にはいると，アイルランドのような島国だけでなく，それまで海とはほぼ無縁の生活を送っていた中東欧の内陸部からの移民が増えるが，これは，彼らを海港まで運んでくれる鉄道網の発達を前提としていた。船舶についてみると，19世紀初頭まで，大量の人間を大西洋を渡って運ぶための船は奴隷船以外になかった。また当時の帆船では，ヨーロッパからアメリカ合衆国までの航海は約50日かかった。平均的な成人は週に約40キロの食糧と水を必要としたため，船の規模を考えると1回の航海で輸送できる人間の数は20〜30人程度であった。ところが世紀末には，蒸気船の就航によって航海日数は5〜6日に短縮され，船の大型化もあって一度に2500人もの集団を運ぶことが可能となった。

　ただし，帆船から蒸気船への移行は単純なプロセスではなかった。大西洋での蒸気船の定期的な運航は1830年代末に始まるが，当初の蒸気船は運賃が高く，乗客は，高額な個室料金を支払える富裕なビジネスマンか旅行者に限られていた。その一方で生活のために合衆国に向かう移民は帆船に乗り込み，それも大部屋に1カ月以上も乗り合わせて大西洋を渡った。蒸気船が大西洋移民の搬送に本格的に用いられるようになったのは19世紀後半のことである。この時期に合衆国産農産物のヨーロッパ向け輸出が大規模に始まったため，

図1　新天地に向け出発する移民

図2　移民船での夕食

移民を送り出した後の帰りの便でも船荷を確保できるようになり，船会社にとって船を大型化することが合理的な選択となった。こうして世紀末に大型の蒸気船がつぎつぎと就航し，一等・二等船客（商用客・旅客）と大部屋船客（移民）を合衆国に運び，帰りは一等・二等船客と農産物を積んで戻ってくるパターンが定着した。なお，19世紀を通じて移民が増加した事実と，船賃との関連を見出すのは難しい。とくに世紀末に移民が大きく増えたのは事実だが，じつはこの時期に船賃はさして低下してはいない（船室の環境は改善された）。移民は，アメリカ合衆国での豊かな生活が約束されていると考えて，少々高くとも片道切符を買ったのであろう［Gabaccia & Hoerder 2011］。

　合衆国への移民を国別にみると，19世紀の後半にはドイツからの移民が急

増して，アイルランド人にかわって最大の移民集団となった。ドイツ系移民は1840年代には40万人強，50年代に100万人弱に達し，のちに減少したもののピーク時の80年代には150万人が合衆国に到来した。だがこの数も，続く「新移民」と比べると控え目にみえる。

　1891〜1909年の約20年間に，東欧・南欧からの「新移民」が820万人近くも到来した。その前の1821年から90年の70年間に合衆国にきたすべての移民が合計1540万人程度だったことを考えると，彼ら新移民は驚くべき規模で到来したといえる。その代表格のイタリア人移民は，1870年代には6万人足らずだったのが，80年代には30万人強，90年代には65万人，1900年代には200万人が入国するなど際立って増えている。ポーランド系をみると，1870年の段階で合衆国には5万人程度が住んでいたのみだったが，その後1914年までに約350万人が，ロシア領，ドイツ領，オーストリア＝ハンガリー領から到来したとされる。この当時，ポーランドは実質的にこれら3つの帝国のあいだで分割されていた。ユダヤ人も，1900〜14年に約150万人が到来している。

　ただし，この頃になると，大西洋横断が以前より手軽になったこともあり，とくにイタリア人やギリシア人のあいだでは出稼ぎ移民も多かった。これに対してユダヤ人は，ロシアでの迫害から逃れてきた者が多く，家族単位でアメリカ合衆国に定住しようとする傾向が強かった。いずれにせよ，おびただしい数に達した移民が稼いで母国に送ったり持ち帰ったりしたお金も巨額であり，イタリア人移民の例をみると，本国の19〜20世紀転換期の貿易収支は輸入超過だったが，移民の稼ぎの恩恵により，国際収支は黒字であった。同じく新移民をだしたポーランドの場合も，地域によっては，移民からの送金収入が農村社会全体を大きく潤したとされ，ギリシアの場合は，時期がややずれるが第一次世界大戦直後に移民が主要産業となっているとの論評さえだされていた。

　移民の多くは，ある程度の伝手を頼りにアメリカ合衆国に渡っていた。第一次世界大戦直前の合衆国移民の80％は，親類縁者を受入れ先にもっていたと考えられている。先にアメリカに渡った者が，家族や親類の渡航費用を稼いで送金することも，大量の移民が継続して渡ってくることを可能とした。ただし，悪質なエージェントに中間搾取されたりだまされたりすることもあり，移民はつねに不安定な立場におかれていた。このため，ドイツ，イタリア，ハンガリー，ギリシアなど多くの国で，政府が移民の規制や保護に取り

組むことになった。

移民とアメリカ合衆国

　こうして大量の移民を吸収していたアメリカ合衆国の側に目を転じてみよう。じつは19世紀の大西洋移民は、受け入れる側にとっていっそう大きな意味をもった。そもそも合衆国の人口は、1800年の時点で530万人程度にすぎず、この地に19世紀を通じて2000万人以上の移民が押し寄せたことは、相当なインパクトがあったはずである。1850年の合衆国人口のうち、70％以上が30歳以下の人間だったが、その要因のひとつに、若者を移民として大量に吸収したことがある。また合衆国人口は1850年には2300万人、1900年には7600万人に急増するが、これは移民なくしては不可能だった［紀平 1999：157］。

　彼ら移民は、入国を拒否されることはほとんどなく、原則的に５年間居住すれば合衆国に帰化することができた。こうした移民への寛大な姿勢は、大枠のうえでは第一次世界大戦後まで続く。なお、19世紀の合衆国移民のうち、アジア系、アフリカ系、さらには中南米の出身者は少ない。アヘン戦争以後に海外へ出るようになった中国人が合衆国にも渡り、大陸横断鉄道の建設に従事したことはよく知られているが、数のうえでは圧倒的な少数派であり、19世紀の移民のほとんどがヨーロッパ系の人びとであった。

　到着したばかりの移民は、ニューヨークの自由の女神像を望むエリス島で入国審査を受けた。映画『ゴッドファーザーⅡ』に印象的なシーンがある。入国を許されたのち、彼らはまずは東部の都市にはいりこんだ。19世紀の合衆国で都市化が急速に進んだ要因のひとつは、こうした移民にあった。合衆国は独立後しばらくのあいだ、基本的に農業国であり、都市は小さかった。1820年の段階でも都市人口は総人口の７％を占めるのみだったが、60年には20％、1900年には40％に増えている。この間に総人口も10倍以上に増えていたことを考えると、都市の成長は驚異的といってよい。ただし、そこには負の側面もあった。都市にはいりこんだ移民のうち少なからぬ者が、過酷な肉体労働や劣悪な居住環境のために、夢を実現する前に命を落とした。移民の到着後の平均余命はわずか６年だったとする計算や、19世紀の合衆国都市における死亡率はジャガイモ飢饉中のアイルランド農村よりも高かったとの試算もある。

　到着して都市で生き延びた移民のすべてが、そこにとどまったわけではな

い。少なからぬ者が機会をみて西へ移動したのである。歴史地図をみれば一目瞭然だが，18世紀末に独立したときのアメリカ合衆国は，北米大陸の東側3分の1程度を占めるのみの国であった。その後急速に西方に国土を拡大して，早くも19世紀半ばに大陸西岸に達することになった。ここで注意すべきは，新たに国土を獲得したといっても，少数の先住アメリカ人（インディアン）が住む人口希薄な土地が多かったという事実である。こうした場所では，おもにグレートブリテン，ドイツ，北欧からの移民が家族単位の農場に入植するか，あるいは広大な奴隷制プランテーションが設立されるかして，原野が農地に整備されていった。合衆国の都市化だけでなく国土拡張にもヨーロッパからの移民が重要な役割を演じたわけだが，これは同時に先住アメリカ人から居住地を奪う過程でもあった。

　もちろん，都市で生きることを選ぶ（選ばざるをえない）移民も多かった。19世紀のアメリカ合衆国は，都市と国土を急激に拡張すると同時に，工業生産を驚異的な勢いで増大し，世紀末には世界最大の工業国となっていた。こうした急激な工業化を支えたのが，海を渡って続々と到着し，急速に拡大する都市でプロレタリアートとして低賃金労働に従事した移民だったのである。先に紹介したグレートブリテンの工業化に関するエンゲルスのことばは，アイルランド人だけでなく移民全体に拡大してみれば，合衆国の工業化についても妥当すると考えられる。先にあげた，移民が母国に送った，あるいは彼らが稼いで戻った巨額のお金の背後には，これらさまざまな苦難があったことは見逃せない。

　工業化が進んだ結果，合衆国社会も大きく変わった。19世紀前半の合衆国は，先住民や黒人奴隷を除いたヨーロッパ系の人間に関する限り，比較的に経済的格差の小さな社会だったといえる（ただしジャガイモ飢饉時のアイルランド人は別）。また合衆国には貴族制度は存在せず，同時代のヨーロッパで世襲財産と身分制に基づく王侯貴族の力がまだ失われていなかったことと顕著な違いをなしていた。実際フランス人トクヴィルは，将来の人類社会の基本原理として「条件の平等（デモクラシー）」を考えており，その長所と短所を先例に学ぶために1830年代の合衆国を訪れたのである。だが19世紀の後半には，奴隷制は廃止されていたものの，工業化の進行とそれを支えるプロレタリアートとなる移民の大量到来によって，アメリカ合衆国は，ヨーロッパとは別なかたちでの格差社会となりつつあった。

20世紀にはいると、合衆国の移民に対する姿勢が変わり始める。民間レベルでの移民排斥運動はそれ以前からあったが（次頁参照）、新たに政府も移民に対して厳しい眼差しを向け始めたのである。合衆国社会への移民の影響をはかるため、連邦議会の上院移民委員会が全土で包括的な調査をおこない、1911年に42巻にもおよぶ報告書を提出した。そこでは、東欧・南欧からの移民は、身体強壮ではあるが教育水準や生活習慣、言語などで在来のアメリカ人と異なっており、これら「異邦人の血が大量に持ち込まれたことが」、合衆国の地域共同体に社会的・道徳的堕落をもたらしていると指摘している。人類史上未曾有の規模で人間が大陸間を移動した19世紀が終わり、移民制限の時代がこようとしていたのである。

反アイルランド人感情

　個々の移民集団の経験に目を向けよう。移民たちは、出稼ぎではなく定住を選んだ場合、どのようにして新しい国になじんでいったのだろうか。基本的に彼らのほとんどが生活のためにアメリカ合衆国に渡っており、その意味では日々の暮らしや労働こそが最大の関心事だったともいえる。だが同時に、祖国を離れて新しい世界に飛び込んだ人間にとっては、どのようにして「アメリカ人」になるのか、あるいはならないのかという、アイデンティティにかかわる問題も切実だった。

　ヨーロッパからきた移民がアメリカ人になる、すなわち合衆国社会に同化する過程は、紆余曲折や困難に満ちていた。その過程においては、アメリカ合衆国に固有の2つの問題が大きな意味をもった。第1が黒人奴隷制である。大航海時代以降のヨーロッパ諸国は、奴隷貿易によってアフリカから南北アメリカに黒人を運ぶことはあったものの、国内に黒人奴隷の集団をかかえた社会ではなかった（例外はイベリア半島のスペイン、ポルトガル）。さらに19世紀初めまでには、ほとんどの国で制度としての奴隷制は法的に禁止されていた。この一方でアメリカ合衆国の南部には奴隷州が残っており、南北戦争前夜には約400万人の黒人奴隷が存在した。第2に、新たに到来した移民集団は、他の集団からの反応、それもしばしば否定的な反応にさらされつつ、自らの新しい居場所を見出さねばならなかった。たとえば、アイルランド人移民はほとんどがカトリックであり、またドイツ系移民は英語を話せなかった。建国期以来の支配集団だったプロテスタント、それもときとして独善的な傾

向を示すピューリタン色の強いアングロ゠サクソン系からすれば，彼らは「異邦人」であり，このためアイルランド人やドイツ系移民の参政権制限を唱える政治団体がつくられたほか，排斥デモがおこなわれたり，移民に暴力がふるわれたりすることもあった。

　この一方で，アイルランド人とドイツ系の移民のあいだにも違いがあった。12世紀以来，アイルランドはイングランド・スコットランドによる征服・入植の対象となっており，先住のゲール系アイルランド人（カトリック）は，宗教・文化の違いに基づく差別の対象とされていた。こうした境遇は合衆国にあっても変わらず，とくにジャガイモ飢饉時のアイルランド人は難民に近い存在だったこともあり，合衆国政府は彼らの渡航を禁じた。このためアイルランド人は英領カナダ経由で合衆国にはいったが，都市での未熟練肉体労働に就くことが多く，「新移民」が世紀末に到来するまでは，ヨーロッパ系の集団のうちでも最下層に位置づけられていた。さらにいえば，じつはアイルランド人移民は最初から「ヨーロッパの白人」だったわけではない。

　大西洋を渡る前のアイルランド人にとって黒人はなじみのない存在だったため，彼らは人種主義的な発想法をもちあわせなかった。このこともあって，合衆国でのアイルランド人移民は，北部の工業都市で自由黒人と同じような低賃金の職種に就き，また居住区も隣合わせることが多かったが，黒人たちと良き隣人関係を築く例は珍しくなかった。ところが，アメリカ合衆国の移民排斥主義者たちは，アイルランド人を「本来のヨーロッパ系白人」ではなく，それよりも「下等な種族」もしくは「黒人」に類する存在とした。当時アイルランドは「ケルト人」の文化を残した地域とみなされていたが，ケルト人は古代ローマ帝国や，ゲルマン人といったヨーロッパ文明の主役によって住処(すみか)を追われ，ヨーロッパの西端に細々と生きていた種族と目されていた。こうした歴史理解に，当時登場したばかりのダーウィンの進化論が曲解して接ぎ木されたことで，アイルランド人は生存競争に敗れた遺伝的に劣った種族の末裔(まつえい)であるとのイメージが広まってしまったのである。「劣等性」を強調する一例として，アイルランド人は猿のイメージで絵に描かれることもあった。こうした疑似科学的な人種論は，生まれつきの，言い換えれば後天的な努力では変更不可能なかたちで優劣を決めつけようとするものであり，差別される側にとっては耐えがたい。このためアイルランド人移民は，自分たちを新たに「白人」に分類し，「黒人」とははっきり区別される存在として

示そうとした。結果的にアイルランド系アメリカ人は，強硬な人種主義者となって黒人奴隷制擁護論を展開したり，職場や生活区域において黒人迫害の急先鋒として振る舞ったりすることもあったのである。

　アイルランド人ばかりを非難するのはフェアではない。アイルランド人には奴隷制反対論者も少なくなかったし，逆にドイツ系移民のあいだにも人種主義的な思考法はみられた。そもそも，19世紀アメリカ合衆国でのヨーロッパ系白人は，黒人の奴隷身分からの解放を唱える場合でも，黒人は白人よりも劣っているとみなし，政治的平等や平和的共存など論外であると考える者も少なからずいた。その典型が，黒人奴隷は解放すべきだが，解放後は混血を防ぐためにも黒人を白人とは別な地域に植民させるべきと主張したリンカンである［紀平 1999：170］。

　アイルランド人移民集団は，20世紀にはいると合衆国社会の最上層にも手が届くようになっていた。たとえば，J・F・ケネディ大統領は，富裕なビジネスマンを父として生まれたが，一家はジャガイモ飢饉時のアイルランド移民を先祖としており（大統領は4代目），またレーガン大統領も，ほぼ同じ頃にアイルランドを去った移民（ロンドンから合衆国に渡った）の4世である。レーガン家は1世のときに「オレーガン」から苗字を変えている。「オ」はアイルランド語で「人の子孫」を意味する接頭辞であり，これをはずした姓を名乗ったのは，グレートブリテンおよびアメリカ合衆国における反アイルランド感情への対応を思わせる。とはいえ別な例もある。『風と共に去りぬ』の主人公スカーレット・オハラの父は，奴隷農場主として成功したアイルランド移民の1世であり，彼はアイルランド人であることを誇りとしていた。いずれにせよ，今日でも，ウィキペディアでアメリカ合衆国の政治家や俳優，アーティストなどを検索してみると，「アイルランド系」との表記があることが少なくない。

「48年組」

　ドイツ系移民の経験はどのようなものだったのか。19世紀半ばまでのドイツは大小40近くの領邦や都市に分かれ，統一されたドイツ帝国が誕生するのは1871年と遅かった。さらには，統一ドイツの中心プロイセンは，じつはドイツ史においては辺境の北東部で中世に興こった国であり，古代ローマ帝国の支配を受けたライン川流域の南西部とは地理的にも文化的にもかなり異な

っていた。このため統一以後もドイツ系移民は，言語が共通だった点を除くと，出身地域による多様性が豊かであった。また宗教的には，ルター派プロテスタントに加えてカトリックも少なくなかった。奴隷制に関する姿勢も一概にはいえないが，彼らはアフリカ系よりもむしろアイルランド人を見下す発言をすることが多かったようである。ドイツ系移民はどのように合衆国に同化したのか，そしてその際に，かつてもっていた地域の多様性がどのように変容して「ドイツ移民」としての意識を形成したのだろうか（この問題は，まだ日本では本格的な研究がなされていないようである）。

　ドイツ系移民で注目に値するのが，1848年のドイツ諸国における革命の挫折により亡命した人びと（「48年組」）である。彼らは人数では数千人にすぎなかったが，文筆業に携わることが多く，このため他のドイツ系移民に対する影響力も大きかった。「48年組」は革命家であると同時に理想主義者でもあり，アメリカ独立宣言や合衆国憲法の精神への共感の強さにおいて際立っていた。それだけに，そうした理想と，奴隷制，移民排斥，政治の腐敗といった現実とのあいだのギャップに強く幻滅してもいた。このため「48年組」は積極的に奴隷制反対の論陣を張り，また移民排斥に対しては，選挙に際してドイツ系移民の票を取りまとめるなどして対抗する動きをみせた。

　この一方で，彼ら「48年組」は合衆国を永住の地とは考えていなかった。彼らはつねに祖国の情勢を注視しており，再度革命の火の手があがればすぐに帰国するつもりであった。ドイツ系移民から広く拠金させて祖国での革命の資金とする計画も立てられた。だがこうした動きは結局挫折し，またドイツの政治情勢も平穏を保っていた。「48年組」がドイツでの再度の革命の希望を捨て始めた時期に，奴隷制廃止の問題が先鋭化し，ついにアメリカ合衆国を二分するにいたった。「48年組」はほとんどが共和党の支持者となり，北部で連邦や州政府の官吏となる者や，南北戦争勃発後に北軍に従軍して活躍する者も少なくなかった。彼らはここに，再び行動のための大義を見出したわけだが，それは同時に，合衆国社会への同化も意味したのである。

新移民の経験
　新移民に目を向けると，19世紀末に到来した彼らにとって奴隷制は過去の問題だったが，合衆国社会に居場所をみつけなくてはならなかった点では，先着のアイルランド系やドイツ系と同じ課題をかかえていた。なお新移民の

うちの最大集団をなしたイタリア系移民は，アイルランド人に対して羨望(せんぼう)の眼差しを向けることがあった。このことは，先述のようにアイルランド人移民の地位が相対的に高くなりつつあった事実から説明できる。

　イタリア系移民の大多数は南部の貧しい農村出身の男性であり，出稼ぎとして大西洋を往復する者も少なくなかったが，定住し縁者を呼び寄せることもあった。こうしてイタリア人のコロニー(リトル・イタリー)が合衆国各地に形成されたが，彼らは英語を話せなかったことに加えてカトリックでもあり，合衆国社会になじむのはやはり容易ではなかった。このためイタリア系移民は，家族などの血縁や出身地の地縁を何より重視し，相互扶助の組織をつくりだした。同時に，到着してからしばらくのあいだは，合衆国社会との仲介役として先着のイタリア系の「ボス」に依存せざるをえず，その見返りとしてボスの政治活動を選挙などの際に支援することになり，こうした人間関係が一種の癒着を生み出すこともあった。極端な場合には，マフィアの例にみられるような犯罪的な地下組織が持ち込まれ，勢力を広げることもあった。ただし，これは多分にステレオタイプ化されたイメージであり，イタリア系移民の犯罪率が合衆国の全国平均より高かった事実はない。

　イタリア系移民の自己意識については，ドイツ系とある程度似かよった問題を指摘できる。地理的にみると，イタリア半島は，アルプスに象徴される北と地中海に象徴される南の風土の違いに端的に示されるように，豊かな多様性をもつ地域である。政治的にも中世以来イタリア半島には諸国家が分立しており，統一国家成立はようやく1861年のことであった。だが統一後も，分断の歴史を反映して，半島内の諸地方に生きる人びとは言語においても諸方言に分かれており，「イタリア人」としての共通意識をもつ者は限られていた。このため新生イタリア王国政府は，「国民」意識を種々の方策で形成していくことを課題とした。アメリカ合衆国に渡った「イタリア」移民にしても，当初は同胞意識を同郷人に対してしかいだかなかったのが現実である。

　ところが，彼らは非イタリア系集団からみれば似たような人びとにみえたため，「イタリア人」としてひとくくりにして扱われた。また，とくに南イタリアからの移民集団のエリート層が，教育や祝祭といった場を通じて，各集団をまとめて「イタリア人」として再編成した。こうした動きの結果，彼らの「イタリア人」としての自己認識＝アイデンティティが形成されたのである［北村・伊藤 2012:第5章］。北大西洋の両岸でほぼ同時期に「イタリア人」

としての意識が生み出されつつあったわけだが，この時期に本国では南北の相違が国民形成の大きな足かせとなっていたことを考えると，合衆国での「イタリア人意識」の形成のほうがうまくいっていたようにもみえる。両プロセスはどのように対比され，関連づけられるべきなのだろうか。

移民のナショナリズムとエスニック・アメリカ

　いずれにせよ，イタリア系移民の場合，移民集団が「イタリア人」としてのアイデンティティを形成する過程は，本国で国民意識が形成される動きと食い違ってはいなかった。この一方で，同じように国民意識を形成する過程にあった国からの移民でも，イタリア系とは違ったルートをたどった集団もあった。ハンガリー王国出身の移民の例をみてみよう。1866年のプロイセン・オーストリア戦争に負けた後，オーストリアは国制を変更して，オーストリア＝ハンガリー帝国として再出発した。この国は元来が多民族国家であり，ハンガリー王国部分だけをみても，現在のハンガリーと比べ面積・人口ともに2倍以上の大きさをもち，内部には支配集団であるマジャール人に加えて，ドイツ系やスラヴ系の諸集団が数多くいた。スラヴ系を構成していたのは「チェコ人」や「クロアチア人」「スロヴァキア人」などの集団だったが，帝国期のハンガリー王国政府は「国民化」＝ハンガリー化政策のもと，王国民全体に対してマジャール語教育を義務化しつつ，村名や人名をマジャール語風に変えることを奨励し，また公文書のマジャール語化を進めると同時に，スロヴァキア人の言語運動に敵対的な姿勢をみせ始めてもいた［シュガー／レデラー 1981：209］。

　こうした強制的な「国民化」を足下で進めつつ，ハンガリー王国政府は合衆国移民にも働きかけた。1871～1913年にかけて，季節移民も含め約200万人がハンガリー王国から合衆国に移民した。王国政府は，マジャール語を母語とする移民集団に対しては，合衆国でのマジャール語新聞に資金援助をおこなって，ハンガリー王国への愛国心を高揚させたり，また帰国を促したりする記事を掲載するよう働きかけた。この一方でスロヴァキア語を母語とする移民集団に対しては，当時合衆国で展開されていたパン＝スラヴ主義の影響を警戒し，「愛国的な」聖職者を派遣して対抗措置をとる試みがなされた。実際，スロヴァキア人移民は，のちにアメリカ＝スロヴァキア人連盟を発足させるなど，民族自立を目的とした活動を始めていた。要するに，ハンガリ

ー政府は彼らが「スロヴァキア人」としてのアイデンティティをもつことを妨げようとしたわけだが，その背後には，民族意識に目覚めた人びとが帰国して，ハンガリー内部のスロヴァキア人の民族主義（基本的には反マジャール主義）を支援しかねないとの懸念があった。ハンガリー王国政府による，こうした非マジャール人移民に対する運動は1903年に立案され，「アメリカン・アクション」計画と呼ばれて秘密裏に遂行される予定だったが，露見してしまい，一種の内政干渉として合衆国とのあいだの外交問題に発展するにいたった。

　「アメリカン・アクション」計画は，成功したとはいいがたい。移民集団のあいだでは，マジャール人とスロヴァキア人のあいだの分断と対立はむしろ強化されていたようにもみえる。マジャール人移民の動向をみると，彼らはアメリカ社会に同化される道を選ばず，自らのナショナル・アイデンティティを形成・維持しようとした。その際のシンボルとして用いられたのが，1848年革命の際にハンガリーの独立を一時的に実現した民族の英雄であるコシュートの顕彰であった。この革命と独立が結局失敗に終わった後，コシュートは短期間ながら合衆国で亡命生活を送っていた。このためクリーヴランドの移民集団を中心に，全土のマジャール人移民が顕彰運動を組織し，コシュート像をハンガリーで鋳造させ，革命・独立運動の際の戦場となった王国各地の土とともに合衆国に送らせて，像建立の記念式典をおこなおうとした。ところが，これにスロヴァキア人の移民が反対した。彼らからすれば，「スロヴァキア民族など存在したことがない」と言い放ったことのあるコシュートは，マジャール人によるスロヴァキア人の抑圧の象徴だったのである。反対活動の結果，結局コシュート像は，当初の予定を変更し，クリーヴランドの中心街からはずれた場所に建立されることになった［山本 2013:217］。

　本国政府が合衆国移民に強い関心を示した例として，ギリシア人の場合をあげることもできる。ギリシア人は海外移民の長い歴史をもち，1832年にギリシア王国が成立した以降も，王国外部に「ギリシア人」が多数存在した。ギリシア王国政府は，こうした「外部」出身の「ギリシア人」も含めた合衆国移民について詳細な情報収集をおこなっており，彼らが「帰国」する際に備えて，政治意識・民族意識も調査の対象とした。さらに移民集団の民族意識を強化する目的で，合衆国各地に支部をもつ政治団体（パン＝ヘレニック連合）を発足させ，加えて彼らの保護活動に用いる名目で「税」を移民から徴

収しようとさえした。徴税は実現しなかったものの，この政治団体はある程度の活動を維持した。

　そもそも「本国」が存在しない移民集団もあった。その代表例がユダヤ人やポーランド系である。ポーランドは先述のように，第一次世界大戦まで周辺3国に分割併合され，それぞれ「属州」とされていたが，1890年代より合衆国のポーランド系移民のあいだで「民族協会」を結成する動きが盛んになった。彼らが集中していたペンシルヴァニア州北東部のような地区では，ポーランド系人口300について協会ひとつが存在するほどであった。これらの協会は，ポーランド文化の保存運動として講演会，言語・歴史教室などを開催し，新聞も発行する一方で，互助会を組織し，互助活動の一環として民族銀行を発足させたりした。こうした活動はイタリア系移民を彷彿（ほうふつ）とさせるが，同時にポーランド系移民は，マジャール人と同じように民族の英雄の顕彰行事もおこなった。彼らはポーランド分割に抗して戦い，またアメリカ独立戦争にも馳せ参じたコシューシコの銅像をワシントン市に建立させるように連邦議会に働きかけ，実現させた。こうした活動にはヨーロッパの「属州」のポーランド人民族主義者の指導もあったが，その一方で合衆国移民のあいだでも民族意識が成長し，彼らのコミュニティは「第4の属州」と呼ばれるにいたり，さらには「属州」とされた祖地の独立運動を資金面で援助するようになった。すなわち，先述のイタリア人移民やのちにみるアイルランド人移民の場合と同じように，移民集団のナショナリズムが祖国のナショナリズムに先行する現象が起こっていたわけである。のみならず，この後に合衆国のポーランド移民はウィルソン大統領にも働きかけて，「14カ条」にポーランド独立を唱える条項（第13条）を入れさせることに成功する。

　以上，いくつかの移民集団の経験をみてきたが，合衆国に到来したヨーロッパ系の集団はじつに多様であり，ここにあげた移民の経験からすべてを語れるわけではない。また，1924年の移民法が出身国ごとの移民の上限を定めた結果，アメリカ合衆国が無制限に移民を受け入れる時代は終わりを告げたにもかかわらず，合衆国の民族的多様性には，現在にいたるまでさらに拍車がかかっている。これは，20世紀後半から自分たちの「ルーツ」を確認しようとする動きが広まった結果，新たに民族性を「発見」した人びとが多いことも一因である。

　アメリカ合衆国に渡ってくる人びととの多様性とその同化・融合の理想を示

すことばとして,「人種のるつぼ」の喩えがある。種々の要素が熔け合わさって,優れた特性をもつ単一の合金がつくりだされるイメージである。ただしこのことばは,新移民の大量到来以前から唱えられていたものであり(初出は『アメリカ農夫からの手紙』1782年),なかなか同化が進まない現実を前にして,20世紀後半以降は「人種のサラダボール」や「人種の交響曲」の比喩が用いられることも多くなっている。熔け合わさることはないにせよ,さまざまに違ったものが混ざり合いつつ,ドレッシングなどによってアメリカ的価値観を与えられた結果,ある種の統一性をもった新しい全体ができあがる,というイメージである。なお,これら2つの比喩は,るつぼとは違った社会観・歴史観に根ざしていることは確認しておこう。前者は,大きな可能性をもつ新しい人間が生み出されるとする点で個人主義の視点からみるアメリカ合衆国をあらわし,後者は,個人は民族的特質から完全には逃れられないことを前提とする点でエスニシティの観点からのアメリカをあらわしている。このようにアメリカ合衆国をエスニシティ単位でみる考えは,「ルーツ探し」のような個人の自己確認や,マイノリティ文化の再評価といった功績もあった一方で,アメリカ社会に分裂をもたらす可能性があるとして警戒されることもある[シュレジンガー 1992]。

北大西洋の政治世界

　1823年のモンロー宣言から1917年にアメリカが第一次世界大戦に参戦するまでのあいだ,アメリカ合衆国とヨーロッパ諸国との関わりは公式の政府間の次元では弱く,合衆国がヨーロッパ諸国のあいだの戦争や,同盟関係に巻き込まれることはなかった。とはいえ,19世紀を通じて移民が続いた結果,半公式の次元では,ヨーロッパとアメリカ合衆国のあいだの結びつきは強まっていったといえる。先にみたように,ヨーロッパ諸国の政府が合衆国に渡った移民集団に働きかけることがあり,またポーランド系の場合のように,「国」をもたぬ民が合衆国議会や政府を動かすこともあった。さらには,移民集団が祖国のナショナリズムに決定的な役割をはたすこともあった。その例として,アイルランド人移民に再び目を向けてみよう。
　1848年の革命はヨーロッパ各地で起こり,アイルランドでも小規模ながら蜂起があった。蜂起は失敗したが,革命家たちがアメリカ合衆国に流れてきて移民集団のあいだで民族意識を涵養する活動を始めた。この点,「48年組」

を生み出したドイツとアイルランドには共通性を指摘できる。なおこの1848年革命はハンガリー地域やイタリア諸国でも起こっていたが，当時は東欧・南欧からの移民の流れはまだなかった。

　1848年から，アイルランドがいちおうの独立を達成する1922年にかけて，アイルランド人移民は，祖国のナショナリズムを先導する傾向さえみせることになる。すでに1848年の蜂起の際にも，一部のアイルランド系移民は援助基金に加えて「アイルランド人部隊」を創設し，合衆国の優秀な軍事技術を携えて大西洋を渡って馳せ参じようとする動きをみせていた。これは結局実現せずに終わったが，続くクリミア戦争(1853～56年)に際して，苦戦するグレートブリテンがアイルランドに駐屯させていた部隊を前線に投入すると予想され，これを好機とみたアイルランド系アメリカ人の結社は，アイルランドへの「侵攻」を決議した。この計画はアイルランドの政治結社との共同作戦を構想したものだったが，結局見送られた。続くインド大反乱(1857～58年)の際にも，合衆国の結社が再び侵攻計画を立て，呼応する蜂起の準備を進めるよう祖国の民族主義者に依頼した。この計画も頓挫(とんざ)するが，これを機に大西洋の両岸にまたがるかたちで政治結社が発足した。合衆国移民からの資金および軍事援助のもとにアイルランドで武装蜂起を敢行して独立を獲得するという戦略が，19世紀の後半にアイルランドのナショナリズムの柱のひとつとして定着したのである[Vaughan 1989：chaps 21-22]。

　南北戦争直後，合衆国側の結社には戦争で軍事経験を積んだ者が増え，好戦的姿勢が強まることになった。彼らの一部は，グレートブリテンによるアイルランド支配に対する武力闘争の一環として，当時英領だったカナダへ侵攻する。これは失敗したが，その翌年(1867年)には，合衆国から秘密裏に渡ってきた指導者(ジャガイモ飢饉時に渡航した移民1世)のもと，アイルランドでついに数千人規模の蜂起が敢行された。これも失敗に終わるが，その後も合衆国のアイルランド移民から祖国への支援はやむことなく，農地紛争や合法的な政治運動でも資金面で重要な貢献をなしたため，アイルランドの政治リーダーにとっては，アメリカ資金の確保が重要な課題のひとつとなった。1916年のダブリン蜂起でも，合衆国の結社が後押しをしており，1921～22年のアイルランド独立戦争に際しても，合衆国移民から巨額の資金援助がなされた。これがなければ，独立戦争の遂行は困難だったのである。

　以上にみてきた，北大西洋の両岸でのアイルランド人の政治活動は，「本

国」でのナショナリズムの進展と合衆国での移民コミュニティの民族意識の高揚を前提としていた。アイルランド人の場合，これらの両方が比較的早期からみられたため，ほかのヨーロッパの移民集団の先駆をなすかたちで，19世紀半ばから北大西洋に非公式の政治世界を展開できたと考えられる。もちろん，アイルランド人の例が唯一のパターンだったわけではないし，またドイツ系移民のように，この図式ではうまく説明できない例もあるが，19世紀後半から20世紀初頭にかけてのヨーロッパのナショナリズムを北大西洋の政治世界において考える発想法は，大きな可能性を秘めていると思われる。

　第一次世界大戦が始まると，アメリカ合衆国のスロヴァキア系，チェコ系，クロアチア系などのオーストリア＝ハンガリー帝国の移民集団は，それぞれの民族独立のための活動を活発化させる。ウィルソン大統領の「14ヵ条」が唱えたのは，先にみたポーランド民族国家の創設だけでなく，オーストリア＝ハンガリー帝国からのこれら諸民族の独立でもあった(第10条)。ここにみる民族自決の原理が，その限界はさておき，移民の国アメリカの大統領からのメッセージだったことは偶然だろうか。

参考文献

明石紀雄・飯野正子 1997. 『エスニック・アメリカ——多民族国家における統合の現実』(新版) 有斐閣

井村行子 1984. 「19世紀ドイツの移民——ヨーロッパ移民史の一側面」『史学雑誌』93-2

エンゲルス(一条和生・杉山忠平訳) 1990. 『イギリスにおける労働者階級の状態——19世紀のロンドンとマンチェスター』岩波書店

北村暁夫・伊藤武編 2012. 『近代イタリアの歴史——16世紀から現代まで』ミネルヴァ書房

貴堂嘉之 2012. 『アメリカ合衆国と中国人移民——歴史のなかの「移民国家」アメリカ』名古屋大学出版会

紀平英作 1999. 『新版 世界各国史24 アメリカ史』山川出版社

シュガー，P・F／I・J・レデラー編(東欧史研究会訳) 1981. 『東欧のナショナリズム——歴史と現在』刀水書房

シュレージンガー Jr., アーサー(都留重人監訳) 1992. 『アメリカの分裂——多元文化社会についての所見』岩波書店

高神信一 2005. 『大英帝国のなかの「反乱」——アイルランドのフィーニアンたち』(第2版) 同文舘出版

田中きく代 2014. 「アメリカ合衆国におけるフォーティエイターズ研究の動向と展

望──1848年革命とアメリカ移民」『関西学院史学』41

深沢克己ほか 2001.「ヨーロッパ移民の社会史(17-20世紀)──エスニシティの形成と軋轢をめぐって(史学会例会シンポジウム特集)」『史学雑誌』110-8

ミラー, カービー/ポール・ワグナー(茂木健訳) 1998.『アイルランドからアメリカへ──700万アイルランド人移民の物語』東京創元社

油井大三郎・遠藤泰生編 1999.『多文化主義のアメリカ──揺らぐナショナル・アイデンティティ』東京大学出版会

山田史郎・北村暁夫・大津留厚・藤川隆男・柴田英樹・国本伊代 1998.『近代ヨーロッパの探究 1 ──移民』ミネルヴァ書房

山本明代 2013.『大西洋を越えるハンガリー王国の移民──アメリカにおけるネットワークと共同体の形成』彩流社

『歴史評論』625「特集/移民と近代社会」(2002年 5 月)

Donnelly, James S. Jr. 2001. *The great Irish potato famine*, Gloucestershire, Sutton Publishing

Gabaccia, Donna R. & Dirk Hoerder, eds 2011. *Connecting seas and connected ocean rims: Indian, Atlantic, and Pacific Oceans and China Seas migrations from the 1830s to the 1930s*, Leiden, Brill

Helbich, Wolfgang & Walter D. Kamphoefner, eds 2004. *German-American immigration and ethnicity in comparative perspective*, Madison, Max Kade Institute for German-American Studies

Hoerder, Dirk & Leslie Page Moch, eds 1996. *European migrants: global and local perspectives*, Northeastern UP

Vaughan, W. E., ed. 1989. *A new history of Ireland*, V, *Ireland under the Union I 1801-70*, Oxford, Clarendon Press

Wandycz, Piotr S. 1980. *The United States and Poland*, Harvard UP

勝田俊輔

第10章 「アルザス・ロレーヌ人」とは誰か
独仏国境地域における国籍

　本章が対象とするアルザス・ロレーヌは，ドイツ，フランス両国の争奪の地として引合いにだされる。そしてたんなる「国境地域」にとどまらず，1870～71年の独仏（普仏）戦争時に表明された2つの国家の国民理念，すなわち言語や文化に基づくドイツ的「文化国民」と，政治的意思に基づく「国家国民」が衝突する場として取り上げられ，それは長らく両国の国籍理念——血統主義と出生地主義にも反映されていると考えられてきた。
　しかし，このような理念的な二項対立は，アルザス・ロレーヌという国境地域の文脈からみたとき，独仏両国の領有の正当化の言説を超えて，地域とその住民が直面する現実にどの程度対応するものであったであろうか。ここでは，独仏戦争から第二次世界大戦終結にいたるまで，アルザス・ロレーヌが独仏両国のあいだを揺れ動いた時期を対象に，帰属国家の変更とともに国籍や市民権という国民国家の中核的な構成要素がどのように再定義され，実践されたのか，という問題を検討する。

2つの身分証明書

　ここに2つの身分証明書がある（図1・図2）。ひとつはバ・ラン県ロセーム（アルザス地方）在住の女性，ベルト・マンシュのもの，もうひとつは1885年に生まれ，モーゼル県ロンバ（ロレーヌ地方）在住の男性，マクシミリアン・ブラウンスのものである。両者とも表紙の頭に"République Française"とあるとおり，この身分証明書はフランス共和国政府により発行されたものであった。また，発行の日付は明記されてはいないが，表紙には「1918年12月14日の政令に基づく」と記載されている。さらに表紙を開くと，左側には身分証明書の所有者の写真とともに，身体的特徴として顔の形，目の色，髪の色の項目があり，白黒写真で判別しにくい外見に関する情報が記載されている。また右側には，氏名，出生地，生年月日，職業，居住地，署名とともに，父母の氏名，出生地，生年月日の欄が並んでいる。

図1　ベルト・マンシュの身分証明書

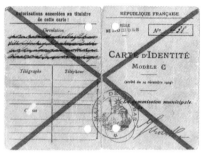 

図2　マクシミリアン・ブラウンスの身分証明書

　アメリカの歴史家ジョン・トービーはその著『パスポートの発明』において、「国内における身分証明書については、対外パスポート、国内パスポートとともに、近代国家が国民を把握し、合法的な移動の管理権を独占しようとする活動の連鎖の中の一部を反映しているとみなすのが、おそらくもっとも有効だろう」と述べているが[トービー 2008：264]、この2つの身分証明書もまさにそうした一例といえよう。ただし、これらが発給されたのが第一次世界大戦後、ドイツ領からフランス領となったアルザス・ロレーヌにおいてであったことを考えれば、この国境地域独自の事情にも注意をはらわねばならない。

　実際、2つの証明書をよく見比べてみると、そのあいだには、同じフランスの身分証明書でありながら、異なる点も見出すことができる。ひとつは表紙にあるストライプであり、マンシュのものには青と赤のストライプが斜めに並行して走っているのに対し、ブラウンスのそれには対角線に青一本となっている。そして前者は「モデルA」と書かれ、後者は「モデルC」となっ

ている。すなわち，この2つの身分証明書は異なる「身分」を付与するものでもあったことが推定されるのである。実際，モデルはAからDまで4つ存在していたが，その内容と背景について述べる前に，先立つ時代，すなわち独仏戦争における議論と，その後のドイツ時代における国籍の規定とその影響についてみておくことにしよう。

アルザス・ロレーヌと独仏国民理念

　アルザス・ロレーヌがドイツとフランスのあいだの桎梏(しっこく)となるのは，1870〜71年の独仏戦争によってであった。このとき併合の是非をめぐって戦わされた両国知識人のあいだの論争がたんなる自国の領有の正当化だけではなく，「国民」をめぐる理念的な議論でもあったことはよく知られている。この論争の参加者のひとりであったフランスの哲学者エルネスト・ルナンが1882年，ソルボンヌでおこなった講演が，「国民の存在は日々の人民投票である」の文句で知られる『国民とは何か』である。彼はその結論において，「人間というものは自分の種族，自分の言語，自分の宗教の奴隷ではなく，河川の流れ，山脈の向きの奴隷でもありません。健全な精神と熱い心をもった人々からなる大きな集合が，国民と呼ばれる道徳意識を創造します」と述べている〔ルナンほか 1997：63-64〕。これは明らかに，論争当時，民族，言語を根拠にアルザス・ロレーヌ（とりわけ言語的に圧倒的に「ドイツ語圏」であったアルザス）の併合を正当化したドイツ側の議論を念頭におき，それに対する批判をより普遍的なかたちで展開したものであった。

　独仏戦争時の論争においてルナンに対峙したのは，同じく宗教学者であったダーフィット・フリードリヒ・シュトラウスであるが，当時ドイツ世論の立場をもっとも強硬に主張したのは，歴史家ハインリヒ・トライチュケであった。彼は戦時中の1870年8月，『プロイセン年報』に発表した論考「我々はフランスに何を要求するか」において，「ドイツ，フランス両国を知る我々は，アルザス人たち，フランスでの生活によって歪められ，新たなドイツ帝国について何も知らないあの不幸な人びと自身よりも，彼らにとって何が役に立つのかをよくわかっている。我々は彼らにその意に反してでも，彼らの自己を取り戻そうとしているのだ」と述べ，現在を生きる住民の「自決権」よりも，過去に生きた先祖たちの声に耳を傾けるべきであると説いた。注意すべきは，ここでいう「過去」とは，ウェストファリア条約以降，アル

ザスとロレーヌがフランス領となり、フランス革命を経験する17〜18世紀以降ではなく、それ以前の神聖ローマ帝国時代のことを指しており、そこにおいてこの2つの地方は政治的にも、また文化的にもドイツに帰属していたのだと、トライチュケは主張している点である。と同時に、彼は「勝者の権利」として、ドイツ語圏だけではなく、フランス語圏も含めた併合を、新生ドイツ帝国の安全保障の観点からも正当化している。

　この論争から1世代をへた20世紀初頭、ドイツの歴史家フリードリヒ・マイネッケは、『世界市民主義と国民国家』(1908年)の冒頭において、「国家国民」と「文化国民」という2つの理念型を設定し、その差異を論じるうえで、ルナンを引用しつつ、アルザスの例を引合いにだしている。マイネッケがこの著作を構想したのは、まさにドイツ領となったアルザス・ロレーヌの中心地ストラスブール(シュトラースブルク)の大学で教鞭をとっているときのことであった。彼は「文化国民」を「特に何かある共通の体験された文化財産にもとづくようなもの」、「国家国民」を「特に共通の政治的な歴史および制度の統一力にもとづくようなもの」であると定義している。そこでマイネッケは、両者が実態として純粋なかたちで存在することはむしろ例外であるとしつつ、段階論として「国家国民」になるためには帰属の意思が重要であると指摘している。まさにこの文脈において、彼はルナンに対し、アルザスは併合当時なおドイツ「文化国民」に帰属していたと留保をつけつつ、フランス革命が導入した国民主権観念の重要性については一定の正当性を与えているのである［マイネッケ 1968：1巻 5-6］。

　こうしたヨーロッパにおける国民、ナショナリズムについての議論は、その後ハンス・コーンによる公民主義(民主)的な西欧と民族主義(権威)的な東欧という、西高東低的な分類へとつながっていくことになる。そしてアルザス・ロレーヌの事例は、この東西の境界線がドイツとフランスのあいだに存在することの論拠として取り上げられる。実際、近代国民国家における中核的な構成要素である国籍(誰が国民であり、誰が国民ではないのかの分類)に関する歴史研究においても、フランスは出生地主義の国、ドイツは血統主義の国として、それぞれ「国家国民」と「文化国民」に対応するかたちで論じられることが多い［ブルーベイカー 2005］。でははたして、1870年から1945年のあいだに、独・仏間で4度帰属する国家を替えることになるこの地方において、こうした対照的な観念は一貫していたのであろうか。

独仏戦争後のドイツ併合と国籍

　独仏戦争の講和条約であるフランクフルト条約(1871年5月)は，第2条において，併合されるアルザス・ロレーヌに在住するフランスの住民に対し，1872年10月1日までのあいだにフランス国籍を保持する申告をおこなう権利を認めている。これは，自決権を根拠に併合に反対する共和派やアルザス・ロレーヌ出身の政治家たちの要求を最終的に否定すると同時に，個人については，国籍を選択する権利を認めるものであった。

　自決権や住民投票と聞いてすぐに想起されるのは，第一次世界大戦におけるウィルソンの「14カ条」とヴェルサイユ条約であろう。しかし，19世紀においても自決権や住民投票はたしかに新しい観念ではあったが，決して机上の空論であったわけではない。何よりそれは，伯父ナポレオン1世と同様，「国民投票」をへて皇帝となったナポレオン3世が，ナショナリズムの擁護者として自らを演出する際に用いた手段でもあった。たとえば1860年にイタリア統一戦争での支援の代償として，フランスがサルデーニャ王国からサヴォワ，ニースを獲得する際にも実施され，また66年の普墺戦争後には，同じフランスの圧力によって，プラハ条約に(デンマーク語を母語とする住民の多い)シュレスヴィヒ北部において将来住民投票を実施すべきとの条項が挿入された。後者は1878年にドイツ，オーストリア両国が合意のうえ破棄したことで実行されることはなかったが，トライチュケがわざわざそれを否定したのは，それが無視できないものであったことを示唆している。

　他方，国籍選択はすでに18世紀以来，領土割譲の際に活用されるようになった方法であった。1864年のドイツ・デンマーク戦争から66年の普墺戦争をへて，プロイセン領として併合されることになったシュレスヴィヒ・ホルシュタインの場合，住民にデンマーク国籍を選択する権利が認められている。ただし，この場合，申請期間として6年間という比較的長い期間が設定されていたのに対し，アルザス・ロレーヌの場合は1年半弱と短期となっていた。ドイツの歴史家ディーター・ゴーゼヴィンケルは，この相違の背景として，シュレスヴィヒ・ホルシュタインの場合はプロイセンという領邦国家への統合が出発点であったのに対し，アルザス・ロレーヌの場合はドイツ帝国という国民国家への直接の統合(「帝国直轄領」)という，圧力の相違をみている

［Gosewinkel 2001：202］

　自決権を否定されたアルザス・ロレーヌの政治家，そしてフランス国内の

共和派は，この国籍選択を事実上の住民投票として活用しようとした。すなわち，大量のフランス国籍保持の申請がでることで，住民全体のフランス残留への意思とドイツによる併合の不当性を国内外に示そうとしたのである。とりわけ繊維産業が盛んなミュールーズを中心に，親フランス派の政治的影響力が強かったアルザス南部では，こうした動きが活発であった。これに対し，ドイツ側はフランス国籍選択者のアルザス・ロレーヌからの退去の義務，そして未成年者については親権から解放されていても独自の選択は認めない，などの措置をとって対抗した[Wahl 1974:44-47]。

　結局，アルザス・ロレーヌにおいてフランス国籍を申請した者は約16万人にのぼり，その数は全人口のほぼ10%におよんだ。ただし，実際に規定どおり移住した者は，その3分の1弱の5万人にとどまったが，地元ではなくフランス本国において申請した者を含めると，その数は約11万人，人口比7.5%であった。地域的には「フランス語圏」を多く含んでいたロレーヌのほうが移住率は高かったが，アルザスでもストラスブールなどの都市では移住率は高く，職業的には公務員や自由業，手工業者などが多かった。このことは，都市の上流・中間層において，フランス語が普及し，それとともに一定の「フランス化」が進展していたことを示唆している。

　移住者は性別的には女性よりも男性のほうが多かったが，とりわけ目を引くのは若い独身男性の移住である。これは，ドイツ政府が兵役の即時導入を決定したことが大きく影響していた。このドイツ兵として徴兵されることへの忌避が，その対象となる年代の大量の移住を促していたのであり，その波は国籍選択期間終了後も続き，そのなかには，植民地統治に投入されるフランス外国人連隊に身を投じる者もいた。実際，1870年代には，同連隊はアルザス・ロレーヌ出身者とスイス人のみを受け入れていた[Michels 1999:36]。こうして国籍選択などによって移住したアルザス・ロレーヌの人びとに対しては，その帰郷や一時滞在において，他のフランス人よりも厳しい規定が適用され，1887～89年のいわゆる「ブーランジェ危機」の際には，彼らの多くが国外追放の処分を受けている。

　ここで確認しておきたいのは，こうした監視，弾圧にもかかわらず，ドイツの世論において言語，文化といった「客観的」基準によって併合が正当化された一方で，ドイツ政府は「主観的」な政治的決断として国籍選択を認め，その実施においてドイツ語圏とフランス語圏のあいだで区別はなされなかっ

第10章 「アルザス・ロレーヌ人」とは誰か

た，という点である。国籍選択に国外退去を結びつけることによって，アルザス・ロレーヌに残留することは——その実際の理由が個々にどのようなものであれ，「ドイツ人」になることを容認したこととみなされた。逆に，親フランス的な住民の退去を促すことで，結果として国籍選択はドイツに有利なかたちで政治的・文化的同質性を強化する効果ももっていたのである［Gosewinkel 2001：195, 199］。

若年層を中心とする大量の住民退去は，短期的には大きな経済的損失であったが，長期的には「ドイツ本土」からの移民によって埋め合わせられることになった。第一次世界大戦前最後の1910年の人口調査によれば，アルザス・ロレーヌにおける「ドイツ本土」出身者の割合は全体の約16％であり，ストラスブールでは40％にもおよんだ。さらにドイツ領ロレーヌの中心都市メッスは，1905年に54％と半数を超え，本来フランス語圏であったこの都市は，ドイツ語圏となっている。むろん，国境地域ゆえの軍人・兵士の多さがその背景にあったのも事実だが，それ以外にも公務員や労働者としてライン川を渡ってくる者たちも少なくなく，それにともなって「地元住民」との「通婚」も（とくに下層民のあいだで）進むことになった［Uberfill 2001］。ここからもわかるように，住民の移出と移入は，もっぱら都市の現象であった。

1913年のツァーベルン事件が象徴的に示すように［滝田 2006］，大戦にいたるまでアルザス・ロレーヌのドイツ帝国への統合は，なお多くの問題をかかえていた。しかし東部のポーランド人地域と比べると，同地のように組織的な植民政策によって「土地のゲルマン化」は（検討はされたが）おこなわれていたわけではなく，既存の住民とその後継者世代の統合が焦点であった。こうした相違は国籍の改革をめぐる議論にも反映され，1892年にアルザス・ロレーヌ総督ホーエンローエ（のちの帝国宰相）が，フランスの1889年国籍法に倣い，出生地主義を導入する立法を提言している。

その背景にあったのは，同地方に滞在するフランス人が，国民の義務をはたさずに法の保護のみ享受する外国人として根を張り，一種のコロニーを形成することへの危惧であった。しかし他の国境地域，とりわけポーランド人などスラヴ系民族や「東方ユダヤ人」の流入を忌避したいプロイセン東部の行政官たちは，出生地主義の導入は，こうした移民の子どもにドイツ国籍を与えるものであり，ドイツの「民族闘争」に不利に作用するものであるとして強く反対した［Gosewinkel 2001：286-293］。ただし，このことは，単純にアルザ

ス・ロレーヌにおけるドイツ政府の「寛容さ」として理解すべきではない。その裏にはドイツ人のもつ東西の隣人への異なる文化的・社会的な眼差しがあり，何よりも「移民受入れ国」になりつつあった当時のドイツ帝国において，東方から移入する人びとの数は西方からよりもはるかに多かったのである。

第一次世界大戦前後のフランス・ナショナリズムの変容

　1918年11月11日，休戦協定によって4年あまり続いた第一次世界大戦が終結した。それから10日間あまりのあいだにフランス軍が進駐し，そのパレードを民衆が熱狂的に歓迎する光景のなか，革命運動や中立国化などの画策は水泡に帰し，フランスへの「帰還」は既成事実となっていった。

　戦前のフランス第三共和政において，アルザス・ロレーヌの奪還はナショナリストによって声高に叫ばれたものの，そのために戦争も辞さないという決意が世論のなかで共有されていたわけではない[ベッケール／クルマイヒ 2012：上12]。この意味で，それは第一次世界大戦勃発（ほっぱつ）の直接の原因ではなかったが，参戦した以上，フランスにとっては不可欠の，そして公式に表明された唯一の戦争目的であった。周知のとおり，大戦の西部戦線はもっぱらフランスやベルギーの領土において戦われることになったが，その南部では，むしろフランス軍が攻勢にでて，アルザス・ロレーヌの一部を占領し続けることになった。こうした軍事作戦にも，フランスにとってこの地域がもつ象徴的な重要性が示されている。そして，ウィルソンの「14カ条」の第8条にも，「プロイセンによってフランスが1871年，アルザス・ロレーヌに関してこうむり，それによって50年近くにわたって世界平和を動揺させてきた不正は，すべての者に益するかたちで世界平和が再建されるためにも，これを正さなければならない」として，アルザス・ロレーヌ併合の不当性が明記されている。

　しかし，独仏戦争の際の議論，とりわけルナンのそれを想起するならば，フランスが民主的共和政として政治的意思を大義名分に掲げる限り，フランスへの帰属について住民たちの意思が問われてしかるべきであった。だが大統領ポワンカレは，ストラスブールでの式典で群衆の歓声を前に，この歓声で「住民投票はなされた」と語るだけであった。「住民投票」を口にしていることは，その形式的重要性を意識していたことを示しているが，実際にそれを実施することは避けられたのである[唐渡 2003：178-189]。この点において，

1870〜71年のドイツと1918〜19年のフランスは，むしろ共通していたのである。

　では，フランスはなぜ「転向」したのであろうか。ここで確認しておくべきことは，2つの戦争のあいだにおけるフランスのナショナリズムの変化である。大戦前のフランスでは，「ガリア人」(ケルト人)をフランス人の祖先とする言説が広まった。それは，貴族的な「ラテン人」との差異化であるのと同時に，野蛮な「ゲルマン人」との差異化でもあり，民衆に基盤をおく共和政フランスの「民族神話」となっていった。つまり，フランス自身のなかに，民族的な自己理解がしだいに定着するようになったのである。

　この傾向が，第一次世界大戦においてさらに先鋭化したことはいうまでもない。ポスターや言説において，フランスとドイツの民族的，あるいは当時の用語における「人種的」な違いが強調されるようになった。占領下フランスにおけるドイツ兵とフランス女性のあいだに生まれる子どもの存在が「血を汚す」という観点から，議会において中絶をめぐる激しい議論がおこなわれたことも，それを例証している[Audoin-Rouzeau 2009]。こうした流れにおいて，もはやアルザス・ロレーヌにたとえ一部であっても「ドイツ性」を認めることは困難になっていった。フランスの心理学者エドガー・ベリヨンは1917年の講演において，「白人と黒人のあいだの憎悪において，そのもっとも激しいものがアメリカ合衆国でみられるわけだが，それはつまるところアメリカ人が黒人のものだとするにおいに帰されるものである。……これこそが，アルザス・ロレーヌの人びとが近年までゲルマン化に対してあれだけ抵抗してきたことの理由である。先住の人種を侵入する人種から鋭く分かつものは，まさに人種的なにおいの存在である。ゲルマン人種のにおいはアルザス・ロレーヌの我らの同胞たちの嗅覚に対し，つねにきわめて不快な感覚を引き起こしてきたのである」[Becker 1998:328]。

　アルザス・ロレーヌの場合，「肌の色」で識別するのは事実上不可能であり，そうしたなかで人種的な区別として「におい」が持ち出されている点に注意したい。むろんこの「におい」も具体的に定義しえないものであったが，ベリヨンの発言も示唆するように，ここで現実にまず標的にされたのは，併合後，アルザス・ロレーヌに移住してきたドイツ人たちであった。

　フランスにとって，1871年のドイツによる併合が「不正」である以上，それに続く約50年間のドイツ時代もまた，「不正な期間」であった。当時のフ

ランスで，アルザス・ロレーヌの獲得が「脱併合」(désannexion)と表現されるのも，そうした認識によるものであり，1870年以前に「原状回復」することが目標とされたのである。

第一次世界大戦直後における住民の「分類」

　「ドイツ人」のなかには，ドイツの敗戦とその後の混乱のなかで，フランス軍の進駐を待つまでもなく，自発的に故郷を後にする者もいた。そのなかには，ストラスブール市長を長く務め，同市の近代化を推進し，戦争末期には最後のアルザス・ロレーヌ総督に任命されたルドルフ・シュヴァンダーをはじめ，アルザス・ロレーヌ生まれであっても，ドイツ領時代の政治・行政に深くかかわった者もいた。しかし，逆にアルザス・ロレーヌに根をおろし，子どももそこで生まれた者のなかには，敗北したドイツに移り住むあてもなく，残留を希望する者も少なくなかった。

　そうしたなか，フランス政府による「望まれざるドイツ人」の追放は，進駐後まもなく1918年の12月より始まっていた。しかしその際，財産の保全が前提となっていた独仏戦争後の国籍選択の場合とは異なり，彼らが持ち出すことを許されたのは，1人当り30キロの手荷物，2日分の食糧，そして200マルクの現金だけであった。他の財産は，不動産を含め没収されることになった。このことは，個人の財産は国家の財産であり，いわば賠償金の一部として収公することも辞さない，まさに20世紀の世界大戦の時代の論理の一例ともいえる。こうして退去した人数はどれほどいたか，正確な数は不明であるが，1920年初頭にかけて，約15万人ほどであったと推定されている。

　ここでようやく冒頭で紹介した身分証明書にたどりつくことになる。そこで述べたように，この証明書は，フランスがアルザス・ロレーヌにおいて統治を始めたばかりの1918年12月14日の政令に基づいて発給されたものである。その4つのモデルとはどのような分類によるものであったのだろうか。

　ベルト・マンシュが所持していたモデルAは，1871年のフランクフルト条約以前にフランス人であった者とその子孫に対して発給されたものである。ドイツ時代はベルタと表記されていたであろうベルトは，1897年生まれであるから，両親が1871年以前にアルザス・ロレーヌ生まれのフランス人であったことによるか，あるいは祖父母4人のうち3人がそうであったことによって，彼女はこのモデルの身分証明書を手にしたことになる。

これに対し，モデルBは両親のうち一方が外国出身者である場合が対象であり，マクシミリアン・ブラウンスが所持していたモデルCの対象は，両親が連合国ないし中立国生まれの者であった（彼の場合はスイス）。最後のモデルDは，敵国ドイツとその同盟国からの移住者とその子孫に対して与えられるものであった［Rossé 1936：527-528］。

モデルAは白地に青と赤のストライプと，フランスの三色がすべて施されていたのに対し，Bは赤のストライプのみ，Cは青，そしてDはストライプなし，とすでにデザインから「フランス人」としての望ましさが表現されている。実際，このモデルによってマルクからフランへの通貨の切替えにおける交換率が異なり（モデルA～C所持者に対しては1マルク＝1.25フラン，D所持者に対しては1マルク＝0.75フラン），さらに移動の自由や選挙権の行使などについても同様の区別をおこない，モデル間に大きな格差を持ち込むことになった。また，日常の光景においても，モデルAの所有者が行列で優先的に扱われるといった不文律もみられた。

じつはこうした分類の原型は，すでに大戦中，第三国に滞在していた人びと，ドイツ兵としてフランス軍の捕虜となったアルザス・ロレーヌの兵士，そして戦場となりフランスへ避難した住民たちに対して適用されたものであった。いずれにしても，この分類によって，モデルA所有者が約110万人，Bは18万人，Cは5万5000人，Dは51万人と，過半数は「完全市民」としての資格を与えられることになったが，B～Dも合計で約75万人に達しており，裏を返せば，フランス政府が住民投票を忌避しようとしたのも，まさに「住民」のなかにフランスへの復帰に反対する声がまとまった数字として残り，将来ドイツの「国土回復運動」の口実となることを恐れていたことを示している。とりわけモデルDはその所有者に間接的に退去を促そうとするものでもあり，また所有者自身もそれが追放の前段階ではとの疑念をもつようになった。ここで重要なのは，当事者が自らの帰属をどのように考えていたにせよ，フランス政府がそこに「血統」を基準として持ち込んだことであり，その点，ドイツ政府とフランス政府は乖離するよりは，むしろ接近したといえるのである。

ただし，こうした血統，出自の持込みは，アルザス・ロレーヌの住民とフランス政府自身に混乱をもたらすことになった。ここで注意しておきたいのは，身分証明書は個人別に発給されたという点である。このことは，同じ家

族内で異なるモデルの所有者が存在する状況を生み出すことになった。たとえば，ドイツからの移民者の夫とアルザス・ロレーヌの出身者の妻とその子どもたちの家族では，それぞれ手にした身分証明書はモデルD，モデルA，モデルBということになる。こうした家族を分断する分類に対して，住民から不満の声があがったのは当然といえよう。たとえば，あるモデルDの夫をもつモデルAの妻は，家庭ではフランス語が話されていることを示唆しつつ，夫がモデルDを交付されたために，いずれ財産没収のうえ追放されることで，「私の先祖が革命以前から善きフランス市民として生きてきた故郷を離れることを強制されることなど，フランスはその子どもたちの誰にも要求することなどできるはずがありません」と訴えたが，聞き入れられなかった。

　逆の，ただし同じく却下された事例として，ライン川をはさんでアルザスに接するバーデンの生まれで，アルザスの男性と結婚した女性は，請願書において，「私は喜んで，そして強い信念から，結婚したときに夫の国籍を受け入れました。にもかかわらず，カテゴリーDに分類されたことを，私の家族における役割を侮辱されたものとして，強い怒りを感じています」と述べている[Zahra 2008：153-154]。社会的単位としての家族の重要性や，妻の国籍は夫に従うという，当時の(家父長的な)フランスの民法における規定にもかかわらず，血統から個人として「ドイツ人」とされた者は，結婚しようが，フランス語を話そうが，あくまでも「ドイツ人」であるとされたのである。

　モデルB，D所持者の多くは自らの「フランス愛国心」や「反ドイツ的」心情・活動を強調することで，格上モデルの再交付を求めた——それ自体，経済的困窮，日和見主義を背景としていたにせよ，政治的意思の表明であったが，例外的に認められるケースの多くは，家族がフランス軍やフランス外国人連隊に所属していたという，「愛国心」がかたちとして示される証拠が提示された場合であった。

　一方，ドイツ以外の外国出身者の場合も，問題が存在した。すなわち，ドイツ帝国東部のポーランド人地域出身者や，オーストリア＝ハンガリーのスラヴ系諸民族の場合，規定ではあくまでモデルDが交付されることになっていた。しかし，ポーランド人やチェコ人にとって，こうした「敵国人」扱いは受け入れがたいものであり，モデルCが交付されるべきであった。とはいえ，ヴェルサイユ条約，サン・ジェルマン条約などの締結(あるいはそこで規定された住民投票)までは国境は確定しておらず，またそもそも何をもって申

請者が「ポーランド人」や「チェコ人」と認定するのかという問題もあった。こうした問題について当局は、外務省の管轄として自ら判断することを避けたが、このようにして身分証明書の規定は、アルザス・ロレーヌにおいて、遠い東欧の地における「国民」の定義の曖昧さを露呈することにもなった[Harvey 1999:550]。

　身分証明書はあくまでも移行期の措置であり、1919年6月28日のヴェルサイユ条約において、配偶者がフランス国民である場合には本人にもフランス国籍を付与することを規定し（第54条、附則2‐6）、居住は容認されても、フランス国籍取得は認められなかったドイツ人移住者についても、帰化を申請する資格が認められた（同附則3‐1）。しかし、それを承認するかどうかはあくまでもフランス政府の判断によるとも明記されており、実際、その手続きは長期におよぶ場合も少なくなかった。大戦前東プロイセンにあったメーメル出身で、ベルギー人女性と結婚し、1906年にアルザス中部のコルマールに移住したカール・ゲオルク・ゲールケの場合、帰化申請は1924年に一度却下され、27年にようやく認められた。却下の理由は娘のひとりがベルリンで小学校教員をしていたことと、そのためのフランスへの忠誠心への疑念によるものであった（ドイツ人が他国に帰化しても、それが自動的にドイツ国籍を失うものとはならない、というドイツの1913年国籍法の規定も、フランス当局に忠誠心の判断を慎重にさせた）。1927年に承認されたのは、その間ベルリンの娘が死去したという不幸が背景にあった。そして残るもうひとりの娘は、同じ年、フランス人男性と結婚することで、同年8月10日の帰化法によって（帰化条件の緩和の一方で）それまでの夫の国籍の妻による自動的取得の規定が破棄される直前に、滑り込みでフランス国籍を獲得している。ちなみに帰化に際し、父はその名を Karl Georg Goerke から、Charles Georges Goerké と「フランス化」している[Hugues 2008:99-102]。

政治的粛清──「選別委員会」

　移行期間の問題として、もうひとつ取り上げねばならないのは、政治的粛清の問題である。血統に基づく身分証明書において、モデルAを交付されたとしても、それだけで「善きフランス人」としては十分とはいえなかった。それと並行して、政治的に望ましくない住民に対し、追放や監視、フランス内地への強制移住などの措置がとられることになった。これを管轄する

のが「選別委員会」であり，1918年12月に活動を開始している。

　選別委員会は，休戦協定から条約締結，発効にいたる移行期の行政機関としてフランス軍の統制下におかれており，その中心は，軍人や1871年にフランス国籍を選択したアルザス・ロレーヌ出身者たちであった。とりわけ後者はフランスにおける愛国的「アルザス・ロレーヌ神話」の主導者でもあり，アルザス・ロレーヌの現状に精通していたわけではなかった。また，被告には弁護人をつけることを認められておらず，審理も多くの人びとが理解できないフランス語でおこなわれたこともあり，選別委員会は「見せかけの裁判」と大差なく，当時から，大戦期のドイツ軍による「ボッシュ〔ドイツ兵に対する蔑称〕のテロ」が「三色旗のテロ」にかわっただけであるとか，革命「恐怖政治」期の公安委員会の再来，などという批判の声もあった。ただし，その一方で頻繁な人事の交替と官僚的な煩瑣な手続きのおかげで，かなりの数の住民が法廷に立つことから逃れられたことも事実であった[Boswell 2000: 147-148]。

　この委員会の審理は，時間的な制約もあいまって，情報源として住民からの密告に多くを依拠していた。歴史上のほかの密告の事例がそうであるように，その動機には個人的な報復や，政治上や商売上の競争相手の追落など，さまざまな要因が存在していた。共通しているのは，そこで強調される被告の「フランス人」としてあるまじき言動，行動，すなわち「対独協力」であった。

　しかし，身分証明書における血統・出自の問題と同様，ここにもまた，線引きの難しさという問題が存在していた。大戦勃発時ドイツ領であったアルザス・ロレーヌでは，ドイツ兵として従軍することは「国民の義務」であり，実際約30万人の男性がそれに従っていた。むろん，フランス軍に身を投じた者も少数ながらおり，戦後社会における彼らの道徳的な地位はより高いものであった。とはいえ，ドイツ兵としての従軍それ自体を「非フランス人的行為」として弾劾することは，多くのモデルAを所持するアルザス・ロレーヌ人をも排除することであり，選別委員会も不可能であることは認識していた。むしろ，選別委員会の関心の中心は，戦時における「銃後社会」(とはいえ，アルザス・ロレーヌはそれ自体前線でもあったが)におかれたのである。

　ここでとりわけ標的となるのが，公務員や教員，聖職者など，社会と国家をつなぐ立場の者たちであったことは驚くことではあるまい(歴史家マルク・

ブロックやリュシアン・フェーブルは，1919年に「交替要員」としてフランスの大学としての新生ストラスブール大学に赴任した）。彼らの「公務」は容易に反仏親独プロパガンダと解釈されえたからである。ある町の教員は，戦時中同僚を「親仏的」だとドイツ当局に密告し，また休戦後ある生徒に「親仏的言動」のために体罰を加えたと告発され，「再教育」のためフランス内地への退去を命じられた。また別の町の公務員は，妻がドイツ生まれであったが，やはり戦時中の密告の罪で告発され，「反独住民リスト」の作成は政府の命令であったという弁明もむなしく，ドイツへの追放が決定された[Boswell 2000:151-152]。

こうした「悪しきアルザス人」のなかには，政党や組合幹部も含まれていた。アルザス・ロレーヌ，とりわけ前者においては，近代政党政治はまさにドイツ時代，ドイツ本土の影響下，ドイツ人移民の流入によって発展したものであった。とりわけ社会民主党の政治家でドイツ政府の戦時国債発行に賛成した者や，それに反対しつつも，戦争末期に革命評議会を樹立し，フランス軍の進駐に抵抗しようとした共産党系のグループも，しばしば選別の対象となった。実際，多くのドイツ本土出身の幹部たちは，フランス領となるアルザス・ロレーヌよりも，共和国となったドイツに活動の場を求め，自発的に退去する者が多かった。他方，一般の労働者については，戦後動員解除における失業者の増大のなかで，首相クレマンソーは余剰なドイツ人労働者を排除するよう，選別委員会に指示していた[Harvey 1999:545-547]。

選別委員会の被告席に立った人数は，委員会が審議記録を残さなかったこともあり，確定することはできないが，断片的な史料から，1万5000人に達するのではないかという想定もある。ただし，審理件数の約半分は証拠不十分で打切りとなっているが，その数以上に，この政治的な追及はアルザス・ロレーヌ社会の内部に亀裂を残すことになった[Boswell 2000:148, 154]。排除の手段として機能する「政治的意思」，それ自体はドイツ時代にも反国家的活動をおこなう人物を政府の決定によって国外追放できる「独裁条項」(Diktatur-Paragraph)として存在していたが，それはフランス時代の法律を根拠としており，また1902年に撤廃されるまで，ほとんど抜かれることのない「伝家の宝刀」であった。これに対し第一次世界大戦後の移行期では，政治的意思は出自血統の原則と組み合わされ，住民たちはいわば選別の二重のスクリーニングをかけられることになった。そして，このスクリーニングに対する鬱積

した不満は,「同化政策」への反発とともに, やがて1920年代半ばに自治運動の高揚というかたちで表面化することになる。

第二次世界大戦期の「ゲルマン化」と戦後における「粛清」

1939年9月1日, ナチス・ドイツがポーランドに侵攻するとともに, 第二次世界大戦が勃発すると, フランス政府の命令により, 国境線沿いの地域から数十万という空前の規模で住民が南西フランスへと疎開することになった。ライン川に接するストラスブールは文字通りもぬけの殻となったのである。

1940年6月,「電撃戦」に敗れたフランスは, ナチス・ドイツと休戦協定を結んだ。だが, そこにアルザス・ロレーヌの地位は明記されず, 将来の平和条約によって決定するとされた。しかしそれはドイツの敗北まで結ばれることなく, 国際法上, アルザス・ロレーヌの住民は最後までフランス国民のままであった。一方, 行政的にはアルザスはバーデンに, ロレーヌはザール・プファルツの大管区(地方行政機関)にそれぞれ合併され, フランス北部の他の占領地域とは異なり,「事実上」ナチス・ドイツに併合されることになった。

第一次世界大戦後と攻守ところをかえ, 今度は1918年以降に移住してきたフランス人が追放され, ユダヤ人, シンティ・ロマ, 同性愛者,「反社会分子」など, ドイツ「民族共同体」に統合不可能とみなされた者も同様であった(その際携行を認められた荷物は, やはり30キロまでであった)。その数はアルザス, ロレーヌそれぞれ2万人以上におよんだ[Stiller 2009:65-66]。フランス「内地」に疎開した住民についても, 帰還が奨励される一方で, 上述のカテゴリーに属する者についてはドイツ当局によって拒否された(アルザス, ロレーヌ合計で約2万5000人)。逆に, ナチス・ドイツの直接の占領下におかれたアルザス, ロレーヌへの帰還を忌避する者もそれぞれ10万人近くいた。

もちろん, これ以外の住民たちが,「民族共同体」のメンバーとして無条件に迎えられたわけではない。1918年以前から居住する, フランス語を母語とする住民については, ナチ指導部においても意見が分かれていた。自らの管轄地域の早急な「ゲルマン化」をめざすロレーヌの大管区長ビュルケルは, 1940年11月には6万3000人ものこうしたフランス系農民をフランスへと追放したが, ヨーロッパ占領地域全体の民族再編を推進するドイツ民族性強化国家委員本部は,「良き血」(ドイツ民族共同体への統合可能性)の選別調査なしに

おこなわれた措置を地方行政の「エゴ」として批判し，帝国内務大臣フリッケもまた「ドイツ民族性」は言語だけによって定義されるものではなく，「信念の表明」(Bekenntnis)も不可欠であると主張した［Stiller 2009：71］。結局，彼らの働きかけによって，ヒトラーはさらなる追放を禁じる指令をビュルケルにだすことになる。個人の意思を超えた生物学的な基準としての「人種」概念の広まりの一方で，アルザス，ロレーヌ，そして「ドイツ民族リスト」が導入されたポーランド西部などでは政治的意思もまた，民族共同体帰属の基準とみなされていた点に注意したい。

こうした民族帰属をめぐる外延的な政策の一方で，現地においてはフランス語の禁止やヒトラー・ユーゲントなどナチ組織への加入義務などの「ゲルマン化」の圧力が強められ，これに違反する者は治安収容所に送られるか，あるいはドイツ内地での「再教育」が命じられた［Kettenacker 1973；ロート゠ツィマーマン 2007］。他方，形式上の「併合」を前提とするため，国籍の問題は当面棚上げにされていた。この問題が表面化するのは1941年冬以降，対ソ戦の泥沼化とともにドイツ軍の兵力が逼迫し，アルザス，ロレーヌからの徴兵が本格的に検討されるようになってからであった。それまでの志願兵の募集が不調に終わるなか，1942年8月，強制的召集が開始され，その際，国防軍，そして武装親衛隊への召集兵とその妻子にドイツ国籍を付与されることが規定された。同様の規定はさらに「証明済みドイツ人」(bewährte Deutsche)という，きわめて曖昧なカテゴリーにも適用されたが，それ以外の住民はあくまで「取消可能なドイツ国籍」の所有者とされ，後者はその事実自体も公表されなかったため，多くの住民は自分がそのようなかたちでドイツ国民となったことを明確に理解していなかった。

ドイツ国籍は，結局のところ権利としてよりも義務として機能し，ドイツ兵として従軍したアルザス，ロレーヌ出身者は約13万人，そのうち約3分の1は戦死，あるいはソ連の捕虜収容所で病死したため，生きて故郷の土を踏むことはなかった。

1944年秋から45年春にかけて，アルザス，ロレーヌはドイツの支配から解放された。もちろん，その後対独協力者に対する粛清がおこなわれたが［Vonau 2005］，ナチス・ドイツの併合自体は国際法に反するものであったこともあり，これまでのような国籍にかかわる大きな変更はなく，東欧においてのように大規模な住民の避難・追放がおこなわれたわけではなかった。また

「ドイツ」の政治的・倫理的失墜は，これら国境地域のフランスへの統合を強めていくことになる。しかし，国際法上はフランス人のままであったはずにもかかわらず，一方的にドイツ国籍を付与され徴兵された兵士たちの問題は，1953年，武装親衛隊による南仏での虐殺行為であり，アルザス人兵士が実行部隊としてかかわった「オラドゥール事件」(1944年)の裁判において表面化し，その後も同じフランスにおける異なる戦争の記憶としてくすぶり続けることになった。

ドイツとフランスの狭間——国民国家理念の相違と排除の論理の類似性

これまで述べてきた，戦争とそれにともなうアルザス・ロレーヌの帰属国家と国籍規定の変化は，独仏和解とヨーロッパ統合という戦後史の流れのなかで政治的意味を失っていくことになる。ただし，フランスでの公務員試験などで「国籍証明書」の提出が要求される際，「フランス人として生まれた父親の子ども」であることを証明するために，結局1870年以前の先祖の記録までさかのぼらなければならないといった，アルザス・ロレーヌ独特の問題が長らく存在した[Weil 2004:405-408]。

フランスの歴史家パトリック・ヴェイユも指摘するように，フランスは状況に応じて「出生地主義」と「血統主義」を組み合わせつつ，自らの国籍を規定してきた。アルザス・ロレーヌの場合もドイツ側も含め，そうした一例とみなすことができよう。ただし，この国境地域は一方でフランス愛国心の象徴的な「記憶の場」であっただけに，言説と現実のあいだの落差の大きさに目を向ける必要がある。ドイツに出生地主義的，あるいは政治意思的な側面，フランスに血統主義的な側面が存在し，そしてそれが第一次世界大戦から第二次世界大戦にかけて選別の機能として組み合わされる状況は，単純に「公民」的フランスと「民族」的ドイツを対置するよりも，むしろ交替しながら急進化していく過程として考えるべきであろう。そして政治的意思もまた，それが密告などをもとにして排除の手段となる場合，暴力的になりえた点にも注意すべきである。

この急進化の背景にあるのは，できるだけ早く統合・同化しなければならない，というこの時代に特徴的な強迫観念であった。1924年のフランス左派政権による「アルザス同化宣言」，40年のアルザスのナチ大管区長ヴァーグナーによる「10年以内に完全にゲルマン化する」という発言は，その中身は

ともあれこうした観念の表出であった。そして言語問題に加え，政教関係，中央・地方関係などドイツ，フランスの国民国家の理念と近代化の道筋が対照的であるだけに，それはより強くなったともいえるであろう。極言すれば，相違こそが接近をもたらした，ともいえるのではないだろうか。

　もちろん，「国籍」は国民国家の中核にある要素ではあるが，それですべてが語れるわけではないし，ここで取り上げることができたのも，国籍をめぐる問題の一部にすぎない。とはいえ，国民国家と対置される際にひとくくりにされがちな「国境地域の人びと」(ここでは「アルザス・ロレーヌ人」)が，どのように国家の側から(再)定義，(再)区分されたかをみることは，「住民」自身の意識とのずれや重なりをはかるうえで不可欠な前提である。そして政治的境界というものが，分断の壁，浸透圧を生み出す膜，そして交流の門戸として存在し続ける以上，この問題は普遍的な問題なのである。

参考文献

オッフェ，フレデリック(宇京頼三訳) 1986.『アルザス文化論』みすず書房
唐渡晃弘 2003.『国民主権と民族自決——第一次大戦中の言説の変化とフランス』木鐸社
滝田毅 2006.『エルザスの軍民衝突——「ツァーベルン事件」とドイツ帝国統治体制』南窓社
トービー，ジョン(藤川隆男訳) 2008.『パスポートの発明——監視・シティズンシップ・国家』法政大学出版局
中本真生子 2008.『アルザスと国民国家』晃洋書房
フィリップス，ウージェーヌ(宇京頼三訳) 1994.『アルザスの言語戦争』白水社
ブルーベイカー，ロジャース(佐藤成基・佐々木てる監訳) 2005.『フランスとドイツの国籍とネーション——国籍形成の比較歴史社会学』明石書店
ベッケール，ジャン=ジャック／ゲルト・クルマイヒ(剣持久木・西山暁義訳) 2012.『仏独共同通史　第一次世界大戦』(上・下) 岩波書店
マイネッケ，フリードリヒ(矢田俊隆訳) 1968・72.『世界市民主義と国民国家——ドイツ国民国家発生の研究』(全2巻) 岩波書店
ルナン，エルネストほか 1997.『国民とは何か』インスクリプト
ロート=ツィマーマン，マリー=ルイーゼ(早坂七緒訳) 2004.『アルザスの小さな鐘——ナチスに屈しなかった家族の物語』法政大学出版局
Audoin-Rouzeau, Stéphane 2009. *L'enfant de l'ennemi, viol, avortement, infanticide pendant la Grande Guerre*, Paris, Aubier
Becker, Annette 1998. *Oubliés de la Grande guerre: humanitaire et culture de guerre*

1914-1918, Paris, Hachette

Boswell, Liard 2000. 'From liberation to purge trials in the "mythic provinces": recasting French identities in Alsace and Lorraine, 1918-1920', *French Historical Studies*, 23

Gosewinkel, Dieter 2001. *Einbürgern und Ausschließen. Die Nationalisierung der Staatsangehörigkeit vom Deutschen Bund bis zur Bundesrepublik Deutschland*, Göttingen, Vandenhoeck & Ruprecht

Harvey, David Allen 1999. 'Lost children or enemy aliens? Classifying the population of Alsace after the First World War', *Journal of Contemporary History*, 34

Hugues, Pascale 2008. *Marthe & Mathilde: Eine Familie zwischen Frankreich und Deutschland*, Berlin, Rowohlt

Kettenacker, Lothar 1973. *Nationalsozialistische Volkstumspolitik im Elsass*, Stuttgart, Deutsche Verlags-Anstalt

Michels, Eckard 1999. *Deutsche in der Fremdenlegion 1870-1965: Mythen und Realitäten*, Paderborn, Schöningh

Rossé, Jean et al., Hg. 1936. *Das Elsass von 1870-1932*, Band 1, Colmar, Alsatia

Stiller, Axela 2009. „Grenzen des ‚Deutschen': Nationalsozialistische Volkstumspolitik in Polen, Frankreich und Slowenien während des Zweiten Weltkrigs", in Matthias Beer et al., Hg., *Deutschsein als Grenzerfahrung. Minderheitenpolitik in Europa zwischen 1914 und 1950*, Essen, Klartext

Uberfill, François 2001. *La société strasbourgeoise entre France et Allemagne (1871-1924): La société strasbourgeoise à travers les mariages entre Allemands et Alsaciens à l'époque du Reichsland. Le sort des couples mixtes après 1918*, Strasbourg, Publications de la Société Savant d'Alsace

Vlossak, Elizabeth 2010. *Marianne or Germania? Nationalizing women in Alsace 1870-1946*, Oxford UP

Vonau, Jean-Laurent 2005. *L'Épuration en Alsace: La face méconnue de la Libération 1944-1953*, Strasbourg, Editions du Rhin

Wahl, Alfred 1974. *L'option et l'émigration des Alsaciens-Lorrains (1871-1872)*, Paris / Strasbourg, Ophrys

Weil, Patrick 2004. *Qu'est-ce qu'un Français? Histoire de la nationalité française depuis la Révolution*, Paris, Folio

Zahra, Tara 2008. 'The "minority problem" and national classification in the French and Czechoslovak borderlands', *Contemporary European History*, 17

西山曉義

第11章 もうひとつのグローバル化を考える
フランコフォニー創設の軌跡をたどりながら

　1970年3月，アフリカのニジェールの首都ニアメに集まった21カ国により，文化・技術協力機構が設立された。フランス語を共通項に集う国際機関で，今日では「フランス語圏」を意味することば，フランコフォニーを名称に掲げ，国際フランコフォニー機関(Organisation internationale de la Francophonie)を称す。公式サイトには，旧フランス植民地の指導者たちが中心となってつくった組織だと記されている。オブザーバーも含めれば，現在加盟している国と地域は80にのぼる。

　今日のグローバル化はあたかも英語化の様相を呈しているが，かつてイギリスについで一大植民地帝国だったフランスの「言語」という視角から切り込むなら，世界の一体化には複数の側面があることがみえてくる。脱植民地化の時代に創設の交渉が進められたこの組織は，どのような国や地域がどのようにかかわって誕生したのか。フランス語の本家であるフランス，また独立したアフリカ諸国はどのように関与したのか。もうひとつのグローバル化と呼べる歴史を検証する。

グローバル化を複眼的にみる

　フランス語がかつてヨーロッパにおける国際語だったことは，よく知られていよう。1635年に正式に設立の運びとなったアカデミー・フランセーズは，フランス語を整える役割を今日まで継続して担ってきた組織である。そうして整備されたフランス語は17世紀から20世紀初頭まで，ラテン語にかわってヨーロッパのリンガ・フランカ(国際共通語)の地位を占めた。

　しかしイギリス帝国を基盤とするパクス・ブリタニカの覇権，そして第一次世界大戦以後のアメリカの大国化にともなって，フランス語は後景に退き始めた。今日の世界はグローバル化し，すべてがつながりあい連動している。そしてそこでのリンガ・フランカはもはやフランス語ではなく，何をおいても英語である。それでは世界の一体化とは，単一言語化なのだろうか。世界

の英語化は，一枚岩のように進んでいるのだろうか。現実には，世界はグローバル化しつつ，同時に多極化しているのであって，そこには複数の言語が介在しているのではないだろうか。

　リンガ・フランカの地位にはなくとも，フランス語は今日もそうした言語のひとつであり続けてはいるだろう。そこで本章では，フランス語をとおして「もうひとつのグローバル化」を考えるために，フランス語を軸にすえる国際組織を取り上げる。フランコフォニーと通称されてきたものである。何らかの地域連合として形成されたのではなく，フランス語という言語を共通項に，さまざまな国や地域が集う国際機関として1970年に誕生した。当初は文化・技術協力機構（ACCT）を名乗ったが，何度かの名称変更をへて，1997年からは国際フランコフォニー機構（OIF）となり，世界各地から参加メンバーが増えている。フランスの旧植民地が中心となってつくられたものながら，ベルギーなどヨーロッパのフランス語地域は発足当初から加盟しているし，そのベルギーの旧アフリカ植民地もメンバーである。のみならず，旧イギリス領や旧スペイン領，さらには歴史的にそうした支配関係にはなかった国々までもがつぎつぎと加盟するようになった。18世紀にイギリスとの戦争に敗れて失った北米大陸の「旧植民地」も加わっている［Organisation internationale de la Francophonie, http://www.francophonie.org/-80-Etats-et-gouvernements-（2015年1月30日閲覧）］。旧植民地を基盤に幅広いメンバーが集まっているところからは，イギリスのコモンウェルスが想起されるだろう。

　本章ではこの組織を手がかりに，旧植民地が旧宗主国を必要とする脱植民地化後の世界のあり方や，またかつてのような国力をもたないフランスが，帝国後の時代にどう対処しようとしているのかという思惑などを含めて，考えていきたい。それによって，世界のグローバル化が重層的に進んでいることもみえてくるはずである。そのことは世界を複眼的にとらえる一助ともなるのではないか。

　そこで以下では，フランコフォニーということばの誕生から，これが組織として創設されるまでの状況を，フランスはもとより，北米大陸の旧植民地であるカナダのケベック州，あるいは旧仏領アフリカ諸国との関係をひもときながら，考察することとする。まずはフランコフォニーということばを造語した地理学者，オネジム・ルクリュからみていこう。

第11章　もうひとつのグローバル化を考える

ことばの誕生

　1837年生まれのルクリュは，プロテスタントの家系の出身で，パリ・コミューンにも参加した。19世紀後半から逝去する1916年まで，在野のまま地理学者としてさかんに執筆活動を進め，膨大な著作を残した健筆家である。それらにはルクリュの植民地拡張を支持する姿勢が明瞭に示されている。そもそも地理学は，ヨーロッパの世界進出に寄り添うように発展してきた。19世紀にはいってつくられた地理学会のような組織が各地に広まったことは，それを跡づけている。フランスの地理学会の場合，帝国主義時代に先駆けてこの世紀の前半に基礎が固められ，1870年代以降，急速に各地に支部が展開されていった [平野 2006：147-150]。時代を先導する役割を担った地理学という学問の性質からしても，ルクリュの立場は当然のものといえる。
　ルクリュがフランコフォニーという新語を提示したのは，1886年の書物『フランス，アルジェリア，そして植民地』においてである。ここでルクリュは，「フランス語話者」に相当する francophone ということばと合わせて，「フランス語圏」を意味する francophonie ということばを生み出した。ではそれは，具体的には何を示しているのだろうか。
　冒頭で述べたように，17世紀以降フランス語は徐々に研ぎすまされていき，フランスの国力とあいまって，それはヨーロッパの共通語となった。そうした地位が揺らいでくるのは，ルクリュの活躍する19世紀末である。すでに世界の覇権を手にしたイギリスの影響力のもと，英語の話者は数でもまさっていた。ルクリュは1880年当時の言語状況について，フランス語話者は10年で250万人増加し，世界で4800万人いると推計している。一方，同時期に英語の話者は1500万も増加したうえに，そもそもフランス語の2倍の話者がいたという [Reclus 1886：423-424]。
　ここで注意したいのは，ルクリュがフランスの植民地支配下におかれた領域の人びとを，フランス語話者として数え上げていることである。結果としてフランス語話者のいる「フランス語圏」とは，まさにフランスの植民地を意味していたことになる。フランス語話者とはルクリュによれば，「フランス語を話す者，またフランス語の話者としてとどまるよう運命づけられている者すべて」を指すと定義されているが，フランスの支配におかれた結果，フランス語を話すことを運命づけられた者，つまりフランス植民地住民こそが，本国のフランス人に加えた「フランコフォン」だということになる。そ

207

の数が，英語の話者より少ないことは，イギリス帝国の優越を直接的に物語ってもいるわけだ。

　フランス語の優位が揺らぐなかで，ルクリュはきわめて現実的な思考をしている。フランス語がヨーロッパの共通語の地位から追われるならば，フランス人が別の言語にふれる機会が増えるはずで，そのことは精神を豊かにし知識を増やすものだと肯定的にとらえているのである。同時に異なる言語に接することで，自らの言語への愛情が深まるだろうとも述べている。しかもルクリュは，今日までこの優美な言語が受け継がれてきたのは，自分たちだけでなく，「アフリカやカナダに多くを負う」ものだ，とまでいうのである。これはのちの時代にもかかわる観察なので，記憶しておこう。

　ただしルクリュのように，植民地の人びとをただちに「フランス語話者」だと規定するのが事実に反することも確かである。支配下におかれたからといって，支配者の言語がそのまま浸透するわけではない。フランスは支配地域に，フランス語を広めていったとしばしば考えられているが，それは植民地の一部のエリートに限られたものである。

　その一方で，ルクリュのように支配地域の住民の数を話者として数え上げる姿勢は，言語を支配の手段とみなす立場が支配者の側にあったことを示してもいるだろう。言語が思考のありようにも影響を与えうることを考えれば，言語の力を軽視することはできない。フランス領の場合，植民地の独立を率いた指導者たちは，おしなべてフランス語を身に着け，場合によっては親フランス的行動をとったのだが，それは本章で扱うフランコフォニーの創設にもおおいに関係することになる。

　ちなみにフランス語を普及する組織としてアリアンス・フランセーズが設立されたのは，同時代の1883年である。正式名称を「植民地および外国へのフランス語普及のための全国協会」というように，アリアンスの発端は，チュニジアの植民地化とともに，この地に影響力をもつイタリアに対抗すべく，フランス語の普及をめざしたことにある。民間組織でありながら，政界や官界から大物が協力した組織としても著名である。日本ではフランス語普及の組織といえばアリアンスがまずあげられるほど，知名度が高い。

　しかしアリアンスが植民地にフランス語を広げる役割をはたしたとはいいがたいのが現実である。植民地では公立の学校制度が十分に整備されたわけでもなく，アリアンスにしても，植民地で広く活動を展開することにはさし

てならなかった。アリアンスはひとつの例にすぎないとはいえ、ルクリュの思考はきわめて概念的なものだったと、まずはいえるだろう。フランコフォニーということば自体、フランス語に定着することなく忘れられていった。それは植民地が実質的な「フランス語圏」とはいいがたかった現実も、関係しているのではないだろうか。このことばが蘇るのは、フランス植民地帝国崩壊ののちのことになる。つぎにその時代に移ることにしよう。

『エスプリ』誌とフランコフォニー

　1962年7月、フランスの最重要植民地と位置づけられていたアルジェリアが独立した。1830年にフランスがアルジェに派兵して以来、132年にわたる支配の終焉である。すでに1960年までに、アフリカ大陸のフランス領は一部を除いて独立を達成しており、アルジェリアの独立は、近代フランスの植民地帝国にとどめを刺したことになる。

　そして同じ年の秋、月刊誌『エスプリ』が11月号で、フランコフォニーに関する特集を編んだ(図1)。本号には、フランス語圏に加えて日本なども取り上げられ、それぞれの地域のフランス語をめぐる事情などをテーマに、20を超える論考が収められている。この特集号が、忘れられていたフランコフォニーということばが再生する契機となったとされるものである。フランス語を軸とする組織の必要性は、独立したばかりのアフリカ諸国のあいだからも唱えられていたのだが、事実この特集号には、アフリカの首脳たち、あるいはカンボジアのシハヌークのような人物も寄稿している。

　『エスプリ』誌は、1932年にカトリック左派の思想家であるエマニュエル・ムニエが創刊したもので、今日にも刊行が続く息の長い雑誌である。ムニエは1930年代の混沌とした時代に新たな道、いわゆる第三の道を模索した若い思想家のひとりで、非順応主義者と呼ばれる一群の思想家に含まれる。

　フランコフォニー特集の巻頭言は、当時編集長だったジャン゠マリ・ドムナックと文学主筆のカミーユ・ブルニケルの連名でしたためられている。こうした民間の雑誌における言論が、直接に国際組織としてのフランコフォニーの誕生に結びついたのではもちろんないが、フランス語というものを基軸に賛同する者たちが集う組織、あるいは共同体といった構想は、当時の時代状況を映す面もある。まずはドムナックらの主張に簡単にふれておこう。

　この巻頭言が書かれたのは、先にも述べたように、フランスがアルジェリ

図1 『エスプリ』誌1962年11月号

アを喪失した直後である。フランスは国際社会の批判をあびながら凄惨な戦争を戦ったすえに，最大の植民地を喪失したのだが，2人の著者はその結果フランスが内向きになっていると指摘する。それよりは新たな次元に目を開いていくべきだというのだが，それはフランス語という言語をとおしてみる世界である。ドムナックらによれば，フランス語は国家の枠を超えた世界語となっている。そのため冷戦下に対立する世界において，フランスはむしろ言語ゆえに優位な立場にあるという。現実にフランスには，フランス語を話す世界の人びとから要請があるので，そうした未来に向けて新たな歩みを始めるべきだというのが巻頭言の結論である。世界の人びとからの要請というのが，フランス語を基にする組織の形成ということになる。

　興味深いのはドムナックらが，世界の画一化が進む一方で，それぞれの文化が自らの伝統に立ち返るという，二律背反の動きが同時進行しているとみていることである。20世紀末からの現代社会が予見されているようにも思える表現だが，1962年という冷戦のただなかの状況を，今日のグローバル化と同一視することはできないだろう。それでも近代化という意味での世界の均質化は，一面においては進展していたであろうし，そうしたなかでドムナックらが指摘するように，国際社会における言語が主要なものに収斂(しゅうれん)されていく状況は，たしかにあっただろう。そしてそれらの言語について2人は，植民地だった人びとへの圧力ではなく，むしろ社会的向上のために彼らも使えるものになっていると述べている。

　当然にして，フランス語はそのなかのひとつと目される。著者たちは，かつては「植民地化する者の武器」だったフランス語が，今日では「植民地化された者の武器」として，世界語の役割を担うと位置づけている。帝国主義の時代には，ルクリュのように宗主国の言語を支配の手段とみる立場があったことを指摘したが，脱植民地化の頃には，支配を受けた側が旧宗主国の言語を積極的に活用できるというのは，言語を重視する著者たちの姿勢の表れ

である。同時に，旧植民地の側から実際にそうした動きがあったことが，巻頭言に反映されたものともいえる。先に述べたように，この特集号には，旧植民地の指導者たちがフランス語に寄せる熱い思いを述べた論考も掲載されているのである。

　1960年代は，第三世界主義やマルクス主義に大きな支持が寄せられていた。ただし『エスプリ』という雑誌自身がそうした立場に身をおいていたわけではない。主流の思想潮流に必ずしも乗らずに時代に批判的立場をとるというのは，ムニエの時代に共通することでもある。『エスプリ』誌は，階級による世界の連帯を訴えたのではなく，フランス語という文化に基づく連帯をめざしたという評は，さしあたり当を得たものではないだろうか。そうした方向性が，フランス語を媒介として，フランスとの関係を維持しようとした旧植民地の求めるものと符合した，という面は多分にあるだろう。

　ただし，言語がたんに文化の一要素ではなく，政治においても実質的な力をもつとみなされていることには，改めて注意しておきたい。それも含めて，つぎに時間をさかのぼりつつ，アフリカ諸国の対応を概観していくことにしよう。

アフリカ諸国の対応

　第二次世界大戦後の1946年，フランス植民地のなかではまずアジアのインドシナで戦端が開かれ，インドシナ独立戦争が始まった。それにフランスが敗北した1954年には，続いてアルジェリアの独立戦争が起きている。フランス帝国の崩壊は，これら長期にわたる独立戦争の果てのことだという認識は，なかなか根強いように思われる。しかしフランコフォニー創設にかかわるサハラ以南アフリカ諸国の独立は，支配と抵抗というイメージとは異なって，1960年に平和裡に達成された。アルジェリア独立戦争中のことである。

　1960年は一般に「アフリカの年」とされているが，この年に独立した17カ国のうちフランス領は14を数える。日本から遠いアフリカは，西洋史を専門とする者には，にわかには相違がわからず，アフリカとひとくくりに語ってしまう場合が多い。しかし各国それぞれの状況があり，それぞれの歴史を尊重すべきであるのはいうまでもない。たとえば日本では「アフリカの年」に独立した国として数えられるマダガスカルは，そもそもアフリカ大陸ではなくインド洋に位置する国である。フランスでは通常「アフリカとマダガスカ

ル」と記される。独立志向が強かったところで，1947年に起きた蜂起は厳しく弾圧され，数万人ともいわれる死者がでた。またアフリカ大陸のトーゴとカメルーンは，第一次世界大戦後に敗戦国ドイツから得た領域で，まずは国際連盟の委任統治領に，第二次世界大戦後には国際連合の信託統治領になった。独立自体は同じ1960年でも，他の国々とは異なる経緯をたどっている。

　独立にいたるまでの民族運動は，連携もなされたが，地域ごとの事情や指導者に左右される面もあった。独立後の構想に関しては，連邦を形成してより緊密な協力関係を進めようとしたところもあれば，自律的な方向を望んだところもある。さらには独立後のフランスとの関係についても，すべてが同じような熱意をもって進めようとしたわけでもない。サハラ以南アフリカをみな同列に扱うのが適切でないことは，もちろんである。

　それを認識したうえで，総じてこれら新興国では，エリート層を中心に親フランス的な傾向が強く，そうした立場に立つ者たちが独立を主導し，その後はフランスとの新たな関係の構築に尽力した，ということができる。少なくとも独立後には，それぞれ温度差はあるものの，ある程度の統一歩調をとりながら，フランスとの連携を模索した。本章では個々の相違よりは，そうした側面に注目してみたい。というのは，じつはそのことが，フランコフォニー創設をめぐる公式の語りの基調をつくっているからである。

　OIFの公式サイトをみると，その一端がわかる。フランコフォニー創設の父として4人の人物があげられているが，それらはセネガルのレオポール＝セダール・サンゴール，ニジェールのハマニ・ディオリに加えて，チュニジアのハビブ・ブルギバ，そしてカンボジアのシハヌークである。日本になじみがあるのは，シハヌークくらいではないか。チュニジアはフランス領アフリカではもっとも早く，1956年に独立した国である。断るまでもなく，北アフリカのチュニジアやアジアのカンボジアは，サハラ以南アフリカとは異なる独立の経緯をたどった。しかしそれらの首脳も，フランコフォニー創設の父として名を残している事実は，旧フランス領植民地のエリート層に親仏的傾向が強かったことを示しているだろう。ちなみにディオリを除く3人が，『エスプリ』特集号にも寄稿している。

　また余談ながら，いわゆる「アラブの春」は，2010年12月にチュニジアから始まったものだが，これによって大統領の地位を追われたベン・アリは，ブルギバにつぐ2代目の大統領であった。独裁的な長期政権が続いた背後に

は，旧宗主国フランスとの結びつきもあった。こうしたことからは，独立後の政治状況の一端を察することができるのではないだろうか。

さて，これら4人のなかで組織の具体化に実際に動いたのは，サンゴールとディオリという，サハラ以南アフリカの2人であった。サンゴールは，すでに戦間期に教授資格試験(アグレガシオン)を受けるためとはいえフランス市民権を取得している。また1983年にはアフリカ出身者としてはじめてアカデミー・フランセーズの正会員にも選ばれるなど，親仏派を代表する存在である。第二次世界大戦後から，フランスとの共同体構想を描くなどしていたが，フランス語を軸とする組織の最初の構想は，サンゴールの手になるものである。

1965年にフランス大統領シャルル・ドゴールに提示されたサンゴールの案では，かかわる度合いに応じて，想定される参加国は異なるカテゴリーに入れられていた。フランスおよび旧植民地は中心に，ベルギー，スイス，ルクセンブルクといったヨーロッパの国々はもっとも周辺に，といった具合である。しかしこれにはフランスなどの賛同が得られず，結局すべてのメンバーが同等の立場で参加する構想に取って代わられた。それを基に，フランス語に集う組織，すなわち通称フランコフォニーの設立会議が政治日程にのぼってくる。その開催の任を担ったのがディオリである。

独立後のアフリカ諸国は，フランスとの連携をめざしてマダガスカルを加えた12カ国でアフリカ・マダガスカル連合(OCAM)を結成した。ディオリはその議長であった。アフリカの二大河川のひとつと同じ名前をもつニジェールは，海のないきわめて貧しい国である。唯一ウランを産出するのが知られたところであろうか。OCAM議長として，ディオリのニジェールは，フランコフォニー会議の開催国となるのだが，手間取ったのは，誰をこの国際会議に招聘(しょうへい)するかという調整であった。アフリカ諸国のなかにも，積極的ではない国はあった。たとえばカメルーンは，旧ドイツ領を第一次世界大戦後に英・仏が分け合ったところだが，国内統一が不十分であるなどの理由で参加を希望しなかった。

しかしディオリにとって最大の難問は，じつは北米大陸にあった。かつて絶対王政期のフランスは，イギリスと並んで北米大陸に進出し，17世紀初頭からは現在のケベック州や，大西洋カナダと呼ばれるカナダ東部(当時フランス語ではアカディアと呼ばれた)に入植地を建設した。ところが18世紀のいわゆる第2次英仏百年戦争で，フランスはイギリスに敗北を続け，1763年の

パリ条約によって最終的に現在のカナダに位置していた領域は,すべて喪失した。イギリス統治下におかれた旧フランス領は,近年にいたるまでフランス語とカトリックを二本柱に独自性を保つこととなった。なかでもケベック州が,フランコフォニーの設立をめぐっては,重要な位置を占めていくのである。

北米大陸における軋轢

　フランス語の地域として有名なカナダのケベック州は,今日では自律志向の強さでも知られていよう。近年になって2度,独立を問う住民投票が実施されている(1980年と95年。いずれも否決)。ただし,ケベック州の自律意識が喚起されたのは比較的新しいことで,1960年に州首相に就任したジャン・ルサージュが着手した近代化政策に負うところが大きい。「静かな革命」と呼ばれる一連の改革は,カナダ内部で相対的に近代化の遅れていたこの地を大きく変え,同時に「ケベック人」(Québécois)としての自我意識を目覚めさせることにつながった。州政府レベルでも,カナダ連邦政府からの自律的な方向性をめざす動きが加速し,外交上の権能まで州にあると主張するようになる。そのことはフランコフォニー創設をめぐって,大きな焦点ともなっていく。

　それをみるに先立って,ケベック出身のジャーナリスト,ジャン＝マルク・レジェに注目しておきたい(図2)。レジェはフランコフォニーの歴史に欠かせない人物である。独立派で,州レベルでの動きよりもずっと早く,ケベック州の独自性,ひいては自律性を訴えており,1950年代にすでに「フランス語」を掲げる組織づくりに積極的だった。レジェがかかわったものには,フランス語を使うジャーナリストの国際協会(1950年)や,「部分的あるいは全面的にフランス語を使用する大学連合」(AUPELF, 1961年)などがある。とくに自ら事務局長を務めたAUPELFは,創設の過程から自身で直接フランス政府高官に宣伝をし,フランス政府も小さからぬ関心を示したものである。

　先に『エスプリ』の特集号がフランコフォニーということばが再生する契機となったと記したが,レジェの行動は,フランコフォニーを名乗っていないとはいえ,まさにフランコフォニーのような組織をさまざまな観点から民間レベルで先取りしたものになっている。レジェはジャーナリストとして『エスプリ』誌と従来から関係もあり,特集号に寄稿もしている。もっとも

第11章　もうひとつのグローバル化を考える

このこと自体は、レジェにとってさして大きなできごとではなかったようである。自らがフランコフォニーに関して先駆的に実現させていたという自負であろうか。

こうして民間での動きが先行したが、「静かな革命」が進められた1960年代には、州政府の行動は連邦政府とのあいだに軋轢を生むようになる。州政府は最終的な独立をめざしていたわけではなく、可能な範囲で連邦政府からの自律を得ることで、むしろ連邦にとどまることを考えていた。南に巨大なアメリカ合衆国が位置するなかで独立することが、どれほど得策かという点がまずあった。

図2　ジャン゠マルク・レジェ

そこでケベック州政府は、フランス語使用の州として、文化や教育の面での自律性をまず高めようと、フランスとの文化協定の締結に動いたり、またフランス語圏諸国でつくる教育大臣会議に出席を求めるなど、果敢に国際社会に打ってでる。ただしケベックの希望するように事態が動くか否かは、カナダ連邦政府との駆引きや、またのちに述べるがケベックの行動を支持しようとするフランス政府との交渉、あるいは会議の舞台となるアフリカ諸国の状況などによって、変わりうるものだった。

アフリカ諸国のあいだからフランコフォニー創設の動きが具体化してくると、連邦政府と州政府の対立は、さらに先鋭なものになる。焦点は、ケベックという「州」が、どこまで国際舞台での会議や組織に参加しうるかという点であった。教育や文化といった分野での国際会議への参加は容認されても、フランコフォニーのような国際組織の場合、州をどう扱うかについては見解が分かれた。当然のことながら、連邦政府は自らが唯一カナダの代表であり、ケベック「州」の参加を不適切だとみていた。そしてその調整は、フランコフォニー会議の準備をしていたディオリにのしかかってくるのである。

ニアメでの会議は、1969年2月（第1回フランコフォニー会議）と翌70年3月（第2回フランコフォニー会議）の2度開かれている。第1回では参加者のあいだで組織の創設が合意され、2回目に実際に憲章が採択されてACCTの創設がなるのだが、1回目の会議の準備段階からケベック州の参加の是非が、事

態を大きく動かしていく。

　まず英語圏であるカナダ連邦政府は，フランコフォニーをおおいに気にかけていた。コモンウェルスとフランコフォニーの双方にかかわれるのは外交上の利点であったし，ケベック州の牽制(けんせい)という面ももちろんあった。しかもフランス政府への対抗の必要も生じたことから1968年，フランコフォニー会議が日程にのぼってくるとカナダ政府はそれをにらんで，旧フランス領アフリカに対する外交活動を活発化し，とりわけニジェールには援助の増額まで申し出た。カナダの対外援助は，歴史的経緯から当然のこととはいえ，コモンウェルス諸国に偏重していた。アフリカのフランス語圏に援助を増やすことは，カナダ外交のバランスのためにも望ましいことだった。

　会議の準備を進めるディオリは，貧しい内陸国ニジェールの苦境を打開するため，早い時期からいわば全方位外交を展開した。独立の翌年にはすでにカナダにも援助を要請していたが，現実にはあまり進まずにいた。それが，フランコフォニー会議に向けてカナダからの大きな支援が到来したことになる。そのメッセージは明らかであろう。

　ではニジェールはどのような立場をとったのか。ディオリは基本的に，連邦政府の側に理解があった。ニジェールに限ったことではないが，植民地支配によって直線で国境線を引かれたアフリカ諸国は，国内に複数の民族をかかえていることが多かった。それらが分離・離脱をめざす傾向を抑え，いかに統一国家を維持するかに，独立後の首脳たちは腐心した。事実ニジェールの隣国ナイジェリアでは，1967年にビアフラ共和国が分離独立を宣言したことから内戦が起きている。ケベックの自律に向けた動きは，まさにそうした事情にかさなってみえたのではないか。

　しかしディオリの意に反して，1969年の第1回フランコフォニー会議には，ケベック州が参加することとなった。その背景はどこにあるだろうか。それについてはフランス政府の動向に目を向けなければならない。

ケベック州の背後から

　すでに述べたように，OIFの公式サイトでは，フランコフォニーは旧植民地の指導者たちのイニシアティヴによって実現したと述べている。またフランコフォニーを取り上げた文献では，フランスは植民地帝国崩壊直後の時代において，新植民地主義という批判を懸念したと一様に記されている。フラ

ンスがこのような組織の創設に積極的に動くことはなかったというのは，通説である。

　実際，アルジェリア独立戦争が始まった翌年の1955年には，バンドンで第1回のアジア・アフリカ会議が開かれ，植民地宗主国には逆風が吹くようになった。そうした時代にフランスは，仇敵ドイツと手を携えてヨーロッパ統合の道を切り開く方向にも進んでいく。

　とはいえ通常考えられているように，フランスが植民地帝国からヨーロッパへ重心を移行した，と単純にいいきってしまうのは適切ではない。とりわけ1958年以降のドゴール政権期には，フランスは独自外交を展開する。ドゴールが，超国家組織となる統合ヨーロッパに前向きでなかったことは知られているが，米・ソの二超大国が対峙するはざまで，さらには統合されていくヨーロッパにおいても，埋没せず，一定の存在感を示すために，いわゆる第三世界に支持基盤をもつことは重要であった。

　それならなおさら，フランコフォニーのように，フランス語といういわばソフトパワーが前面にでる企画は，フランスにとって魅力的に映っただろう。フランス語は伝統ある国家「フランス」に由来するのであり，フランスがそうした新たな組織にしかるべき位置を占めることになるのは，火をみるより明らかである。フランス政府としては，自ら音頭をとることなく，暗黙の裡に中心となる組織がつくられようとしていたことになる。当時の外交文書には，こうした組織について進展を望むとしながらも，「フランス色」があまりでないように，あるいは新植民地主義といわれないように，とおりにふれて注意を喚起していたことが残されている。それはむしろ，フランス政府がこうした組織に寄せる期待の大きさを示していよう。

　しかしそのことは，フランスが何もせずにアフリカ諸国がなすがままにさせていたことを，ただちに意味するわけではない。その鍵がケベック州であった。ドゴールが1967年，ケベック州のモントリオールで開催された万国博覧会に赴き，集まる群衆に向かって「自由ケベック，万歳！」と演説を締めくくったのは，あまりに有名である。ケベックの独立派の存在を一夜にして世界に知らしめたこの一件は，ケベック州には1967年以前と以後がある，といわれるほどの痕跡をケベック，カナダ双方の歴史に残した。しかもこの発言は，その場の雰囲気でつい口にしたものではない。ドゴールは従来から，北米大陸におけるフランス語圏であるケベック州を重視していた。1965年に，

連邦政府の存在を前提にしたものであるが，ケベック州とのあいだに教育協定および文化協定を締結したのも，ドゴール政権である。

　自律の方向を探るケベックが頼りにするのは，200年前にイギリスに敗北して身を引いたフランスであり，他方のフランスからすれば，英語圏の北米大陸におけるフランス系の地域は地政学的にも重視される。自律を模索するケベック州政府，ケベックをバックアップしようとするフランス政府，会議を準備しているニジェール政府に唐突に援助を申し出るカナダ連邦政府。これらの動きをみただけでも，フランコフォニーのような組織が，フランスとの連携をめざすアフリカ諸国の主導ですんなりと創設されたわけではなさそうであることに気づかされる。

　そうしたなかで1969年の第1回ニアメ会議に向けて，連邦政府のみの招聘を考えていたディオリが方針を転換したのには，フランスの圧力があったという証言がある［Baulin 1986:75］。ケベックを呼ばなければ，フランスは会議をボイコットするというものである。フランス語を軸とする組織にフランスが不在であるという問題以上に，フランスとの連携を模索してつくろうとする組織に当のフランスが参加しないのであれば，アフリカ諸国にとってそのようなものはそもそも意味がない。アフリカ諸国の主導権で創設されたというフランコフォニーが，実際にはいかにフランスの意向に左右されたかは，このような点からも読み取れるのではないだろうか。ケベック州の招待は，連邦政府をとおし，連邦政府を立てるかたちでおこなわれたが，実質的にはフランス政府を後ろ盾にしたケベック州のいわば勝利である。

　その第1回会議では，フランコフォニーの創設が合意されて具体化に向けた動きが本格化するが，つくられるべき組織の暫定事務局長になったのは，「カナダ」の民間人レジェであった。レジェにはフランコフォニーのような組織に，一個人として早くから取り組んできた実績があるだけでなく，すでにアフリカも歴訪して，多くの首脳たちとの信頼関係もあった。レジェは打ってつけの人物だと考えられた。フランス政府の信任が篤かったのは，いうまでもない。その後レジェはフランス政府の支援を受けてパリに事務所を構え，組織づくりに世界各地を奔走することになる。

　フランコフォニーを実質的に創設しようとする2回目の会議（1970年3月）に向けては，再びケベック州招聘の是非が問題として浮上する。そしてこのときもフランス政府の存在がものをいった。カナダ連邦政府に正式の招待状

が送られ，連邦政府がフランス語圏の州に知らせるという手続きをふむことで，ケベック州はACCTの創設を議論する会議への参加が可能になったのである。

ただしケベックには延々と留保がついてまわった。この会議は，新たな国際組織へのケベック「州」の参加問題で最後までもつれ，結局ケベックは，会議で採択されたACCTの設立憲章に署名できなかった。つまりケベック「州」は，即座にこの組織の正式メンバーとはなれなかったのである。議論と妥協のすえにケベックは，カナダ連邦政府の許可を得たうえで，「参加政府」という特殊な形態でACCTに加わるものと定められた。ケベックの参加問題は，当面こうして決着をみることとなった。

その後1986年に，最初のフランコフォニー・サミットが開催されるに際して，再びケベック州と連邦政府との軋轢が生じたことは，一言記しておこう。最初のサミットの開催は，ケベックの独立を問う住民投票が否決された翌年のことになる。

フランコフォニーの投げかける問い

1971年10月，ケベック州と連邦政府とのあいだに議定書(プロトコル)が交わされて，ケベックのACCT加盟が正式に実現した。一年遅れたとはいえ，「州」であるケベックがこのような国際機関のメンバーに加われたことについて，レジェはフランスの決然とした支援なしには不可能であったと回想録に記している [Léger 1987:117]。レジェのこのことばには，フランコフォニーへのフランスの関わりが象徴されているのではないだろうか。つまるところ，フランス語を軸とする組織の成否を握っていたのは，アフリカ諸国というよりはむしろ北米大陸のケベック州であり，それをどう動かすかについては，フランスの意思が少なからず働いたというべきだろう。

それからすると，OIFの公式サイトに，創設の父として旧植民地の首脳たちが列挙されていることにも，改めて注意を向けなければなるまい。1960〜70年代という時代において，フランスは新植民地主義とみなされるような行動は控える必要があり，フランコフォニーをめぐる公式の語りにおいてアフリカの主導権が強調されてきたのも，それゆえではないかとすら思われる。公式サイトでは，レジェが創設の父に含まれていないのも気にかかる。レジェは暫定事務局長をへて，ACCTの初代事務局長に就任しており，その点は

明示されているが，そもそも1950年代からの活躍をみれば，レジェ自身も別の観点から創設の父としての顔をもつといえるだろう。公の語りにおけるレジェの位置づけに何か意味を見出そうとするのは，深読みだろうか。

　それではフランコフォニーのような組織は，フランスによる言語を武器とした文化帝国主義なのだろうか。ACCTが創設される前の1967年，社会学者ジャック・ベルクはこのような組織はフランス・ヘゲモニーによるものだと批判している。対して，ケベックのレジェであれ，ニジェールのディオリであれ，推進した者たちはそうした見方には立っていない。この種の組織を必要とした側からの肯定的な評価は，当然であろう。そうであるならば，フランス語は結局のところ，植民地化された側が武器として使うようになった一方で，別の意味において植民地化をかつてした側にも，より隠されたかたちにおいてだが，いまだ武器として使える面があったと考えられる。

　しかしその後，時代は急速に変化してきている。冷戦が終結してグローバル化が進展するとともに，英語が使われる範囲は拡大した。フランス人のなかでも実務において英語に習熟する者は着実に増加している。フランスの教育機関では授業はフランス語でおこなうものとされていたのだが，2013年には外国語（想定されているのは英語）の使用を認める法も新たに制定された（高等教育および研究に関する2013年7月22日の法，通称フィオラゾ法）。同時にそうした現実ゆえに，世界におけるフランス語の位置を確保しようとする動きは，英語による文化の単一化ともとらえられるグローバル化に対抗する意味も込めて，進められているかにみえる。もはや新植民地主義を懸念した時代とは打って変わって，1997年からOIFを名乗るこの組織には，今日ではフランス政府が大きな力をそそいでもいる。

　フランス語圏ではない日本でも，同様の事態が起きているように思う。1988年に，ACCT創設の3月20日が「国際フランコフォニーの日」とされたのだが，近年になると日本でも，この日の前後にさまざまな催しがおこなわれるようになった。フランス語圏各地の音楽を紹介する祭典などは，その一例である。フランス語圏の外においても，英語の普及にせりあうかのような試みが展開されているとの感をもつが，こうした側面を目にすると，複層的に進んでいるグローバル化を評価するのも，なかなか一筋縄ではいかない。

　今日の世界ではさらに，中国語やアラビア語がグローバルに広がっていることも忘れてはならないだろう。これらの言語は，何らかの組織を基盤にし

第11章　もうひとつのグローバル化を考える

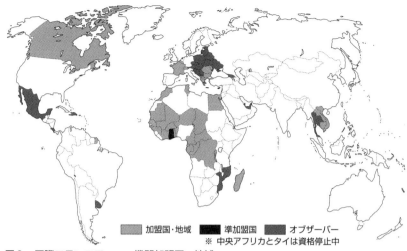

図3　国際フランコフォニー機関加盟国・地域

ているのではない。たとえば中国語の場合は大量の華僑や華人の存在が，いわば下から実質的に中国語の世界への拡散を担っている。それに比するとフランス語は，OIFのような組織をとおして，いわば上から拡張がはかられている。今日，OIFの正式メンバーとオブザーバーは，80の国と地域にまで増加した。しかしそれらにおいて，必ずしもフランス語話者が多数なわけではない。南米の例をみても，従来からのフランス領であるギアナをおけば，ウルグアイがオブザーバー国になっているが，話者はどれほどいるだろうか。とすると，OIFなどによる言語の拡張は象徴的なものというべきだろうか。

　実質的な話者を欠いたまま，理念としての「フランス語圏」に賛同する者が拡大している様は，言語文化の面において，フランスが歴史的に築き上げたものがいかに強力であるかを示しているようにも思われる。しかもフランス語自体が，英語に対して明らかに劣勢な今，それを文化帝国主義として語ることもはばかられるような状態であり，それがまたフランス語の付加価値を高めてもいるという，様変わりした状況が垣間見える。付け加えるなら，「マクドナルド化」，あるいは「マイクロソフト化」と揶揄される今日のグローバル化に対抗する「もうひとつのグローバル化」の運動の担い手が，多くフランス系の人びとであるのも示唆的ではないか。

　フランコフォニーのような組織が21世紀の世界でどのように進展していく

のかは，関心を引かれるところである。さらに進むであろうグローバル化がどのような相貌をみせるのかは，若い世代の関心のありようにも反映されるだろう。

他方，歴史研究の立場からするならば，今後のフランコフォニーの進展というよりは，そもそもの創設の過程において，なぜ旧植民地がこれほどまでにフランス語に執着したのかという点が，別個の課題として浮かび上がってはこないだろうか。じつは近代フランス最大の植民地だったアルジェリアはOIFに関与しておらず，この独自の立場も忘れてはならない。しかし旧フランス領アフリカの大半が，フランスと連携する組織を求めた事実には，やはり立ち止まらざるをえないだろう。アフリカ諸国が独立した時期は冷戦のただなかであり，米・ソの対立に巻き込まれずに，独立後の世界を展望することが望ましかったと考えられる点については，すでに指摘がある。とはいえ，旧フランス領植民地の，親フランス的な言動からするならば，植民地支配そのものがどうであったかという問いよりも，むしろ支配された結果，どのような関係，あるいは構造が，(旧)宗主国と(旧)植民地のあいだに生み出されたのか，そしてそれが今日のグローバル化する世界で，どのような意味をもつのかという，さらに大きな問いが投げかけられているように思われる。

そのような状況は，支配の歴史をどうみるかという歴史認識の問題にも影響していよう。21世紀にEU（ヨーロッパ連合）のメンバーとなった東欧諸国のなかには，OIFに加わった国もある。OIFの加盟国が増えた今日，フランコフォニーを推進してきたとされるアフリカ諸国は，自分たちの比重が組織において低下するのではないかと，危機感を強めている。フランコフォニーの現在，および将来は，過去との往還のなかにおいて考えていく必要があるだろう。

参考文献
小畑精和・竹中豊 2009.『ケベックを知るための54章』明石書店
草光俊雄・北川勝彦 2013.『アフリカ世界の歴史と文化――ヨーロッパ世界との関わり』放送大学教育振興会
櫻田大造 1999.『カナダ外交政策論の研究――トルドー期を中心に』彩流社
ナドー，ジャン゠ブノワ／ジュリー・バーロウ（立花英裕監訳，中尾ゆかり訳）2008.『フランス語のはなし』大修館書店
平野千果子 2006.「世界の探検と植民地問題――19世紀の地理学会」福井憲彦編

『アソシアシオンで読み解くフランス史』（結社の世界史　3）山川出版社
平野千果子 2014.『フランス植民地主義と歴史認識』岩波書店
平野千果子 2014.「フランス版コモンウェルスとしてのフランコフォニー──その構想と形成」山本正・細川道久編『コモンウェルスとは何か──ポスト帝国時代のソフトパワー』ミネルヴァ書房
ベッツ，レイモンド・F（今林直樹・加茂省三訳）2004.『フランスと脱植民地化』晃洋書房
Baulin, Jacques 1986. *Conseiller du président Diori*, Paris, Eurafor-press
Chaubet, François 2006. *La politique culturelle française et la diplomatie de la langue: l'Alliance française 1883-1940*, Paris, L'Harmattan
Deniau, Xavier 2003. *La Francophonie*, 5e édition, Paris, PUF（Que sais-je?）
Dereumaux, René-Maurice 2008. *L'Organisation internationale de la Francophonie: l'institution internationale du XXIe siècle*, Paris, L'Harmattan
Gendron, Robin S. 2006. *Towards a Francophone community: Canada's relations with France and French Africa, 1945-1968*, Montreal, McGill-Queen's UP
Léger, Jean-Marc 1987. *La francophonie: grand dessein, grande ambiguïté*, Ville de LaSalle, Hurtubise HMH
Meren, David 2012. *With friends like these: entangled nationalisms and the Canada-Quebec-France triangle, 1944-1970*, Vancouver, UBC Press
Ndao, Papa Alioune, dir. 2008. *La francophonie des pères fondateurs*, Paris, Karthala
Reclus, Onésime 1886. *France, Algérie et colonies*, Paris, Hachette
Tétu, Michel 1992. *La Francophonie: histoire, problématique, perspectives*, 3e édition, Montréal, Guérin universitaire
Organisation internationale de la Francophonie http://www.francophonie.org
Encyclopédie de la Francophonie（réalisée grâce au soutien financier du Ministère des Relations Internationales du gouvernement du Québec）http://agora-2.org/francophonie.nsf

平野千果子

第12章 20世紀のヨーロッパ
ソ連史から照らし出す

　20世紀の100年間に，ヨーロッパの国際的な地位は大きく低下した。世紀初頭には植民地帝国の首都が立ち並ぶヨーロッパが「文明の頂点」であった。だが，2度の世界大戦と冷戦のなかで植民地帝国は過去のものとなり，国際政治の重心は大西洋の向こう岸のアメリカ合衆国に，さらにまた東アジアの中国へと移った。20世紀はヨーロッパ凋落の1世紀と呼べるかもしれない。

　しかし，権力政治における主導権の在処だけをみていたのでは，20世紀世界のなかでヨーロッパがはたした役割を十分に理解することはできない。なぜならば，近代（ひとまずフランス革命をもって始まるとしたい）のうちにヨーロッパで生まれ，練り上げられた理念や制度は，地域を越えて世界中に広がっていったからである。本章ではそれらの理念や制度を「近代ヨーロッパ文明」と呼ぼう。アメリカ合衆国は，そのような文明を直接に引き継ぐ存在であった。他方でソ連もまた，実際には「近代ヨーロッパ文明」と質的に断絶していたにもかかわらず，そうした文明の継承者を自認していたのである。

　本章では，ソ連の盛衰を，「近代ヨーロッパ文明」の展開と照らし合わせながら振り返ってみる。そうすることで，20世紀世界におけるヨーロッパの位置づけが改めて浮彫りになる。「近代ヨーロッパ文明」への別の挑戦者としてあらわれたファシズムについても，簡単にふれよう。

「近代ヨーロッパ文明」

　ヨーロッパ諸国の歴史や風土はさまざまである。そもそもヨーロッパの地理的な輪郭ですらも一定していない。バルカン半島やロシア（の一部）を地理上のヨーロッパに含めるかどうかは，そのときどきの国際関係や文化的規範によって左右されてきた。今日もそのことに変わりがないのはウクライナをみればわかる。

　それでも20世紀初頭までに，「近代ヨーロッパ文明」という概念を設定で

きるだけの共通の諸要素が，西欧・北欧・中欧諸国を中心にして存在していたことは否定できないだろう。そうした諸要素に基づく「ヨーロッパ」という想像上の空間は，現地と外部の人びとの両方によって共有されるものとなったのである。

　「近代ヨーロッパ文明」の諸要素のうち，まずは私的所有権の不可侵という理念を最重要のものとしよう。「近代ヨーロッパ文明」あるいは近代資本主義社会とかブルジョア社会とか呼ばれるものの根底にあるのが私的所有権の不可侵である。この理念は経済生活のみにかかわっているのではない。各人の資産を守ることは，各人の利害を算定することにつながる。各人の利害の集積は，個々の社会集団の利害となる。そして，それぞれの社会集団の利害を代表し，それらを相互に調整するために，政党制ならびに議会制が発展するのである。加えて，私的所有権の不可侵は，人身の不可侵（生存権）に始まる，より多様な近代的諸権利の確立をも促す。なぜならば，各人の権利がどれだけ侵害され，どれだけ補償されねばならないかをはかるうえで，数値化された財産以上の客観的な尺度はおそらくないだろうからである。

　フランス革命とナポレオン戦争の混乱が一段落ついた19世紀初頭の段階では，私的所有権の不可侵と法の支配はもっぱら有産層の利害にのみかなうことであった。だが，貧困や差別的待遇に苦しむ民衆層の側からの異議申立てに押されつつ，しだいに参政権を含む近代的諸権利の対象範囲は（男性に限られていたが）拡大していった。もとより地域間のずれは大きく，1906年まで憲法も議会もなかったロシア帝国は，この点で「近代ヨーロッパ文明」の周縁に位置していた。

　つぎに，「近代ヨーロッパ文明」の要素としてナショナリズムにも着目しよう。主権の担い手としてネーション（国民）という共同体を想定し，身分や階級ではなくそうした共同体を政治・社会の編成の第一の基準とする考え方が，ナショナリズムである。この考え方の源流にあるのは主権概念であるから，私的所有権と元来の位相は異なる。とはいえ実際には私的所有権（および近代的諸権利）の享受者とネーションの成員とは軌を一にして拡大してきた。

　最後に，啓蒙思想に由来する進歩史観もまた，「近代ヨーロッパ文明」の重要な要素としてあげよう。自分たちこそが進歩の頂点にいる「普遍的な」文明世界であるという自負は，ヨーロッパ諸国が植民地支配を拡大するためのイデオロギー上の原動力となった。植民地や従属地域の側でも，軍事力・

工業力の圧倒的な差のもとで，この進歩史観を受容することとなった。

　むろん，一枚岩的なヨーロッパが存在したわけではなく，各国のあいだには対立や摩擦がつねにあった。ナショナリズムはそうした対立をとくにあおった。だが，その一方でヨーロッパ諸国は，文明世界という自己認識のもとに外部に対してまとまることができた。その外交上の表現が，イギリス，フランス，ドイツ，オーストリア゠ハンガリー，ロシア，それにある程度までイタリアという主要国家による利害の調整，すなわち「コンサート・オブ・ヨーロッパ」体制であり，これはウィーン会議以降，20世紀初頭にいたるまで機能していた[Soutou 2000: 330-333]。

　ヨーロッパの人びとがみな，「文明世界」の現状に納得していたわけではない。なかでも政治的平等(自由民主主義)だけではなく経済的平等(社会民主主義)をめざす社会民主主義者は，私的所有権に制限を付し，富をより公正に再分配することを主張していた。彼らの運動は民衆層の支持を集めた。しかし19世紀末までに多くの国では社会民主主義者は各国の議会制に組み込まれ，民衆層のネーションへの統合に寄与することになった。その背景には，有産層や政府が，参政権の拡大などを通じて，民衆層を含み込むかたちで議会制の統合機能をよりいっそう発揮させたということがあった。重化学工業が登場し，各国が高度の工業力や軍事力を競い合う第2次産業革命の時代(1870年代〜20世紀初頭)には，民衆層のマンパワーもネーションに取り込むことが必要とされていたのである。

　民衆層の愛国心を喚起するためにも，また彼らの経済的境遇を改善して不満を緩和するためにも，ヨーロッパの各国政府はより多くの植民地を獲得し，帝国の威光を輝かせることに力をそそいだ[木畑 2014]。社会民主主義者のなかにも，この動きにある程度まで同調する者があらわれた。実際，彼らの大半は，ヨーロッパが文明の最先端にいることは疑っておらず，帝国支配の抑圧性には鈍感だったのである。その好例はH・G・ウェルズが1899年に書いた『眠れる人が目覚めた時』で，階級格差が激化した200年後のロンドンを舞台とするこの小説では，民衆反乱を鎮圧する南アフリカの「黒人警察」はもっぱら道具としてのみ描かれていた(簡略化され，アレンジされているが，『冬眠200年』の題で邦訳がある)。

第一次世界大戦後のヨーロッパ

　第一次世界大戦(1914〜18年)によって「近代ヨーロッパ文明」は根底から揺さぶられた。総力戦体制のもとで，民衆層は兵役などの重い負担に見合うだけの政治的権利を求めるようになった。これはつまり，ネーションの下層部分の政治的要求が強まったということであった。同じことは，総力戦体制によってネーションのなかに編入された女性やマイノリティについてもあてはまった。この新状況を前にして，各国の政治制度の包容力が問われた。議会制が定着していた国，とくにイギリスとフランスでは，民衆層を含む社会のさまざまな部分の利害を調整することが，相対的にうまくいった。対照的に，議会制が未熟なロシア，また議会制が多民族のあいだで引き裂かれていったオーストリア＝ハンガリーでは，帝国が崩壊した。

　大戦の衝撃は，終戦ののちも続いた。とくに東欧・南欧・バルカン諸国では，激しい暴力をともなう社会対立が，戦後の数年間消えなかった。社会構造において伝統的な支配関係が維持されていたこれらの地域では，ネーションの下層部分や新しく編入された部分(女性，マイノリティ)の要求の高まりを受け止め，統合の方向に導いていくほどには，政治制度一般，とりわけ議会制が柔軟ではなかったのである。諸帝国，とくにオーストリア＝ハンガリーの解体によって，従来は一国内の民族・地域間問題であったことが，領土問題や少数民族問題へと構造化されたことも，ネーションの統合に負荷をかけた[Soutou 2000 : 335]。結局，これらの地域ではチェコスロヴァキアを例外として，1920年代から30年代にかけて権威主義体制が成立した。そこでは「近代ヨーロッパ文明」は虫食い的にのみ残った。私的所有権はネーション概念とともに残ったが，議会制や近代的諸権利は著しく制約された。

　イタリアの場合，たんなる権威主義体制とは異なる対応策が打ち出された。1926年に確立されるファシズムである。そこでは，複数政党制や議会制によるネーションの統合が放棄され，かわりに，職場や職種などを基準にして住民を強制的に団体に編成し，各団体間の利害を国家が調停する，コーポラティズムによる統合が打ち出された。労資の利害対立も国家が調停したが，あくまで資本家側の利益が優先された。また，第一次世界大戦の戦勝にもかかわらず，領土拡張が期待はずれに終わったことを背景として，極端なナショナリズムが煽動されたこともファシズムの特徴である。換言すれば，「近代ヨーロッパ文明」のいくつかの要素(私的所有権，ナショナリズム)に，コーポ

ラティズムを接ぎ木したのがイタリア・ファシズムであった。この体制は1930年代にはいってから，ドイツやポルトガルやエストニアに直接の影響を与えた。しかし，少なくとも1920年代のうちは，権威主義体制もイタリア・ファシズムも，ネーション統合の危機に対する一国の枠内での対応であった。そのため，「近代ヨーロッパ文明」そのものの超克や打倒は，モチーフとしては弱いものであった。

その「近代ヨーロッパ文明」は，イギリスやフランスなどの戦勝国において，おおむねしっかりと維持された。のみならず，総力戦体制によるネーションの拡大と下層部分の負担増に応えて参政権や社会権が拡充された点において，これらの国では「近代ヨーロッパ文明」は，有産層だけの利害を保証するものからはかなり遠いものとなった。社会民主主義者もまた，私的所有権のラジカルな否定には踏み込まず，議会制や近代的諸権利は積極的に擁護することで，戦前以上に「近代ヨーロッパ文明」に同化した。「近代ヨーロッパ文明」がこの時期におびていた相貌は，ケインズも用いた Liberal socialism という語［近藤 2013：271］とよく共鳴していた。

敗戦国ドイツはひどい混乱にみまわれたが，それでもヴァイマル憲法における社会権規定にみるように，ネーションの下層部分への配慮は忘れなかった。「コンサート・オブ・ヨーロッパ」体制も，ドイツの国際社会への復帰を意味した1925年のロカルノ条約において息を吹き返した［Soutou 2000：337-338］。

ただし，1920年代半ばにヨーロッパが安定を取り戻しつつあったとしても，それは自らの力だけによるものではなかった。第一次世界大戦をへて経済大国と化したアメリカ合衆国の役割が，決定的に重要であった。国際連盟にこそ参加しなかったものの，アメリカはドイツの賠償返済を支援することでヨーロッパ経済の回復を支え，ひいてはヴェルサイユ体制の安定化に努めていたのである［チブラ 1989：104］。戦間期のアメリカは「近代ヨーロッパ文明」の基本要素をすべて継承していたが，それをさらに総力戦体制の時代に対応させて進化させていた。フォード・システムに代表される大量生産・大量消費を実現し，中間層に支えられる大衆社会をつくりだしたのである。アメリカ大衆社会は20世紀における「近代ヨーロッパ文明」の力強い継承者であった。

社会主義ソ連の登場

総力戦のなかでロシア帝国は崩壊し，1917年秋にソヴィエト・ロシア（1922

年末からはソ連)として新たに旗揚げされた。レーニン率いるボリシェヴィキは，1918年春に自分たちの党の名前を社会民主労働党から共産党へと変更することで，ヨーロッパ社会民主主義からはっきりと袂を分かった。原理的に私的所有権の不可侵を否定し，社会的所有制に基づく新社会の創出をめざすことで，ソヴィエト・ロシアは「近代ヨーロッパ文明」の核となる部分を拒絶していた。

　社会的所有制といっても，実態は何よりもまず国家所有制なのであった。国家はさらに住民を，職場や職業などを基準とするさまざまな団体へと編成した(革命後しばらくは萌芽的でしかなく，本格的な展開は1930年代以降)。帝政期の身分制的コーポラティズムが，総力戦による変形をへたうえで，団体を単位とする革命後の政治・社会編成に引き継がれていた(たとえば工場単位で代表を選出するなど)[池田 2007]。コーポラティズムを導入する点では，ソヴィエト・ロシアの体制はファシスト・イタリアと形態上の共通性をもっていた。他方，1920年代末まではボリシェヴィキの政策体系におけるナショナリズムの位置づけは二義的なものといってよかった。これについてはのちに述べる。

　この国家主導のコーポラティズムをボリシェヴィキは「社会主義」と呼んだ。共産党もまた，コーポラティズムを構成する団体のうちのひとつであった(他の団体とは比較にならぬほどの特権的な位置を占めていたが)。ボリシェヴィキがめざしていたのは，この国家主導のコーポラティズムによって，「近代ヨーロッパ文明」が解決し残した貧困や不平等を解消することであった。「近代ヨーロッパ文明」が打ち出したもろもろの「自由」や「権利」は，私的所有制のもとではブルジョアを利するにすぎず，社会的所有制のもとではじめて民衆層にも十全に行使できるものになるというのがボリシェヴィキの考えであった。社会正義が正面に掲げられていただけに，ボリシェヴィキのアピールは，貧しい人びとだけではなく，良心に疼きを感じていた世界中の若者やインテリに訴えるものがあった。ソヴィエト・ロシアは「近代ヨーロッパ文明」の根幹である私的所有制を否定しつつ，やはりその文明の強力な継承者候補として，戦後のヨーロッパに登場したのである。

　私的所有制に由来する近代的諸権利を「ブルジョア的」と呼んで排する以上，ソヴィエト・ロシアにおいては個人の財産や生命が国家の恣意にさらされる余地は「近代ヨーロッパ文明」のもとでよりもはるかに大きくなった。それどころかボリシェヴィキにとって国家暴力は，階級敵を殲滅して社会

的所有制の貫徹をはかり，さらには新しい規範を住民に知らしめるための必要不可欠の手段であった。ただし，そのことは住民の意志がひたすら暴力によって抑え込まれていたことを意味するのではない。国家暴力による強制は大前提としつつ，経済的利害や社会的上昇の可能性，思想的共感や革命的熱狂，それに新しい規範を受け入れることによる自己実現といった諸要素が，「ソヴィエト市民」形成を促した。

　ボリシェヴィキが国家暴力を行使する際の正当化の論理は，自分たちだけが歴史の客観的な法則を正しく理解して，人びとをより進歩的な方向に導けるということであった[石井 1995: 7]。歴史を普遍的な進歩の過程ととらえ，文明の頂点とされていたヨーロッパよりもさらに先をめざすと考える点では，ボリシェヴィキは「近代ヨーロッパ文明」と進歩史観を共有していた。この進歩史観に則って，ボリシェヴィキは「近代ヨーロッパ文明」と自分たちとの関係を，断絶であるよりも質的に新しい段階への飛躍的発展であると考えていた。

　しかし，ヨーロッパ諸帝国のエリートとボリシェヴィキとでは，進歩史観に込める意味はだいぶ違っていた。前者にとっては自分たちが文明の頂点におり，はるか後ろにいる植民地の人びとを啓蒙と科学技術の光で導いてやるという理解であった。両者の距離は長い時間をかけて縮まっていくかもしれないが，自分たちが最先端にいることには変わりがなかったから，あえて歴史の流れを加速させる必要はなかった。これに対してボリシェヴィキは，革命前のロシアが「近代ヨーロッパ文明」の周縁に位置しており，「ブルジョア的な」諸制度ですらも整備が遅れていたことを痛感していた。だが，時間をかけてそれらの整備を進めるのではなく，一気にヨーロッパの頭を飛び越えて文明の未知の最先端である「社会主義」に到達しようとしたのである。

　歴史をたんに直線的に把握するばかりでなく，革命によってより遅れた地点から最先端への一打逆転をめざす。コミンテルンを通じて世界に発信されたこの歴史把握は，後発地域のインテリにはきわめて魅力あるものに映った。日本の講座派マルクス主義者もそのなかにいた。だが，社会主義ロシアのほうが資本主義日本よりも進んでいるというコミンテルン史観と，明治日本が帝政ロシアよりも17年早く立憲制になったという歴史的事実のあいだには克服しがたいずれがあった。このずれを何とか整合的に説明しなければならないということが，「近代ヨーロッパ文明」への憧れとコンプレックスととも

に，講座派が明治維新の「不徹底性」を論証するのに多大なエネルギーを割かざるをえなかったことの，大きな理由となった[近藤 1998: 51-61]。

ボリシェヴィキはヨーロッパの地理的・文明的周縁ロシア帝国の産物であった。「近代ヨーロッパ文明」の根幹を否定しつつ，それでもボリシェヴィキはヨーロッパに強い憧れをいだいていた。この屈折を活写したのが，エレンブルグの近未来小説『トラストD・E——ヨーロッパ滅亡史』(1923年)である(引用部分は筆者の訳)。エレンブルグはボリシェヴィキの周囲をうろうろしていたが革命の現実に倦み切りヨーロッパに脱出したユダヤ人作家で，本作もベルリンで執筆された。第一次世界大戦によるヨーロッパの崩壊が色濃く影を落とすこの作品は，ヨーロッパを愛するがゆえにその滅亡を願うモナコ王子の落胤エンス・ボートの物語である。彼がアメリカ合衆国に設立したトラストD・E(Destruction of Europe)が背後で糸を引き，ヨーロッパ各国はあるものは戦争，あるものは疫病，あるものは経済危機でひとつまたひとつと滅んでいく(ヨーロッパの外部の国々はみな救われる。トルコのジェマル・パシャはボスポラス海峡に銃弾をもって防疫線を敷き，自治国はみな鋼鉄の過剰生産とアメリカの保護関税によって恐慌と飢餓に陥ったイギリスから独立する)。

図1　エレンブルグ(ベルリン，1923年)

ソヴィエト・ロシアもまた，ブリキ缶工場主ブランデヴォのクーデタ政権のフランスと，そこに使嗾されたポーランドとルーマニアによって攻撃を受ける(ドイツはフランスの毒ガス空爆によりすでに荒野と化していた)。電気投擲砲によってモスクワ，ペテルブルグ，キエフ，オデッサが壊滅する。だが，ロシア中央部のリャザンで事態が転回する。投擲砲弾に記された「D・E」の文字を「ダヨーシ・エヴロープ」，つまり「ヨーロッパをいただきだ」と解釈した元赤軍兵士の叫びをきっかけに，難民たちの大逆流が始まる。赤軍も農民もマルクス主義者もタタール人も，総勢2800万人の大群が「ヨーロッパをいただきだ！」と叫びながらワルシャワそしてブカレストを占領するのである。しかし，1920年のソヴィエト・ポーランド戦争を彷彿させるこの進

軍も，ここで阻止された。フランスが散布した疥癬菌(かいせんきん)によってロシアのヨーロッパ部は全東欧とバルカンもろとも滅亡し，ソヴィエト政府は無傷のシベリア・チタ市に遷るのである[エレンブルグ 1993:104-126]。棍棒で武装した農民たちがワルシャワめがけて押し寄せながら「ヨーロッパをいただきだ！」と叫ぶ姿は，ヨーロッパに対するロシアの片思いを切ないまでに描き出していた。

「近代ヨーロッパ文明」の危機

　1929年に世界恐慌がアメリカで始まったことは，ヴェルサイユ体制を経済的に支える後ろ盾の消滅を意味した。それから4年後，ドイツではナチス政権が成立した。ナチス・ドイツはファシスト・イタリアと同様に，ナショナリズムとコーポラティズムの結合に立脚していた。だが，ドイツ・ネーションによる他のネーションの支配，また「劣等人種」の奴隷化や絶滅をめざす点において，ナチス・ドイツはファシスト・イタリアと質的に異なるような暴力性や現状破壊的性格をもっていた。

　それでもヒトラー政権の対外拡張やマイノリティ弾圧はすべてネーションという，「近代ヨーロッパ文明」が生み出した概念に立脚していた。ネーションの権利を侵害したり，その純潔を脅かしたりする存在が攻撃の対象となったのである。対照的に，ドイツ・ネーションのなかにいると認められた者は，コーポラティズム体制のどこかに結構居心地のいい場所をみつけることができたのだった。さらにいえば，自らを文明の頂点とみなし，「劣った」人びとに抑圧的に接することは，「近代ヨーロッパ文明」が長く植民地においておこなってきたことにほかならなかった[Mazower 2000:73]。それゆえナチス・ドイツによるヨーロッパの破壊は，「近代ヨーロッパ文明」の自家中毒であった。

　経済危機のもとで社会対立が昂進(こうしん)する1930年代のヨーロッパでは，議会制の統合能力に対する信頼が低下した。排外的なナショナリズムとコーポラティズムの組合せというナチス体制は，十分にありうる代替案として多くの人びとの目に映った[Mazower 2000:17-21]。とりわけ東欧・バルカンの権威主義体制は，第二次世界大戦(1939～45年)開始後にヒトラーがヨーロッパ大陸全域を掌握する下地となった(図2)。「近代ヨーロッパ文明」をより純粋なかたちで維持していた諸国でさえも，親ナチス的運動が起こった。とりわけフ

図2 ヒトラー(右)と握手するブルガリア国王ボリス3世(1940年代)

ランス第三共和政は、第二次世界大戦が始まるとかなり呆気(あっけ)なくドイツに敗北し、「労働・家族・祖国」を標榜(ひょうぼう)する「フランス国」に生まれ変わった。

このような状況にあって、北欧諸国を別とすればひとりイギリスのみが「近代ヨーロッパ文明」を守り抜いた。ひとつの理由は議会制が包容力を発揮したことにあった。保守党が発揮した統合力はとくに大きかった。大恐慌直前の選挙でマクドナルドの労働党に負けていたために、保守党は経済危機の責任をまぬがれた。1931年に労働党政権が倒れてからは、保守党は第二次世界大戦終結まで一貫してイギリス政治を中心的に担い続けた。1930年代の2度の選挙は、イングランド労働者の半数が保守党を支持していることを示した。保守党が安定的な地位を維持した結果、同党を支持する中間層も勝者の側につねに残り、大陸諸国のように急進化することがなかった[McKibbin 2010:69, 87, 95, 193-195]。

そのイギリスもはじめからナチス・ドイツと対決しようとしたわけではなかった。チェンバレンの宥和(ゆうわ)政策は、1939年9月に第二次世界大戦が始まり英・独が交戦状態にはいってからでさえも、イギリス世論において失敗したとはみなされていなかった。社会主義ソ連というもうひとつの脅威をかかえて、イギリスはナチス・ドイツとの共存という選択肢を簡単に捨てるわけにはいかなかったのである。このときヨーロッパの国々は文字通りの生残りをかけて相互に対峙していた。1940年4月にドイツがノルウェーに侵攻するにいたってついに宥和政策の破産が明らかとなり、対独戦の徹底を主張するチャーチルが首相となった[McKibbin 2010:119-121]。しかし、宥和政策の評価の

いかんによらず，イギリスが一貫して「近代ヨーロッパ文明」を死守したことの意義は強調されねばならない。

スターリンのソ連

　ソ連では世界恐慌と同時期にスターリンの「上からの革命」が進行した。これ自体は偶然であったが，猛ピッチで進む工業化と農業集団化は外部の世界に強烈な印象を与えた。とはいえイギリスやドイツの労働者には，鉱業都市マグニトゴルスク建設のように無人の荒野に掘立て小屋をつくるところから始める必要はなかったのであるから，ソ連の経済的達成はあくまで後発地域ならではのものであった。

　それでもボリシェヴィキの歴史把握では，ソ連はついに社会主義段階に完全に到達したのだった。人間による人間の搾取がない，人類社会の「本史」に世界ではじめてはいったのである。この認識はソ連政治に深い影響をおよぼした。もっとも重要なことは，社会における共産党の位置づけが曖昧になったことである。市場原理が残る1920年代のネップ（新経済政策）期には，自覚した人間の集団である共産党だけが，「前衛」として人びとを導いていかねばならなかった。だが，いまや社会全体が人類社会の「前衛」の位置にたどりついた。「上からの革命」の熱狂のなかでボリシェヴィキのことばや規範も新しい世代のあいだに広まった。それゆえ共産党員だけが先覚者であるとはいえなくなった。これが，1937年前後に荒れ狂った大量逮捕（大テロル）の重要な背景である［池田 2007: 216］。

　人類社会の「本史」にはいったということは，現状がそのまま聖化されることでもあった。このことはナショナリズムの扱いに影響を与えた。1920年代の民族政策では非ロシア系諸民族のナショナル・アイデンティティの発達が促されたが，それは早くナショナリズムの段階を通過させてその消滅の段階に諸民族を導きたいという，ボリシェヴィキの進歩史観に裏打ちされていた。だが，1930年代半ばにいたり現状が聖化されてからは，ナショナル・アイデンティティも長期にわたって残るという見解が優勢になった。他方で，連邦全体に共通の「ソ連市民」アイデンティティも，「社会主義祖国」のような用語とともに強調された。国家の全住民が民族籍を超えて共通の政治共同体に属するという意味で，これもまた（公民的な）ナショナル・アイデンティティであった。このような二層構造をもつナショナリズムが，ソ連末期ま

で続いた［池田 2013］。

　全体としてナショナリズムが確固たる地歩を得たことは，ボリシェヴィキの階級原理と矛盾するかのようであった。だが，そもそもフランス革命でネーション概念は，王権ではなく住民ひとりひとりが主権の担い手であるという思想のもとに打ち出されたのであったから，革命国家ソ連でも同じことはいえた。1920年代末までは階級対立が残っていたが，スターリンのもとで搾取階級は文字通り絶滅されたのであるから，いまや「社会主義ネーション」が生まれてもおかしくはなかった。とはいえ，ネーションを構成するのは近代的諸権利を享受する個々人ではなく，あくまで職場や職能などの団体に編成された人びとであった。

　総じてスターリンのソ連は，国家主導のコーポラティズムという独自の体制をとりつつも，用語においてはそれまでよりも「近代ヨーロッパ文明」に近づくことになった。それは，いま述べたように搾取階級が絶滅された結果，階級闘争概念が後退した結果であった。それに加えて，いまやボリシェヴィキは，文明の頂点に達したというある種の余裕をもって，「近代ヨーロッパ文明」の産物を眺めることができた。1936年に制定されたスターリン憲法でも，先行する憲法に比べて階級原理は薄まり，全市民の平等が強調されていた。だが，ソ連は「近代ヨーロッパ文明」＝ブルジョア民主主義にすりよったわけではまったくなかった。首相モロトフが述べたように，ブルジョア民主主義は「支配するブルジョア少数派」の利害のために本来的に制約されているのであり，「プロレタリア独裁の勝利に立脚する社会主義的民主主義」こそが「真の民主主義，大衆の民主主義，勤労者の民主主義」なのであった。だが，このようにソ連社会主義の優位を確認したのち，モロトフはつぎのようにもいうことができた。「他の諸国の民主主義制度におけるすべてのより良きものを，我々は手に取り，わが国に移し替え，ソヴィエト国家の条件に適応させるのである」［Молотов 1937: 6-7, 9］。ここにあるのは，「近代ヨーロッパ文明」をあおぎみる後進国ロシアの視線ではなく，それをはるか先に追い越してしまった社会主義ソ連の過去のものに対する眼差しである。過去のものであればこそ，自由な立場から選択的な利用が可能なのである［グロイス 2000: 75-97］。

　したがって，スターリンのソ連は「市民の権利」や「民主主義」など，「近代ヨーロッパ文明」のことばを用いつつも，そこに込める意味内容はあ

くまで国家主導のコーポラティズムの優位という前提に基づいていた。それゆえ，ナチスの登場によって始まったヨーロッパの弱肉強食の死闘において，「近代ヨーロッパ文明」(イギリス)とファシズム(ドイツ)のいずれがよりソ連に近いということはなかった。チェンバレンの宥和政策の及び腰に似て，スターリンの対独政策もまたジグザグをたどった。最終的にソ連は「近代ヨーロッパ文明」と同盟することになったが，それは何といっても1941年6月にナチス・ドイツが対ソ戦争に踏み切ったからであった。むろん，ソ連が主力となってナチス・ドイツを打倒したことの歴史的意義は大きなものであった。

ヨーロッパの冷戦

　第二次世界大戦で，ヨーロッパではイギリス，ソ連，それにアメリカが大連合を組んでナチス・ドイツを打倒した。アジアではナチス・ドイツと似た体制をとった日本(ネーションのなかにいる者にとってはそれなりに居心地がよいという点でも似ていた)が，やはりアメリカによって打倒された。戦後，アメリカ・イギリス・ソ連の3大国体制が浮上するかのようにみえた。だがイギリスは第二次世界大戦中に東南アジアや南アジアで日本が打撃を加えたこともあって帝国がぐらついており，ギリシア内戦に際しても共産党勢力を抑え込むために介入することができなかった。イギリスの疲弊をみたアメリカは，ヨーロッパにおける「近代ヨーロッパ文明」の守り手を引き受けることを決意した。

　そのヨーロッパの東部は，ソ連の支配下にあった。スターリンは当初，親ソ的な緩衝圏をつくる以上のことは考えていなかった。だが，アメリカの対ソ姿勢が硬化し始めたこともあって，1947〜48年を境にソ連と同様の体制を押しつけていった。「ヨーロッパをいただきだ！」の叫びは東半分だけではあったが現実のものになった。いまやソ連は世界史の最先端に立つという認識のもと，支配下の(東)ヨーロッパに歴史上の位置づけを与えてやることができた。資本主義またブルジョア民主主義から一歩踏み出した「過渡的な」体制としての「人民民主主義」がそれである。ナチス支配の後のことであったから，それにまったく期待がないわけではなかった。ハンガリー出身のマルクス主義経済学者でソ連に亡命していたヴァルガは，『世界経済と世界政治』第3号(1947年)に発表した論文で，「新しい型の民主主義」ということばを使った。

冷戦はたんなる２つのブロックの軍事対立ではなかった。ともに普遍性を標榜する２つの世界観がそこでは対峙していた。一方は「近代ヨーロッパ文明」およびその進化形としてのアメリカ大衆社会である。もう一方は「近代ヨーロッパ文明」の掲げる民主主義および諸権利は，自分たちこそが完全に実現しうると考えるソ連社会主義である。この意味で冷戦は「近代ヨーロッパ文明」の継承戦争であった。

実際には第二次世界大戦後の国際政治において，イデオロギーがすべてを規定していたわけではなかった。とくにヨーロッパの東西分割は，ドイツの封じ込めという地政学的狙いと不可分であった（ここではソ連とフランスなどの西欧諸国は利害を共有していた）。だが，そうした地政学的要因もまずは，どちらの体制がより「民主的」かといったイデオロギー的文脈で語られた。のちの1960年代には中国がソ連から自立することで，米ソ二極構造は変容する。それでも中ソ対立もまた，イデオロギー的文脈で語られる限り，冷戦構造そのものを根底から修正するものではなかった［藤沢 2012］。

ヨーロッパが外部の勢力（アメリカとソ連）に命運を握られるという事態は，かつてないことであった。ソ連の東欧支配ばかりでなくアメリカの軍事プレゼンスもまた，当惑を呼ばないわけではなかった。アメリカ人自身のあいだにもこの新状況に対する不安があったことは，「封じ込め政策」を唱えたケナンが，（西）ドイツのナショナリズムはアメリカをいつまでも我慢できるはずがないから（これは読み違えだった），早く冷戦にけりをつけねばならないと考えたことにもあらわれていた［Harper 2012：18］。よりのちの1960年代にはフランスのドゴールが，アメリカを撤退させ，ソ連とフランスを中心に新しい「コンサート・オブ・ヨーロッパ」を実現することを試みた［Martin 2012：100］。２人とも自律的なヨーロッパという戦前の枠組みに則っていた。

しかし，戦争による荒廃の現実を考えたとき，アメリカをつなぎとめておくことは西ヨーロッパの人びとにとってもっとも現実的な選択肢であった。冷戦（ソ連の脅威）という枠組みは，アメリカを孤立主義に戻さないためにも機能していたのである［Kaldor 1990：113］。実際のところ，西ヨーロッパの人びとにとってソ連の東欧支配は僥倖といえた。オーストリア＝ハンガリー帝国崩壊で生じた不安定な「向こう岸」の国々は，ソ連が全部抱え込んでくれた。おかげで豊かな西ヨーロッパは，地域統合という新規まき直しを自分たちだけで進めることができた［遠藤 2008：7］。武力担当はおもにアメリカに任せ，

東方の国々は(ファシズムともども)非難することで、西ヨーロッパは「近代ヨーロッパ文明」の担い手として純化することができた。1949年の欧州審議会規約で「個人の自由、政治的自由および法の支配」がもつ価値が確認され、61年には社会権の条項を含む欧州社会憲章が成立した[上原 2008 : 121]。19世紀前半にはブルジョアの利害と重なり合っていた「近代ヨーロッパ文明」は、20世紀に2度の世界大戦をへたのち、冷戦のただなかに普遍性の高い人権概念へとたどりついたのである。

ただし、普遍性の自負が傲岸に結びつくことは、依然として「近代ヨーロッパ文明」の欠点であった。イギリスとフランスが帝国支配と手を切るのは、ただでさえ自分たちが対立の種を播いたインドとパキスタンの独立(1947年)を難航させ、さらにはインドシナ戦争(1946〜54年)やアルジェリア戦争(1954〜62年)などで多くの現地人の血を流してからのことである。帝国支配の傷跡は、いまでもパレスチナをはじめとする各地に残っている。アメリカは第2次中東戦争(1956年)における英・仏の帝国主義的な企図に反対して、現代版「近代ヨーロッパ文明」の矜持を示したかにみえたが、ベトナム戦争における介入の泥沼化(1965〜75年)で旧世界の轍を踏んだ。

それでもなお、「近代ヨーロッパ文明」およびアメリカ大衆社会が、20世紀後半にいたって政治的自由と経済的繁栄をともに実現したことは明らかであった。資本主義の生産力が19世紀人マルクスの予想をはるかに超えることで、人間の顔をした私的所有制が実現したのである。1980年代以降の新自由主義の台頭によってもこのことは変わらない。

これに対してソ連は、1980年代初頭までに停滞していった。経済の国家管理はイノヴェーションには向いていなかった。また、オイルショックは西側諸国を新自由主義的な構造改革に向かわせるもととなったが、産油国ソ連は原油価格の高騰によってかえって技術革新の機会を逸した。それでもなお低空飛行を続けることは可能であった。ともかくも生命力があった体制を崩壊に向かわせたのは、ゴルバチョフのペレストロイカであった。

ソ連崩壊

1985年に書記長に就任したとき、ゴルバチョフはソ連体制が停滞しており、改革が必要であることを認識していた。だが、基本的にはゴルバチョフはソ連体制の優位を前提に考えていた。「新思考」外交における「人類共通の価

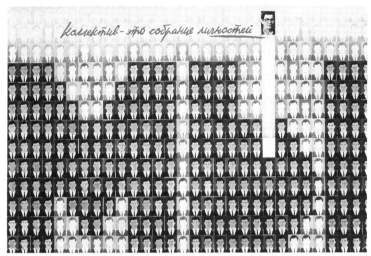

図3　ア・イヴァノフ作「労働集団とは個人の集まりのことである」(1986年)　官僚主義を批判するポスター。「われら」の文字が浮き出ている。

値」という発想は，マルクス主義の階級原理から逸脱しているようにみえた。だが，先に述べたようにソ連は「近代ヨーロッパ文明」と同じ用語を用いていたから，「人類共通の価値」を戦略的に唱えることは可能であった。いかなる戦略があったかといえば，国内改革に専念するために軍拡競争の重荷から逃れるという「息継ぎ」の発想であった。東欧が社会主義を放棄することもゴルバチョフは想定しておらず，自立的な改革社会主義という第三の道を選んで，ソ連と西ヨーロッパの架け橋となってくれればよいと考えていた［メイリア 1997:199, 257］。親ソ的な緩衝圏という冷戦初期の原点に戻ったかのような発想であった。「ヨーロッパ共通の家」という彼のスローガンも，アメリカの軍事プレゼンスのヨーロッパからの撤退を含意していた［Soutou 2000: 349］。だが，現実にはソ連軍の脅威から解放された東欧諸国は雪崩を打って「近代ヨーロッパ文明」とアメリカのもとへと走った。

　内政ではペレストロイカ(建直し)が唱えられ，その促進のためにグラスノスチ(情報公開／言論の自由)が打ち出された(図3)。グラスノスチはソ連の命運にとって決定的な政策となった。何を書いても逮捕されないとわかった人びとは，しだいに社会主義そのものの破綻についても論じ出したからである。それでもゴルバチョフがグラスノスチを停止しなかったのは，「保守派」の抵抗を排すためであったが，より構造的な理由も指摘できる。議会制が実質

的に機能していないところで改革を進めるには，言論空間を切り開いてフォーラムとする必要があったし，また，啓蒙された個人の意志と能力にもっぱら依拠せざるをえなかった。それゆえ，危機が深まれば深まるほど，グラスノスチを推し進める必要がでてくるのである。

　もとより，実質をともなった議会制の創出も試みられた(それまでも各級のソヴィエトと呼ばれる議会はあったが，動員装置の性格が強かった)。1989年5月～6月に第1回目の招集がおこなわれたソ連人民代議員大会である。とはいえ，外交と同様に，ここでも従来の体制との連続性が明らかであった。全議員2250人の3分の1は，共産党・労働組合・協働組合・諸芸術家団体などの「社会団体」代表に割り当てられていたのである。これは国家主導のコーポラティズムに議会制を接ぎ木したものであった。残りは3分の1が各級民族領域，3分の1が通常の選挙区にそれぞれ割り当てられた。だが，ひとたび複数候補制によって選挙がおこなわれると，選出部門にかかわらず，急進派が(依然少数派ではあったが)勝ち残ってきた。物理学者サハロフやエリツィンを含む急進派は独立代議員の連合体である「地域間代議員グループ」をつくり，コーポラティズムとは異なる人的結合を政治の場に切り開いていった。

　ペレストロイカとソ連体制の崩壊過程とは継ぎ目なしにつながっていたが，この人民代議員大会はそのようななかにあっても大きな画期となった。これ以降，ソ連の政治空間は流動性を増し，連邦の統合も徐々に揺らいでいった。複数候補制とグラスノスチのもと，各共和国レベルの指導者は地元世論を第一に配慮しなければならなくなった[Brown 2006:330]。エリツィンを含む共和国の指導者の多くは，連邦の解体を当初からめざしていたわけではなかったが，ソ連レベルの機構の混乱が深まるなか，共和国の枠組みだけが「地すべりのなかでつかまることのできる木」となった。そのため政治・経済改革を求め，連邦中央を批判する声は，ナショナリズムの形態をとって表出されることとなった[Kotkin 2008:103-108]。私的所有制の不可侵，議会制と政党制，それに近代的諸権利といったものは未整備なまま，ナショナリズムだけが強まっていった。共和国の自立化は，企業の自主性を高めたことともあいまって，従来の流通の結びつきをそこない，物資不足を深刻化させた。この状況下，コーポラティズムを構成する諸団体は，政治・社会生活の排他的な基礎ではなくなったが，経済危機のもとではかえって物資確保の回路などとして生命

力を発揮するものもあった。こうしてソ連体制は解体していったが，もとより「近代ヨーロッパ文明」が短期間で根づくわけでもなかった。ロシアの漂流は，20世紀末にプーチンが権威主義体制の構築に着手するまで続く。

1990年7月に開かれた第28回党大会は，結果的に最後の共産党大会となった。ゴルバチョフたちはそこで「人間的・民主的な社会主義へ」と題する綱領的声明を採択した［Материалы 1990：131-132］。「一歩また一歩と，古いものと新しいものの鋭い闘争のなかで，社会がおかれている危機から脱出するための前提条件がつくられつつある」。古いものと新しいものの闘争という弁証法的現状認識を示す点では，この声明はボリシェヴィキの進歩史観に依然忠実であった。だが，進歩の行く先をみるならば，「ペレストロイカの政治の本質は，権威主義的＝官僚主義的体制から人間的・民主社会主義社会への移行にある」。つまり，「近代ヨーロッパ文明」としての社会民主主義が目的地（ゴール）とされていたのだった。これは1917年以来のボリシェヴィキの歴史把握とは根本的に矛盾していた。ここにおいてソ連体制は「近代ヨーロッパ文明」に対する敗北宣言をおこなったといってもよい。それから1年半にわたって崩壊過程がさらに続き，1991年12月，ソ連は消滅した。

「近代ヨーロッパ文明」と21世紀

20世紀を通じて「近代ヨーロッパ文明」はさまざまな挑戦を受け，第二次世界大戦という大きな危機も経験した。それでも，結局のところ「近代ヨーロッパ文明」はその現代版であるアメリカ大衆社会ともども生き残り，自らをより豊かなものとした。ソ連体制は「近代ヨーロッパ文明」の手ごわい挑戦者ではあったが，それに取って代わることはできなかった。私的所有権の不可侵が，根底のところで「近代ヨーロッパ文明」の強さを支えていた。

ソ連の消滅は冷戦の終わりを意味したが，「近代ヨーロッパ文明」はそれで無風状態のなかにおかれたわけではなかった。冷戦時代には地域間の地政学的な対立や摩擦は，イデオロギー対立のフィルターを通じてあらわれていた。たとえば中ソ対立がそうである。そのフィルターをとおすことによって，「近代ヨーロッパ文明」をいかにして継承すべきかという問いが，国際政治の根本的な規定要因となっていた。だが，ソ連が崩壊したことによってこのフィルターは消滅し，地政学的対立はむきだしのかたちをとるようになった。「近代ヨーロッパ文明」はたしかに他者に対して傲慢であったし，今日な

おその弊から十分に脱却できたとはいえない。だが，だからといって「普遍性」の押しつけに反発して，地域ごとの「特殊性」を押し出していくだけでは，国際紛争は解決しないし，世界は住みにくくなっていく一方であろう。21世紀初頭の世界を見渡したとき，個々人の権利，さらには個々人の(そしてまた個々の地域や文化の)多様性をもっとも広範なかたちで保障しようとしているのは，結局のところ「近代ヨーロッパ文明」(その現代版であるアメリカ大衆社会を含む)なのである。そうであれば，ヨーロッパの内にいるか外にいるかを問わず，「近代ヨーロッパ文明」を自分のものとして支え，よりいっそう多くの人に受け入れられるように修正していく。これが，21世紀の今日，わたしたちのとるべき道なのではないだろうか。

参考文献

池田嘉郎 2007.『革命ロシアの共和国とネイション』山川出版社
池田嘉郎 2013.「ソヴィエト帝国論の新しい地平」『世界史の研究』234
石井規衛 1995.『文明としてのソ連――初期現代の終焉』山川出版社
上原良子 2008.「ヨーロッパ統合の生成　1947-50年――冷戦・分断・統合」遠藤乾編『ヨーロッパ統合史』名古屋大学出版会
エレンブルグ，イリヤ(小笠原豊樹・三木卓訳) 1993.『トラストDE――小説・ヨーロッパ撲滅史』海苑社
遠藤乾 2008.「ヨーロッパ統合の歴史――視座と構成」遠藤編『ヨーロッパ統合史』名古屋大学出版会
木畑洋一 2014.『二〇世紀の歴史』岩波新書
グロイス，ボリス(亀山郁夫・古賀義顕訳) 2000.『全体芸術様式スターリン』現代思潮新社
近藤和彦 1998.『文明の表象　英国』山川出版社
近藤和彦 2013.『イギリス史10講』岩波新書
チブラ，ギルベルト(三宅正樹訳) 1989.『世界経済と世界政治――再建と崩壊　1922～1931』みすず書房
藤沢潤 2012.「ブレジネフ外交の岐路――旧東独史料からみる1970年代ソ連外交」『ロシア史研究』90
メイリア，マーティン(白須英子訳) 1997.『ソヴィエトの悲劇――ロシアにおける社会主義の歴史 1917～1991』(下) 草思社
Brown, Archie 2006. 'The Gorbachev era', in Ronald Grigor Suny, ed., *The Cambridge history of Russia*, III, *The twentieth century*, New York, Cambridge UP
Harper, John L. 2012. 'George Kennan's course, 1947-1949: a Gaullist before de Gaulle', in Frédéric Bozo et al., eds, *Visions of the end of the Cold War in Europe,*

1945-1990, New York, Berghahn Books

Kaldor, Mary 1990. *The imaginary war: understanding the East-West conflict*, Oxford, Basil Blackwell

Kotkin, Stephen 2008. *Armageddon averted: the Soviet collapse 1970-2000*. Updated Edition, New York, Oxford UP

McKibbin, Ross 2010. *Parties and people : England 1914-1951*, Oxford UP

Martin, Garret 2012. 'Towards a new Concert of Europe: De Gaulle's vision of a post-Cold War Europe', in Bozo et al., eds, *Visions of the end of the Cold War in Europe*

Материалы 1990. Материалы XXVIII съезда КПСС. Москва, Политиздат（ソ連共産党第28回大会資料）

Mazower, Mark 2000. *Dark continent: Europe's twentieth century*, New York, Vintage Books

Молотов, В. М. 1937. *Конституция социализма: Речь на Чрезвычайном VIII Всесоюзном съезде советов 29 ноября 1936 г.* М., Партиздат ЦК ВКП(б)（ヴェ・エム・モロトフ『社会主義の憲法——1936年11月29日の臨時第8回全連邦ソヴィエト大会での演説』）

Soutou, Georges-Henri 2000. 'Was there a European order in the twentieth century? From the Concert of Europe to the end of the Cold War', *Contemporary European History*, 9-3

http://search.rsl.ru/ru/results　Российская государственная библиотека. Электронная библиотека　ロシア国立図書館のデジタル図書サイト。帝政期・ソ連期の書籍を数多く無料でダウンロードすることができ，きわめて有用である。

http://elib.shpl.ru/ru/nodes/9347-elektronnaya-biblioteka-gpib　Государственная публичная историческая библиотека России. Электронная библиотека ГПИБ　ロシア国立公共歴史図書館のデジタル図書サイト。ロシア国立図書館のサイトにない書籍も含まれており，新聞・雑誌のリストも充実している。

池田嘉郎

図版出典一覧

第 1 章
図 1　©The British Museum
図 2　筆者(佐藤)作成
図 3　©The British Museum
図 4　筆者(佐藤)撮影

第 2 章
図 1〜図17　筆者(千葉)提供

第 3 章
図 1〜図 3　筆者(加藤)作成
図 4　Bibliothèque Nationale de Franceサイトより
図 5・図 6　筆者(加藤)撮影

第 4 章
図 1　Magdalena Górska, *Polonia, Respublica, Patria. Personifikacja Polski w sztuce XVI–XVIII wieku*, Wrocław: Wydawnictwo Uniwersytetu Wrocławskiego, 2005, il. 18.
図 2　*Muzeum Czartoryskich. Historia i zbiory*, red. Zdzisław Żygulski, Kraków: Muzeum Narodowe w Krakowie, 1998, s. 143, il. 257.
図 3　Krzysztof Buchowski, *Panowie i żmogusy. Stosunki polsko-litewskie w międzywojennych karykaturach*, Białystok: Instytut Historii Uniwersytetu w Białymstoku, 2004, s. 163, il. 5.
図 4　*Unia lubelska 1569 roku w dziejach Polski i Europy*, red. Adam Andrzej Witusik, Lublin: Polskie Towarzystwo Historyczne—Oddział w Lublinie, Lubelska Fundacja Odnowy Zabytków, Wydawnictwo Multico Lublin, 2004, s. 130-131.

第 5 章
図 1・図 4　異国日記
図 2　*A royal request for trade*.
図 3　©The British Library

第 6 章
図 1　©The British Library / E.558 [6]
図 2　© The British Museum / AN163668001
図 3　© The British Museum / AN522871001
図 4　©The Huntington Library / RB435236

第 7 章
図 1　Annette Rosa, *Citoyennes : les femmes et la Révolution française*, Paris, Messidor, 1988, p.197.
図 2　Suzanne Desan, *The family on trial in Revolutionary France*, University of California Press, 2004, p.59.
図 3　Rosa, *op.cit.*, p.133.
図 4　Joan B. Landes, *Visualizing the nation*, Cornell UP, 2001, p.152.

第 8 章
図 1　Wikimedia Commons
図 2　©Zoological Society of London/BAD, Talbot papers
図 3　A. R. Wallace, *The geographical distribution of animals*, London, 1876, frontispiece.

第 9 章
図 1　*Illustrated London News*, 1850年 7 月 6 日
図 2　*Illustrated London News*, 1844年 4 月13日

第10章
図 1・図 2　筆者(西山)提供

第11章
図 1　*Esprit*ホームページより
図 2　OIFホームページより
図 3　筆者(平野)作成

第12章
図 1　Борис Фрезинский. Об Илье Эренбурге. Книги люди страны. М., Новое литературное обозрение, 2013. 図版ページ〔ボリス・フレジンスキー『イリヤ・エレンブルグについて——書物, 人々, 国々』モスクワ, 新文学概観, 2013年〕
図 2　К. А. Залесский. Кто есть кто во Второй мировой войне. Германия и союзники. М., Вече, 2010. 図版ページ〔カ・ア・ザレスキー『第二次世界大戦人名事典——ドイツとその同盟国』モスクワ, ヴェーチェ, 2010年〕
図 3　Гласность и перестройка. Плакат. М., Советский художник, 1989. С.43〔グラスノスチとペレストロイカ——ポスター集』モスクワ, ソヴィエト芸術家, 1989年, 43頁〕

執筆者紹介(執筆順)

近藤和彦　こんどう かずひこ ［編者］
1947年生まれ。立正大学文学部教授
主要著作：『民のモラル』(山川出版社 1993. ちくま学芸文庫 2014)，『文明の表象　英国』(山川出版社 1998)，『イギリス史10講』(岩波新書 2013)

佐藤　昇　さとう のぼる
1973年生まれ。神戸大学大学院人文学研究科准教授
主要著作：『民主政アテナイの賄賂言説』(山川出版社 2008)，ロビン・オズボン『ギリシアの古代』(訳，刀水書房 2011)，N. Fisher and H. van Wees (eds), *Aristocracy, Elites and Social Mobility in Ancient Societies* (共著，Swansea 2015)

千葉敏之　ちば としゆき
1967年生まれ。東京外国語大学大学院総合国際学研究院教授
主要著作：『中世の都市——史料の魅力，日本とヨーロッパ』(共編，東京大学出版会 2009)，『ドイツ史研究入門』(共編，山川出版社 2014)，「準えられる王——初期中世ヨーロッパの政治社会」(近藤和彦編『歴史的ヨーロッパの政治社会』山川出版社 2008)

加藤　玄　かとう まこと
1972年生まれ。日本女子大学文学部准教授
主要著作：『中世英仏関係史1066-1500——ノルマン征服から百年戦争終結まで』(共編，創元社 2012)，「都市を測る——フランス測量術書にみる尺度と境界」(高橋慎一朗・千葉敏之編『中世の都市——史料の魅力，日本とヨーロッパ』東京大学出版会 2009)，「バスティード」(吉田伸之・伊藤毅編『伝統都市１　イデア』東京大学出版会 2010)

小山　哲　こやま さとし
1961年生まれ。京都大学大学院文学研究科教授
主要著作：『ワルシャワ連盟協約（1573年）』(東洋書店 2013)，『人文学への接近法——西洋史を学ぶ』(共編，京都大学学術出版会 2010)

後藤はる美　ごとう はるみ
1975年生まれ。東洋大学文学部講師
主要著作：「17世紀イングランド北部における法廷と地域秩序——国教忌避者訴追をめぐって」(『史学雑誌』121編10号 2012)，「（読書案内）ピューリタン革命から三王国戦争へ」(『世界史の研究』263号 2013)，ジョン・モリル「17世紀——アイルランドの困難な時代」(訳，『思想』1063号 2012)

天野知恵子　あまの ちえこ
1955年生まれ。愛知県立大学外国語学部教授
主要著作：『子どもと学校の世紀——18世紀フランスの社会文化史』(岩波書店 2007)，『子どもたちのフランス近現代史』(山川出版社 2013)

伊東剛史　いとう たかし
1975年生まれ。東京外国語大学大学院総合国際学研究院講師
主要著作：*London Zoo and the Victorians, 1828-1859* (Woodbridge, Royal Historical Society 2014)；「英国博物館の再編と「信託管理」の確立——1830〜70年代のイギリスの文化政策」(『史学雑誌』第118巻2号 2009)，「19世紀ロンドン動物園における科学と娯楽の関係——文化の大衆化とレジャーの商業化に関する一考察」(『社会経済史学』71巻6号 2006)

勝田俊輔　かつた しゅんすけ
1967年生まれ。東京大学大学院人文社会系研究科准教授
主要著作：『真夜中の立法者キャプテン・ロック——19世紀アイルランド農村の反乱と支配』(山川出版社 2009)，'The Rockite movement in county Cork in the early 1820s' (*Irish Historical Studies*, vol. xxxiii, no. 131, 2003)，「「ボトル騒動」と総督——19世紀初めのダブリンの政治社会」(近藤和彦編『歴史的ヨーロッパの政治社会』山川出版社 2008)

西山暁義　にしやま あきよし
1969年生まれ。共立女子大学国際学部教授
主要著作：*Kommunaler Liberalismus in Europa* (共著，Köln, Böhlau 2014)，ミヒャエル・ヤイスマン『国民とその敵』(共訳，山川出版社 2007)，ジャン＝ジャック・ベッケール／ゲルト・クルマイヒ『独仏共同通史 第一次世界大戦（上・下）』(共訳，岩波書店 2012)

平野千果子　ひらの ちかこ
1958年生まれ。武蔵大学人文学部教授
主要著作：『フランス植民地主義の歴史——奴隷制廃止から植民地帝国の崩壊まで』(人文書院 2002)，『フランス植民地主義と歴史認識』(岩波書店 2014)，『アフリカを活用する——フランス植民地からみた第一次世界大戦』(人文書院 2014)

池田嘉郎　いけだ よしろう
1971年生まれ。東京大学大学院人文社会系研究科准教授
主要著作：『革命ロシアの共和国とネイション』(山川出版社 2007)，『第一次世界大戦と帝国の遺産』(編，山川出版社 2014)，「帝国，国民国家，そして共和制の帝国」(『クァドランテ』14号 2012)

ヨーロッパ史講義
しこうぎ

2015年5月10日　1版1刷　印刷
2015年5月20日　1版1刷　発行

編　者	近藤和彦
発行者	野澤伸平
発行所	株式会社 山川出版社

〒101-0047　東京都千代田区内神田1-13-13
電話　03(3293)8131(営業)　8134(編集)
http://www.yamakawa.co.jp/
振替　00120-9-43993

印刷所	株式会社 プロスト
製本所	株式会社 ブロケード
装　幀	菊地信義

ⓒKazuhiko Kondo　2015　Printed in Japan　ISBN978-4-634-64077-1

・造本には十分注意しておりますが，万一，落丁本・乱丁本などがございましたら，営業部宛にお送り下さい。送料小社負担にてお取り替えいたします。
・定価はカバーに表示してあります。